国家社科基金后期资助项目
出版说明

后期资助项目是国家社科基金设立的一类重要项目，旨在鼓励广大社科研究者潜心治学，支持基础研究多出优秀成果。它是经过严格评审，从接近完成的科研成果中遴选立项的。为扩大后期资助项目的影响，更好地推动学术发展，促进成果转化，全国哲学社会科学工作办公室按照“统一设计、统一标识、统一版式、形成系列”的总体要求，组织出版国家社科基金后期资助项目成果。

全国哲学社会科学工作办公室

国家社科基金
GUOJIA SHEKE JIJIN HOUQI ZIZHU XIANGMU
后期资助项目

交易网络化与经济刑法变革

The Networking of Transactions and the Reform of Economic Criminal Law

涂龙科 著

法律出版社
LAW PRESS · CHINA
—— 北京 ——

图书在版编目(CIP)数据

交易网络化与经济刑法变革 / 涂龙科著. -- 北京 : 法律出版社, 2023
ISBN 978-7-5197-8113-2

Ⅰ. ①交… Ⅱ. ①涂… Ⅲ. ①网上交易–经济犯罪–刑法–司法制度–体制改革–研究–中国 Ⅳ. ①D924.334

中国国家版本馆 CIP 数据核字(2023)第 138614 号

交易网络化与经济刑法变革
JIAOYI WANGLUOHUA YU JINGJI XINGFA BIANGE

涂龙科 著

策划编辑 张 岩
责任编辑 张 岩 程鹏瑶
装帧设计 汪奇峰

出版发行 法律出版社
编辑统筹 重大项目办公室
责任校对 王晓萍 王语童
责任印制 吕亚莉
经　　销 新华书店

开本 710 毫米×1000 毫米 1/16
印张 14.25 **字数** 250 千
版本 2023 年 10 月第 1 版
印次 2023 年 10 月第 1 次印刷
印刷 北京虎彩文化传播有限公司

地址:北京市丰台区莲花池西里 7 号(100073)
网址:www.lawpress.com.cn
投稿邮箱:info@lawpress.com.cn
举报盗版邮箱:jbwq@lawpress.com.cn

销售电话:010-83938349
客服电话:010-83938350
咨询电话:010-63939796

书号:ISBN 978-7-5197-8113-2
定价:58.00 元

凡购买本社图书,如有印装错误,我社负责退换。电话:010-83938349

基金项目
国家社会科学基金后期资助项目，项目批准号：17FFX037

目　　录 Contents

第一章　网络时代经济刑法法益的结构及其展开

以“超个人法益”①为核心概念试图构建经济刑法的理论体系已经成为晚近以来国内外的重要理论探索。② 但一直以来，经济刑法却仍未就超个人法益理论予以充分探究与展开，致使在解决经济刑法理论和实践难题时屡屡求助于个人法益理论，未在超个人法益理论内部寻求正解。“每一种技术或科学的馈赠都有其黑暗面”③，进入交易网络化时代后，风险也逐渐增多，④违法犯罪行为侵害的利益不断增多，新型侵害方式层出不穷，不仅在网络经济犯罪的法益内容、客观要素、主观认识内容等方面冲击着固有理论，⑤而且也对法益的结构产生了影响。在本书看来，只有调整经济刑法法益的理论分析进路，由局限于个人法益与超个人法益的关系、专注于法益的内容转向关注法益的结构，才能找到解决困境的方法，合理发挥经济刑法法益的立法批判和解释规制的机能。

一、经济刑法法益一元论之现状与反思

针对经济刑法的法益，目前国内多数学者仍持一元论的研究进路。但是，经济刑法所面临的困境，恰恰源自一元论的桎梏。一元论主要分为两种，第一种是个人法益说，第二种是传统秩序说，二者的共同点在于对法益内容均作单一化理解。

---

① 相较于全体法益、社会法益和普遍法益等用语，超个人法益（Überindividuelle Rechtsgüter）和集体法益（Kollektive Rechtsgüter）在相关文献中出现得更为频繁。两者在语义的表达上各有利弊，但在基本内容上相差不大，均指在法益概念中与个人法益相对的另一部分法益。但是集体法益的用语容易让人误以为刑法保护的是某一特定集体的利益，并且“集体”一词并不能全面涵盖个人法益之外的其他法益类型，故本书采用超个人法益的概念。

② 参见顾肖荣、涂龙科：《经济犯罪的合理边界与理性治理——顾肖荣研究员访谈》，载《上海政法学院学报（法治论丛）》2017 年第 6 期。

③ ［美］尼古拉·尼葛洛庞蒂：《数字化生存》，胡泳等译，海南出版社 1996 年版，第 26 页。

④ 风险的防范主要有三种方法：接受风险、转移风险或者控制风险。网络犯罪的风险是传统犯罪在网络时代的延续，因此前两种方法均不可行，只有第三种方法才是应对网络时代安全风险的解决之策。参见［瑞士］索朗热·戈尔纳奥提：《网络的力量：网络空间中的犯罪、冲突与安全》，王标等译，北京大学出版社 2018 年版，第 3 页。

⑤ 参见涂龙科：《网络时代经济刑法变革的系统阐释》，载《法学评论》2019 年第 6 期。

（一）个人法益说的现状及反思

个人法益说认为，经济刑法的法益无论采取何种表述方式，最终都应回归个人法益，因为保护个人法益才是刑法的规范保护目的，没有侵害个人法益的行为不能被认定为犯罪。不过，该说是将危害公共安全罪保护的法益类推到经济刑法法益上的错误做法，由于危害公共安全罪所保护的法益可以直接拆分还原为具体的个人生命、健康安全等法益，因此其可以理解为个人法益的集聚。但是，经济刑法法益并非都可以直接进行拆分还原。此外，在内容上也与个人生命、健康安全等法益具有实质的不同，故不能同类推理。个人法益说将法益保护原则和法益侵害说中的"法益"仅解释为个人法益的做法，存在不当限缩法益内涵之嫌。有学者指出，法益侵害说无法解决抽象危险犯存在的问题，且会产生自我矛盾，并进而认为把对社会法益的抽象危险也视为法益侵害的做法与法益保护原则相冲突，此种意义上法益侵害说其实只是规范违反说的另一个说法而已。① 如果将"法益"仅理解为个人法益，确实会面临上述问题与质疑，但这是由于该观点对法益保护原则、法益侵害说的误解导致的，因为在"法益侵害"中不仅存在对个人法益的侵害，也包括对超个人法益的侵害（从存在很多没有具体被害人的犯罪可以得证），"尽管传统刑法只保护个人权利和价值，但在20世纪，保护集体利益和价值已日益成为刑法的一个重要任务"②，故在"法益保护"中不仅存在对个人法益的保护，也存在对超个人法益的保护。历史表明，在建立了政治或者社会组织单位的地方，人类都曾力图防止出现无序的混乱现象，而且倾向于确立某种稳定安全的秩序形式。③而在进入21世纪后，计算机和互联网极大地影响了社会发展，网络化浸入到生活和工作的方方面面，④形成了一种区别于现实空间的网络空间。而随着网络空间的形成，其必然需要也将会形成一定的秩序，因此，法律介入对网络空间的规制也是必然的。⑤

将超个人法益仅理解为个人法益的集聚，即两者只存在数量上区别的观点

① 参见周光权：《刑法学的向度：行为无价值论的深层追问》，法律出版社2014年版，第170页。

② ［瑞典］汉斯·舍格伦、［瑞典］约兰·斯科格：《经济犯罪的新视角》，陈晓芳、廖志敏译，北京大学出版社2006年版，第65页。

③ 参见［美］博登海默：《法理学：法律哲学与法律方法》，邓正来译，中国政法大学出版社1998年版，第228页。

④ 参见［德］埃里克·希尔根多夫：《德国刑法学：从传统到现代》，江溯、黄笑岩等译，北京大学出版社2015年版，第380～382页。

⑤ 参见陈兴良：《网络犯罪的刑法应对》，载《中国法律评论》2020年第1期。

(“质同量异说”①),不能全面、合理地回应法定犯时代下的个人法益危机。②意图用一种理论垄断超个人法益解释路径的做法,既是理论自身不能承受之重,也与我国刑事实体法规定存在冲突。汉斯·韦尔策尔(Hans Welzel)采纳了马克斯·韦伯(Max Weber)③所提出的思想伦理(Gesinnungsethik)与结果伦理(Erfolgsethik)相区别的古老想法,通过区分行为不法(Handlungsunrecht)与结果不法(Erolgsunrecht),进而认为“必须将制裁所保护的东西区别开来。也就是说制裁不外乎是保护规范的,但是应该将规范从法益当中区别出来”④。规范不是只保护个人法益,如果仅将法益概念限定为个人法益就会忽略这样一个事实:在人类社会的每个群体中都会存在刻上文化烙印的行为规范,而这些规范却并不涉及具体的个人利益,⑤最典型的便是危险驾驶罪,按照个人法益说该罪在实践中根本无法适用,可是危险驾驶罪不仅适用于实践中,而且目前已经成为第一大罪,⑥这显然与个人法益说相矛盾。另外,如果要求超个人法益的最终落脚点为“通过解释回归个人法益”,那么此时直接按照个人法益犯罪论处即可,没有画蛇添足的必要。

(二)传统秩序说的现状及反思

传统秩序说认为,经济刑法的法益是经济秩序,其目的是维护经济制度的运行。因此,当行为侵害了相关的经济秩序时便可直接予以定罪,而无须考虑个人利益是否遭受侵害(实害与危险)。但此举忽视了法益概念的立法批判机能,⑦会导致“恶法亦法”。因为“经济秩序”一词过于抽象,导致刑法规制范围过于模糊,从而无法批判立法时所设立的秩序范围,质言之,即认为坏的秩序只要没有被立法修改,就应当是刑法保护的对象。这是前期刑事古

---

① 参见陈志龙:《刑法的法益概念》(下),载《台大法学论丛》1988 年第 1 期。

② 危机体现在个人法益说无法回应社会发展过程中衍生出的法益保护之新需求,而“适当的实定刑法,必须适应具体社会中对法益保护的现实要求”。参见[日]大塚仁:《犯罪论的基本问题》,冯军译,中国政法大学出版社 1993 年版,第 14 页。

③ Max Weber, Politik als Beruf, 4. Aufl., 1964. 转引自[德]克努特·阿梅隆:《德国刑法学中法益保护理论的现状》,收录于日高義博『違法性の基礎理論』(イウス,2005 年)199 - 225 頁。

④ Welzel, Studien zum System des Strafrechts, ZStW 58(1939), S. 512. 转引自[德]克努特·阿梅隆:《德国刑法学中法益保护理论的现状》,收录于日高義博『違法性の基礎理論』(イウス,2005 年)199 - 225 頁。

⑤ 参见[德]冈特·施特拉腾韦特、[德]洛塔尔·库伦:《刑法总论Ⅰ:犯罪论》,杨萌译,法律出版社 2006 年版,第 78 页。

⑥ 2019 年 7 月 31 日最高人民法院公布了 2019 年上半年全国法院审判执行数据,在审结的刑事案件中,危险驾驶罪首次超越盗窃罪,排在第一位。参见《醉驾正式成为中国第一大罪,代价惊人》,载澎湃新闻网 2020 年 11 月 6 日,https://www.thepaper.cn/newsDetail_forward_5507724。

⑦ 批判立法的法益机能在检验某一罪刑规范是否具有合法性时,具有实践上的重要价值。承认法益概念具有批判立法的功能,这与立法者享有一定创造空间的事实并不矛盾。参见[德]克劳斯·罗克辛:《对批判立法之法益概念的检视》,陈璇译,载《法学评论》2015 年第 1 期。

典学派为了恪守形式的罪刑法定原则的做法，即认为只要法律没有修改，就必须完全按照立法原意适用刑法。但该观点已经被近代以来实质的罪刑法定原则所取代。仅仅为了追求“形式法治”而忽视“实质正义”的做法，是对当下罪刑法定原则的误读。传统秩序说对经济刑法法益过于抽象的界定，还会导致在实践中出现选择性司法，使司法机关变成推行国家政策的“行政机关”，令刑法沦为服务公共政策目的的“佣人”，最终陷入“新工具主义”①的危机。

其实，很多问题即便按照传统秩序说的观点，通过立法的方式予以修正，也无法从根本上解决其自身的不足。例如，在2019年8月26日修订通过的新《中华人民共和国药品管理法》（以下简称《药品管理法》）中，重新定义了假药、劣药的含义，确立以成份构成、功能效力来确定假药；以成份含量、使用期限来确定劣药的新标准，删除了“按假药论处”“按劣药论处”等规定，并在《药品管理法》第124条中规定，虽然原则上禁止“未取得药品批准证明文件生产、进口药品”，但是，“未经批准进口少量境外已合法上市的药品，情节较轻的，可以依法减轻或者免予处罚”。此举旨在以立法方式回应社会关注的非法销售“假药”问题，值得肯定。但其仍未从根本上解决生产、销售假药罪应从传统秩序说转向何处的问题，即判断行为法益侵害性的规则究竟为何。故此时依然要通过对超个人法益内容与结构的阐释，合理理解、界定生产、销售假药罪的规制范围。而对于其他经济犯罪而言，同样需要在法益论层面解决规制范围抽象、模糊等问题。

此外，传统秩序说潜在的忽视个人利益的危险，②值得我们反思与警惕。随着法益理论的更新，如今的经济秩序作为一种超个人法益具有了新的内涵，不应再仅关注法益的内容并将其理解为一种类型的秩序，而是应该构建溯源性与独立性两种类型并存的“双环结构”，只有这样才能合理运用超个人法益理论，厘定不同秩序之间的关系。

（三）经济秩序与个人利益的关系及反思

1. 秩序的内涵简述

（1）“秩序”概念之梳理

“秩序意指在自然和社会进程中存在着的某种程度的一致性、连续性和

① 参见魏昌东：《新刑法工具主义批判与矫正》，载《法学》2016年第2期。

② 李海东教授很早之前便指出：“在刑法的解释与适用上，以一个抽象的、离开了每一个公民的具体的合法权益的‘集体的’或‘多数人的利益或权利’来抹煞具体的、个人的权利，对于所有公民来讲，其危险都是巨大并绝对的；因为任何公民的个体的、具体的合法权利和利益永远是个别的和少数的……当每一个具体的、个别的（包括犯罪人的）合法权益在理论解释或者司法执行中可能因为抽象的‘集体的’或‘多数人的利益或权利’而被牺牲时，法秩序本身就已经不存在了。”参见李海东：《刑法原理入门：犯罪论基础》，法律出版社1998年版，第6页。

确定性。秩序同无序是相对的"①,"所谓秩序,意指这样一种事态,其间无数且各种各样的要素之间的相互关系是极为密切的,所以我们可以从对整体中的某个空间部分或某个时间部分所作出的了解中学会对其余部分作出正确的预期,或者至少学会作出颇有希望被证明为正确的预期"②。秩序的概念比较抽象,本书认为,"秩序"是社会、国家的各种上层建筑平稳运行的一种状态。英国学者哈耶克在《法律、立法与自由》一书中提出了社会秩序二元理论(如图1-1所示),其将社会秩序区分为"自生自发的秩序"(以下简称自发秩序)和"人造秩序"。③

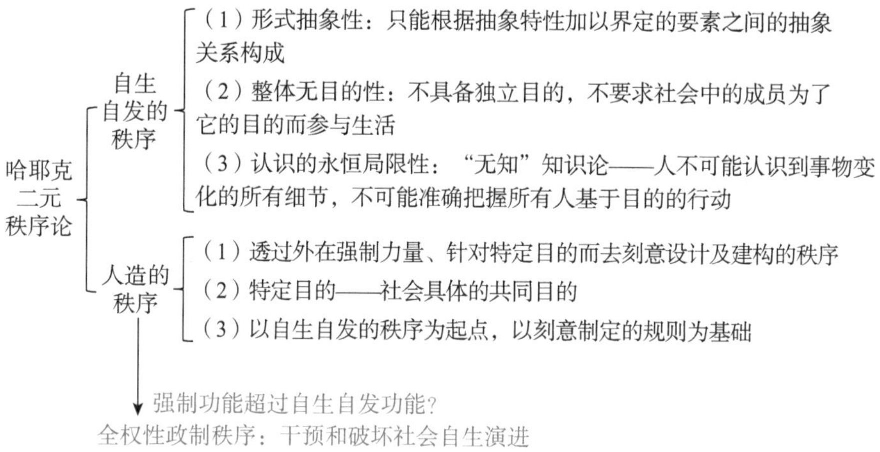

图1-1　哈耶克社会秩序二元理论

自发秩序是指某一群体内部无意识自发形成的非具体性组织规则,如交易习惯、惯例。人造秩序是指外部自上而下有设立目的并通过强制力予以施行的具体秩序。自发秩序中的一部分秩序在应用的过程中出于国家治理目的的需要被具体化并赋予强制力,逐渐转化为人造秩序的一部分。因此,哈耶克又将其划分为全权性政制秩序和以自生秩序为起点的人造秩序。④ 而经济刑法中所保护的秩序属于人造秩序,具体而言,包括两部分:第一,全权性政制秩序,即国家制定的针对经济主体的管理规定;第二,以自生秩序为起点的人造秩序,即在市场交易中自然形成,后通过国家规范进行

① [美]博登海默:《法理学:法律哲学与法律方法》,邓正来译,中国政法大学出版社1999年版,第219页。

② [英]哈耶克:《法律、立法与自由》,中国大百科全书出版社2000年版,第24~27页。

③ 参见[英]哈耶克:《法律、立法与自由》,中国大百科全书出版社2000年版,第24~27页。

④ 参见邓正来:《社会秩序规则二元观——哈耶克法律理论的研究》,载《北大法律评论》1999年第2期。

确认和背书的市场交易规定。

(2)“秩序”与“制度”的区别

制度并不等同于秩序。“制度”是某一领域规范的集合体,包括管理机构的设置、管理方法的规定、管理原则的规定等。公民通过遵守制度形成秩序,获得稳定的交易关系,取得一定的权利、利益并承担一定义务,而这种秩序正是刑法所保护的法益。① 制度规制作用使公民行为具有一致性、连续性和确定性,②通过信任并遵守制度的行为能够获得可预期的行为结果,使个体免受不确定风险的侵扰。这样的特性让社会生活中人对制度本身和制度效力产生信赖。

制度通过国家权力的背书将生活中的风险和利益安排给特定个体,为每个个体赋予权利与义务,让每个个体为自己的行为承担责任,进而提高社会生产的效率。同时,权力主体对于违反制度的行为可以予以处罚,这种处罚起到了稳定秩序的治理效果,具有一定的行政管理色彩,而人们对处罚的正当性的认可形成了对“秩序效力”的信赖。最终,对秩序本身的信赖和对制度效果的信赖演变成行为规范与刑罚规范。③

2. 经济秩序含义的重新解读

有学者对超个人法益与个人法益的关系以还原形态为标准进行了划分,并得出二者之间存在的两种逻辑上的关联性:第一种情形是超个人法益(超个人法益溯源说)具有可分性,能直接拆解成多个个人法益的结合,如抽象意义上的公共安全法益,可以理解为在社会生活中每一个具体个人的生命、健康、财产法益;④第二种情形则是超个人法益(超个人法益相对独立说)不具有可分性,即虽然不能理解为是所有具体个人法益的集合,但是其存在作用仍是实现个人之自由。当侵害此种超个人法益时,在行为的具体事实脉络下可能同时波及的个别之人不能被认为是被害人。例如,伪证罪中的直接被害人是国家,而并非因为伪证受到影响的被审理者。⑤ 本书的超个人法益相对独立说与前述第二种超个人法益在内容上是一致的,也都正确阐释了作为经济刑法法益的经济秩序的解释路径,即虽然不可溯源为

---

① 参见马克昌:《百罪通论》,北京大学出版社 2014 年版,第 177 页。

② 参见龙敏:《秩序与自由的碰撞——论风险社会刑法的价值冲突与协调》,载《甘肃政法学院学报》2010 年第 5 期。

③ 参见戴锦澍:《集体法益中秩序法益的解构与反思》,载《四川警察学院学报》2019 年第 2 期。

④ 参见周漾沂:《从实质法概念重新定义法益:以法主体性论述为基础》,载《台大法律论丛》2012 年第 3 期。

⑤ 参见周漾沂:《从实质法概念重新定义法益:以法主体性论述为基础》,载《台大法律论丛》2012 年第 3 期。

具体个人法益，但其存在对个人实现交易自由等个人利益具有重要作用。我国有学者在讨论经济刑法法益问题时，将经济秩序说和超个人法益说置于同一层次进行区分并展开讨论，①笔者认为，此种做法不当限缩了超个人法益的内涵，也忽视了秩序属于超个人法益中一种类型的事实。社群主义的超个体法益能够发挥风险应对机能、促进社群整合和认同机能、积极福利供给机能和文化契合机能，②而在个人主义立场下，个人法益无法发挥上述机能，据此可以反衬出基于个人主义立场的个人法益并不能全面包含社会中所需保护的利益，必须通过引入超个人法益才能弥补，而经济秩序作为法益存在于经济刑法领域便也具有了正当性。

另外，不仅在一国之内存在第二种情形的超个人法益，在特定地区的某些国家之间也会存在一种具有法律意义上的超国家的经济秩序（超个人法益），比如在欧洲共同体（现其地位和职权已由欧盟承接）层面上，也存在第二种情况的超个人法益，尽管在适用法律时各成员国只能运用自己国家的犯罪构成要件。③ 因此，持超个人法益溯源说的学者所论及的优势（如易于出罪、法益概念更加具体等），在正确理解“秩序法益”含义的前提下，同样可以得到相同的处理结论。而秩序说所能起到的降低个人法益遭受侵害的风险之作用，却是超个人法益溯源说所无法做到的。比如生产、销售假药罪作为一种抽象危险犯，其将刑事处罚的标准过于前置。但是，如果让假药流入市场产生具体危险时刑法再介入的话，难免会对社会中的具体个人生命、健康等法益产生侵害，而正是因为肯定了秩序法益的正当性，才使此种侵害风险可以被刑法所规制。

自2009年始，世界各国刑法对经济领域的犯罪规制呈现范围扩大化、打击手段前置化以及惩治方式严厉化的趋势，善于将经济制度之运作、交易制度之信赖等抽象而集体性的状态作为保护法益进而成为立法正当化的依据，呈现出刑罚积极主义的倾向以及刑法基本原理机能退化的特征。④ 由此看来，在经济市场愈加繁荣、经济领域犯罪行为日渐多样的今天，经济刑法在规制相关犯罪时将经济秩序作为保护的法益，并无不妥，此举还是对社会发展进程的及时回应。尽管秩序是一种相对稳定的状态，但重要秩序的

① 参见王良顺：《保护法益视角下经济刑法的规制范围》，载《政治与法律》2017年第6期。

② 参见贾健：《人类图像与刑法中的超个人法益》，载《法制与社会发展》2015年第6期。

③ 参见［德］克劳斯·梯德曼：《德国经济刑法导论》，周遵友译，载赵秉志主编：《刑法论丛》第34卷，法律出版社2013年版，第9页。

④ 谢煜伟：《检视日本刑事立法新动向——现状及其课题》，载《月旦法学杂志》2009年第2期。

内涵将会随着社会的发展、演进而不断调整、改变,①详言之,即在经济领域中的重要秩序会随着社会发展而不断改变,在这个过程中旧秩序由于其重要性逐渐降低将会被剔除出刑法的保护范围,而新秩序将会随着重要性逐渐增加而被纳入经济刑法的保护范围。

边沁将刑罚明确认定为一种恶,其告诫人们"要记住两件事情——犯罪的恶和法律的恶,疾病的恶和药物的恶……每一种法律都是一种恶,因为每一种法律都是对于自由的一种违背"②。但边沁同时指出,这是"一种类型的恶来自另一种类型的恶",即刑法的恶来自犯罪的恶,而这种恶是必需的,因为这是用"一种恶来对抗另一种恶"。不过边沁也注意到了刑罚之善,他认为"虽然对于犯罪的司法惩罚带来了第一层次的恶,但是一般并不被认为是恶,因为它们产生了第二层次的善,即给社会带来了某种程度的信心和安全"③。而经济刑法研究的范畴便是应如何通过刑罚维护经济市场,进而为公民个人的经济自由与安全提供保障,尽管在这个过程中个人法益也许会遭受相应限制,但是刑法学理论在回应社会发展与流变的现状下,依然肯定了刑法保护超个人法益的正当性,即其弥补了个人法益理论的漏洞,而持否定论的学者大多仅关注了第一层次的"恶",而忽视了第二层次的"善"。当下经济领域已经成为风险社会下的"重灾区",大量经济风险威胁着不特定的交易主体,致使交易自由、公平竞争等秩序遭受威胁,而单纯强调个人主义的做法很难应对社会的此种转变。

传统秩序说的观点为了恪守罪刑法定原则,认为坏的秩序只要没有被立法修改,就应当是刑法保护的法益。但笔者认为此说不太妥当,因为这模糊了立法与司法的区别,以及忽视了法益理论的解释规制机能。即便立法时因为某些原因导致"坏秩序"被法律规定下来,但在具体适用时,司法工作人员应该通过刑法解释,在不违背法益保护原则之前提下,限缩"坏秩序"的适用范围。因此,通过司法实践中的刑法解释,我们亦可以产生"修改立法"所得的效果(替代效果)。例如妨害信用卡管理罪,规制此类行为可以理解为是对金融机构未充分履行管理职责的规制,此罪的设立属于通过刑法制裁手段,挽救行政失职行为。其实,最佳处理途径应该是通过立法将其从破坏金融管理秩序的罪名中去除,通过完善相应的行政法规予以规制。但是由于立法反应的迟缓,在该罪名还未废止之前,司法工作人员可以通过事实认定、法律解释等途径,依法回避该条款的适用,从而作出公正合理的判决,

① 参见涂龙科:《网络交易视阈下的经济刑法新论》,法律出版社2017年版,第83页。

② [英]吉米·边沁:《立法理论》,李贵方等译,中国人民公安大学出版社2004年版,第69页。

③ [英]吉米·边沁:《立法理论》,李贵方等译,中国人民公安大学出版社2004年版,第69页。

而此举也可以起到倒逼刑事立法及时修正的效果。

而所谓的“恶法亦法”，不过是分析法学派为了维护形式的罪刑法定原则所提出的观点，然而近现代以来实质的罪刑法定原则逐渐得到理论和实践的认可。仅仅为了追求形式上的法治，而忽略了实质正义，这种做法无疑是对如今罪刑法定原则的误解。因此在实践中通过实质解释对规定“坏秩序”的规范进行规制，限缩其适用范围，待到时机成熟时再通过立法手段将其修改、完善，理应成为经济刑法方法论中得以肯定的思维路径。

正如在2019年8月26日修订通过的新《药品管理法》中，重新定义了假药、劣药，确立以成份构成、功能效力来确定假药、以成份含量、使用期限来确定劣药的新标准，删除了“按假药论处”“按劣药论处”等规定，将原规定中“被污染的药品”由“视为假药”修订为《药品管理法》第98条中“为劣药”的情形之一。此举旨在回应现实生活中存在的争议问题，值得肯定。

尽管制度对某事件作出回应并进行修订，是最佳的解决途径，但是思想上的反思却更为关键，因为如果没有正确的理念指导制度的具体适用，错误只会以另一种形式再次上演。① 况且制度的修订也并非总来得那么及时，因此树立正确的理念在教义学下适用规范，才应该成为解决问题的主要途径。比如类似上述天津“赵春华案”，即便公安部的规定没有及时修订，通过不同规范之间的关系，以及行政犯的认定原理，同样可以使类似案件当事人得到无罪判决。我国《枪支管理法》第46条规定：“本法所称枪支，是指以火药或者压缩气体等为动力，利用管状器具发射金属弹丸或者其他物质，足以致人伤亡或者丧失知觉的各种枪支。”尽管此条款的规定并没有给出具体标准，实践中的认定大多按照公安部的规定进行。但是需要明确一点，《枪支管理法》的法律位阶高于公安部《枪支致伤力的法庭科学鉴定判据》《公安机关涉案枪支弹药性能鉴定工作规定》等规范性文件，具有适用的优先性和解释的主导性。详言之，在实践中即使有玩具枪的标准符合了公安部关于枪支认定的规定，司法工作人员依然可以通过否定其具有“足以致人伤亡或者丧失知觉”的可能，进而不认定其为“枪支”。同时，行政不法事实向刑事不法事实的转化，一定要确保刑事认定的独立性，不能完全以行政认定的事实为准，因为刑法作为社会最后的保障法、刑罚作为最严重的制裁手段，谦抑性是其理应具备的品格，在判断标准上也要比行政认定更加严格。

故笔者认为正确解释法律、适用法律才是法益理论给司法实践最大的

---

① 树立正确的刑法理念，即使规范尚不完善，但在法教义学立场下，仍可以通过解释等方式对规范内容在具体适用时予以修正，以避免公民的合法权益遭到侵害。因此，笔者认为与其说“恶法亦法”，倒不如说在“恶理念”的指导下，“一切法都存在成为恶法的可能”。

帮助，尽管修改立法可能是最佳解决途径，但可能也是成本最大、效率最低的途径，而通过法益理论的更新，进而影响司法工作人员的理念，可以更直接地解决相关问题，处理争议罪名的适用问题。这不仅是法益理论完善的结果，更是权衡不同学说优劣点后合理运用、机能互补的结果。

传统的经济秩序说存在忽视个人本位的问题，确实值得我们警惕与反思。但随着法益理论的发展，如今的经济秩序作为一种类型的法益具有了新的内涵。首先，刑法所保护的经济秩序是经济领域的基础性、重要性秩序，而仅违反普通型、一般性经济秩序的行为一般作为行政违法行为并从经济刑法中予以剔除，故刑法并非针对所有的经济秩序都要予以介入。其次，作为经济刑法法益的秩序将会随着社会的发展，相应地，变迁更新其内涵。社会发展日新月异而经济市场的需求同样不断变化，从计划经济走向市场经济，许多特定的“秩序”已经不再适应如今的发展需要，此时便应“破旧立新”，避免旧的秩序阻碍经济发展，促使新的经济秩序更好地保障经济领域的效益增量。最后，经济秩序应采取管理秩序与交易秩序并重的二元模式。传统秩序说偏重市场管理秩序的管理秩序中心主义应该调整为交易秩序中心主义，以此纠正经济刑法的定位偏差，进而将保障市场交易秩序置于保护的中心地位，而市场管理秩序仅置于保障性地位足矣。区分两种秩序的核心在于，维护市场交易秩序重点在于“反欺诈”（反对不合理的信息不对称现象）与“反垄断”（反对滥用市场优势地位的现象），其意欲维持的是经济活动的自由高效；而保障市场管理秩序重点则在于“控制市场准入”与“监督市场运行”，其着眼点在于保持经济活动的安全有序。或许有学者认为，市场管理秩序由行政法、经济法等进行规制即可，刑法直接介入的做法并不妥当。因为行政法、经济法对市场准入等方面的规制比刑法要更加及时、有效，因此在面对保障经济市场管理秩序时，该行为应先通过行政法或者经济法的规定进行制裁，在前置法制裁之后，若仍有需要则再由刑法对具体行为进行规制，如妨害对公司、企业的管理秩序罪、破坏金融管理秩序罪等。

3. 反秩序说的理论谬误及其匡正

经济秩序属于超个人法益（作为经济刑法法益）的一种，要否定秩序法益的独立价值，便要否定超个人法益独立存在的正当性。但有学者在论述超个人法益正当性时便精辟地指出，“人不是独立地存在于社会，而是必须与他人、社会有所互动地存在于生活。此外，一个国家必须具有某些社会、经济、政治、文化上的制度与秩序，以供个人与他人互动、沟通，或是作为实现个人利益的平台界面。就如同一个人拥有财产，但欠缺交易或经济制度使其无法支配运用财产，则这个人只会成为在孤岛上坐拥金山的‘鲁滨逊’

而已。然而,对于一个作为法主体的个人而言,值得保护的利益,不仅是他所拥有的利益或权利,也应该包含各种使个人得以发展成为成熟公民,以及真正展开其人格、自由,使财产得以运用的各种法律秩序、机制或制度"①。因此,反秩序说的观点大多忽视了经济秩序与个人利益之间的关系,存在将二者对立的误解,故对此亟待进行理论上的解释与说明。

(1)秩序法益理论不可承受之重

秩序法益观致使刑法工具主义死灰复燃。我国有学者将承认秩序法益作为经济刑法法益的观点评价为可以导致刑法工具主义死灰复燃的导火索,但笔者认为此观点存在逻辑漏洞。在我国社会中,刑法工具主义从古至今一直长期存在于司法实践当中,即使现在也很难将其从国家治理手段中抹去。而"秩序说"的演进自20世纪才刚刚在德国开始,更不用说国内有关经济刑法法益的讨论自20世纪80年代才刚刚起步。与其说经济刑法法益中的"秩序说"是刑法工具主义的导火索,不如说正是由于刑法工具主义在当下社会中仍具有相当的客观需求,才衍生出了"秩序说"的土壤。由此看来,经济刑法法益中的"秩序说"应该被认为是刑法工具主义客观存在的具体反映,而并非刑法工具主义死灰复燃的导火索。即便自"秩序说"诞生之后,其对刑法工具主义的发展起到了相当大的促进作用,但在我国当下的学理与实践中,二者的逻辑关系还远未达到可以颠倒的程度,更何况几千年以来,刑法工具主义一直在我国的刑事立法、司法中客观存在,甚至在某些时间段起着主导作用,其在我国从来没有式微甚至消失过,因此更谈不上"死灰复燃"。②

秩序法益观致使经济自由遭到侵害。我国有部分学者认为,强调对经济秩序的保护是一种忽视经济自由的做法,将会导致交易自由、经济创新等方面受到过度干预。这其实是一种误解,强调对经济秩序的保护,其本质便是维持一种经济安全状态,以便更好地保障个人实现经济利益。故强调对经济秩序(超个人法益)的保护并非只是单纯"统制主义"的体现,其背后还有更深层的考量,那便是为个人支配利益提供稳定的平台和安全的秩序。没有实现可能的利益并不能称为利益,同理,没有秩序保障的利益也不可能

---

① 王皇玉:《刑法总则》(第5版),台北,新学林出版股份有限公司2019年版,第25页。何荣功教授对此也有相似的看法,参见何荣功:《经济自由与经济刑法正当性的体系思考》,载《法学评论》2014年第6期。

② 参见涂龙科、李萌:《左支右绌、捉襟见肘的经济刑法法益》,载魏昌东、顾肖荣主编:《经济刑法》第18辑,上海社会科学院出版社2018年版,第10页。

持续性地存在。①

秩序法益观致使法益概念抽象化。有学者主张的可以解决法益概念抽象化难题的“利益法益观”，其实就是基于超个人法益溯源说展开的，详言之，是以个人利益为基础的“一元法益观”。但在面对利益概念本身就具有的多变性和不明确性时，无论支持者还是反对者均承认利益概念是抽象的、存在缺陷的，韦尔策尔便指出“利益在语言上像愤怒的普罗修斯，不像其他词汇，在观念上给所有东西蒙上黄昏的面纱，晦明之间，却有所区别，因而更加危险”②。即便是法益概念，在“一元法益观”视角下，其是以“个人利益”为核心展开的，故其“单方面对历史演进和经验知识的增加”，也“没有可以推导出最终结论的定义”，③同时在学说发展的历史中，法益概念也没能摆脱意义多变、精神化和抽象化的特质，④其在经济刑法的讨论中局限性当然依旧存在。因此，无论是利益概念还是法益概念，均存在无法明确规范内容的缺陷，随着利益概念的可此可彼、忽此忽彼，⑤“利益法益观”在解释法条、分析罪名时便丧失了确定性，存在与罪刑法定原则相悖之嫌。

况且如果要求所有的超个人法益最终都可以“溯源”至个人法益，那么将会引发一个新的问题，即所有的“超个人法益”犯罪岂不是都与“个人法益”犯罪产生竞合问题？由此将会带来罪数论、刑罚论等一系列难题。如果对超个人法益犯罪中的数个个人法益犯罪进行并罚，那么其与超个人法益犯罪自身的处罚要如何协调便成为新的问题（想象竞合还是数罪并罚）。因此，如果采取上述观点的话，虽然貌似可以解决超个人法益理论的抽象性问题，但其将会“牵一发而动全身”地引发更多新的问题，最终导致得不偿失的后果，故并不可取。

按照本书第一部分的梳理，其实超个人法益相对独立性说下的秩序法益并不会产生过于抽象化的问题，并且也不存在侵犯经济自由、平等竞争等利益的可能，反而通过对此种秩序法益的保护，公民在市场经济中的个人利益得到了更充分的保障。在以往的讨论中，学者们对于经济秩序法益和个

① 参见涂龙科：《经济刑法中危险犯的立法问题研究》，载《法学杂志》2012 年第 8 期。

② “普罗透斯”是希腊神话中的神，有着一张捉摸不定的脸，变化无常，甚至会呈现截然不同的面貌。Hans Welzel, Studien zum System des Strafrechts, in: Abhandlung zum Strafrecht und zur Rechtsphilosophie, Walter de Gruyter, Berlin/New York, 1975, S. 135. 转引自王安异：《我国经济刑法的立法根据质疑》，载《中国刑事法杂志》2011 年第 3 期。

③ Claus Roxin, Strafrecht AT. 1, Aufl 4, München: C. H. Berk, 2006, S. 17f. 转引自王安异：《我国经济刑法的立法根据质疑》，载《中国刑事法杂志》2011 年第 3 期。

④ 伊東研祐『法益概念史研究』(成文堂，1988 年) 423 頁。王安异：《刑法中的行为无价值与结果无价值研究》，中国人民公安大学出版社 2005 年版，第 75 ~ 76 页。

⑤ 王安异：《我国经济刑法的立法根据质疑》，载《中国刑事法杂志》2011 年第 3 期。

人利益法益的区分太过泾渭分明，导致忽视了二者在本质上其实是相辅相成的关系。承认“秩序法益”的存在，并非对“个人法益”的否定，只有强调“二元法益观”①，才能更好地解决法益概念自身的局限性，以应对现代社会的发展。

(2)秩序背后的超个人法益理论机能遭到忽视

对秩序法益的主要批判之一，便是认为此观点会将仅侵犯“经济秩序”而并非侵犯“个人利益”的行为认定为犯罪，进而违背了刑法保护法益的原则。正如林幹人教授认为：“自由经济秩序这些抽象性、观念性的法益，作为科处行政制裁的前提是妥当的，但是作为刑法保护的法益，却不能仅是观念性的。刑法保护的法益应该是以消费者利益为中心，因为经济犯罪之损害，会扩展到全体消费者，每个人成为真正被害人和财产犯罪损害对象之间并没有质的差异。”②此种批评确实有一定的道理。按照芝原邦尔教授的意思，便是如今之社会已经不能再通过刑法规制之途径来维持一定的经济秩序了，经济犯罪之成立除了违反秩序的要求外，还应该加上行为侵犯市民经济生活的要素，同时具有高度的盖然性。经济刑法所规制的重点，应该是侵犯一般消费者利益、市民经济生活的行为。③ 但是我们需要明确一点，如果一定要求超个人法益最终落脚点为“可通过解释最终归为个人法益”，那么此时直接按照侵犯个人法益的相关罪名处罚即可，超个人法益将没有存在的意义，况且许多超个人法益只是与个人法益有间接关系而并没有直接关系，很难抽象地从一般情况建立起二者的联系。但是，这些超个人法益又的确弥补了处罚漏洞，在现实中更全面地保障了公民个人利益。

近年来有学者认为，我国经济刑法法益应该从“秩序法益观”转向“利益法益观”，从而可以解决“超个人法益观”过于抽象的难题。④ 但是，随着研究的深入，该学者在最新关于金融刑法（经济刑法）法益实质内涵的论文中，对其观点进行了完善，即指出应由传统的“秩序法益观”转向“秩序导向下的利益法益观”。⑤ 根据此种改变，我们可以发现在金融发展第三次浪潮

---

① 关于“二元法益观”的相关论述，参见孙国祥：《集体法益的刑法保护及其边界》，载《法学研究》2018 年第 6 期；马春晓：《现代刑法的法益观：法益二元论的提倡》，载《环球法律评论》2019 年第 6 期。尽管表述不一致，但本书所使用的个人法益/超个人法益的用语，在本质内容上与个人法益/集体法益的用语并无实质不同。

② 林幹人『現代の経済犯罪—その法的規制の研究』（弘文堂，1989 年）55 - 56 頁。

③ 参见［日］芝原邦尔：《经济刑法与市民经济生活的保护》，载《法律时报》1986 年第 4 期。

④ 参见魏昌东：《中国经济刑法法益追问与立法选择》，载《政法论坛》2016 年第 6 期；钱小平：《中国金融刑法立法的应然转向：从“秩序法益观”到“利益法益观”》，载《政治与法律》2017 年第 5 期。

⑤ 参见魏昌东：《中国金融刑法法益之理论辩证与定位革新》，载《法学评论》2017 年第 6 期。

中，如果仅强调“个人法益”，而忽视了（相对）独立于个人利益之外的“秩序法益”，那么以金融交易利益为核心确立的新“金融秩序”（“经济秩序”）便无法得到充分的保护，而以此为平台的金融交易行为也无法正常进行。既然如此，为何不直接大方地承认“秩序法益”的存在？相较于构建复杂的学说内涵而言，这可能更加有利于立法和司法层面的借鉴。

（3）误将秩序法益的内涵单一化

批评秩序说的学者还认为，该说违反了法益的基本原理，理由在于经济秩序是经济系统内各要素正常运行的一种状态，但这种有序状态并非利益本身，而是利益的前置性条件，①因此应当用“利益说”来代替“秩序说”。针对此种批评有观点认为，其将秩序混同于物质利益的产生、形成机制，但利益既可以是具体可触的，也可以是抽象制度的，表现为特定的、稳定的制度秩序，规范有序的经济秩序就意味着世间在市场经济大潮中沉浮的普罗大众的深厚福祉，是巨大的国民利益。② 依笔者之见，上述两种观点都忽略了一点，即“秩序”内涵的多元性。秩序确实会成为利益的前置性条件，比如国家安全秩序可以成为一国境内几乎所有利益的前置性条件，但是也不能忽视某些秩序本身也具有利益属性，如公平竞争秩序在市场经济中既可以成为保障经济行为公平、公正的前置性条件，其本身也足以成为一种刑法保护的利益。此时的秩序便不单是一个前提性条件，而是成为符合法益基本原理的一种利益。

有学者认为，出现“环境”“秩序”之类的、难以被“溯源”为个人法益（如人的生命、健康、自由、财产、名誉等具体生活利益）的超个人法益，是法益原则面临侵害风险的危机之一。③ 但笔者认为，抽象法益的出现正是个人法益无法回应社会发展，客观事实产生相应需求之下的必然产物，其正是对当下被普遍称为“风险社会”之现实的一种客观回应。这是因为“适当的实定刑法，必须适应具体社会中对法益保护的现实要求”④，而理论的发展同样反映了这种现实要求的变迁，超个人法益理论便是基于社会对法益保护的需求，从而发展并逐渐完善起来的。⑤

---

① 参见魏昌东：《中国经济刑法法益追问与立法选择》，载《政法论坛》2016 年第 6 期。

② 参见涂龙科、李萌：《左支右绌、捉襟见肘的经济刑法法益》，载魏昌东、顾肖荣主编：《经济刑法》第 18 辑，上海社会科学院出版社 2018 年版，第 9 页。

③ 参见黎宏：《法益论的研究现状和展望》，载《人民检察》2013 年第 7 期。

④ ［日］大塚仁：《犯罪论的基本问题》，冯军译，中国政法大学出版社 1993 年版，第 14 页。

⑤ 同样持此观点者还有李小文博士，详细论述参见李小文：《行政犯定罪的基本原理》，上海交通大学 2014 年博士学位论文，第 68 ~ 69 页。

(4)秩序法益并非导致象征主义的唯一原因

1994 年储槐植教授指出,我国经济刑法领域的立法存在此种现象:"在立法上出现了对经济活动领域的一些无序、失范行为,在没有取得规律性认识,没有动用民商法、经济法和行政法手段予以有效调整的情况下,就匆忙予以犯罪化,纳入刑罚圈的现象,使刑罚的触须不适当地伸入经济活动的某些领域。"①然而这些问题时至今日,仍然在我国经济刑法领域存在。有学者便指出,立法的不当扩张限制了自由,减少了可能的市场增益,法域的边界模糊导致不同法秩序之间关系混乱,立而不用现象明显致使立法走向"象征主义"歧途。② 此种现状的描述,很大程度上符合现状,但是造成现状的原因是多种多样的,仅将结果乱象归责于法益理论的选择,恐怕难以形成合理的论述。

我国在立法层面确实存在"象征主义",但是与此同时我们不能忽略一点,即某些刑法罪名适用率的下降,并非其无法产生法益保护效果,反而正是由于该罪名的存在,对社会中的不特定人群起到了良好的宣示效果,使行为人在意欲实施此类行为时考虑刑罚的成本,促使其放弃此类犯罪行为。基于此,便不能因为我国立法存在"象征主义"现象,就全然否定一些适用率较低的罪名条文之价值。另外,很多罪名适用率的下降,有多种因素左右,如社会公民的整体法治意识提高、我国行政管理水平提升、社会制度得到完善等。同时,不同法秩序之间的关系紊乱,不仅是经济刑法忽视主要法益和次要法益关系的结果,在司法实践中适用法律时缺乏适当的解释、对法益认定的错误等情形,同样也会影响对违反秩序法益的行为进行定性与定量的合理判断。因此,将由多种因素导致之结果归责于一种原因(法益"泛秩序化")的做法,不可不谓之欠妥。

4. 经济秩序:个人利益支配的平台

通过前文的阐述,可以得出经济秩序与个人利益之间并非紧张的冲突关系,而是一种共生共存的和谐关系。"社会秩序、经济利益、国家安全,虽然只是一种制度性利益。但是这些制度的正常运转,乃个人在社会中,是其人格、自由、利益的实现与展开所不可或缺之条件。因为作为主体的个人并非一种抽象、原子式的个人,或是与社会制度隔绝的个人。而是需要与他人互动、沟通具有社会连带性的个人。因此,一个社会必须拥有某些社会的、经济的、政治的、文化的制度与秩序,以作为个人与他人互动、沟通以及实现个人利益的平台界面。因而将社会各种秩序与制度正常运转的利益,提升为刑法

---

① 胡启忠:《金融刑法立罪逻辑论——以金融刑法修正为例》,载《中国法学》2009 年第 6 期。

② 参见魏昌东:《中国经济刑法法益追问与立法选择》,载《政法论坛》2016 年第 6 期。

所要保护的对象，本身即有其正当性的基础。”①基于此，笔者认为，可以将经济秩序视为公民在经济活动中支配、实现、转化其个人利益的平台。

经济秩序其实就是社会经济利益直接或者间接的表现，一定的经济秩序总是作为维系相应的经济利益格局而存在的；经济利益的任何调整与变动，都将导致经济秩序状态某种程度的变化。② “秩序”一词本是中性的，并无好坏之分，因此很多反秩序说的学者望文生义将维持经济秩序的学说贬低为对经济自由、交易自由具有侵犯可能性，是一种值得警醒的误解。针对“秩序”进行分类，可以使我们更好理解何为秩序。“经济秩序”切记不可一概而论，基于市场管理需求产生的“管理秩序”和经济行为主体自发形成的“交易秩序”不同，前者是出于管理本位衍生的秩序，存在侵犯市场自由的危险，值得我们防范；而后者则是公民交易自由行为所自然形成的状态，是对“交易秩序”的维护，无危险可言。前者如《中华人民共和国刑法》（以下简称《刑法》）规定的非法经营罪、虚报注册资本罪、非法吸收公众存款罪等；后者则如合同诈骗罪、内幕交易罪等。③ 如上所述，如果我们对此不进行区分就会掩盖不同秩序种类的实质差异，导致简化了对观点的思考进而混淆了问题的本质，这样不利于我们正确认识“秩序”在超个人法益中的体系定位，不同的“秩序”的经济刑法中地位、意义均不相同，如果不进行区分根本无法正确认识其在实践中发挥的作用。

（四）网络时代对经济刑法法益的挑战

互联网的发展也是一把“双刃剑”，近些年随着现代信息技术的飞速发展，网络已经成为人类社会生活不可缺少的组成部分。一方面网络为人们的生活提供了极大的便利；另一方面网络空间也面临着安全问题，网络犯罪日益增加，不仅对公民个人的人身、财产造成损害，而且还对国家安全、社会秩序造成了严重威胁。正如德国有学者指出：“现在，网络几乎与公路网一样成为公共基础设施不可或缺的组成部分。毫不夸张地说，我们的生活因此跨入了一个全面的数字化时代。随着新型信息和通信技术的发展，出现了新型的危害社会的犯罪行为方式。”有学者指出，通过观察我国网络犯罪的发展历程，可以发现其经历了从网络作为“犯罪对象”到网络作为“犯罪

① 王皇玉：《刑罚与社会规训》，台北，元照出版有限公司 2009 年版，第 181 页。何荣功教授对此亦有相似见解，参见何荣功：《经济自由与经济刑法正当性的体系思考》，载《法学评论》2014 年第 6 期。

② 参见张明楷：《刑法学》（第 5 版），法律出版社 2016 年版，第 734 页。

③ 参见涂龙科、李萌：《左支右绌、捉襟见肘的经济刑法法益》，载魏昌东、顾肖荣主编：《经济刑法》第 18 辑，上海社会科学院出版社 2018 年版，第 12 页。

工具”，再到网络作为“犯罪空间”的演变。在立法上，我国为了应对网络时代的挑战，通过刑法修正案的形式增设新罪，修改旧罪。在司法上，我国特有的司法解释制度可以针对各种新型网络犯罪作出及时的回应。而在理论上，关于网络犯罪、网络刑法的文献层出不穷，甚至有学者意图构建一套独立的网络刑法学体系。①

及时修改完善规制网络犯罪的法律规定，形成规制网络犯罪的高压态势，“是网络时代刑法扩张的应有之义”②。但是，在面对社会发展变化时，作为最后法、后盾法、后置法的刑法，一定要保持谦抑性，即便是要对新型犯罪作出回应，也要基于理论上的变迁，而并非政策上的要求。“在国家的政治法律体系中，刑法只能是保护社会的最后一道屏障，刑法的这种谦抑性要求国家在对网络进行刑法保护时不能随意将网络行为犯罪化。毕竟，在现代法治国家里，刑罚是针对社会破坏性最强行为的国家法律规制手段。这就要求立法者应当力求以最少量的刑罚支出取得最大的社会保障效益。”③而作为刑法的核心理论之一的法益理论，自然也面临着网络时代的挑战。在经济刑法法益的发展中，可以大体将法益理论的流变归纳为从具体到抽象，再从抽象到具体。一开始经济刑法尚未成为独立研究对象时，对经济犯罪的规制以保护个人财产法益为主，后来随着社会经济与刑法理论的发展，经济刑法开始被定位于保护抽象的经济管理制度（超个人法益）。但是，近些年又因为超个人法益过于抽象不利于人权保障等原因，拆分超个人法益将其还原为具体的个人法益之观点兴起，且发展迅猛。然而，随着网络时代的到来，刑法介入社会活动的时间点逐渐前置，很多犯罪的预备行为、帮助行为都被刑法单独规定为新的犯罪，以实行行为、正犯行为予以处罚。这些变化对刑法理论（尤其是法益理论）提出了新的挑战，即新罪的设立是否表明我国存在新兴法益值得刑法保护，抑或对以往的法益，刑法采取了更全面的保护等问题需要法益理论作出回应。“所有的法益，无论是个人法益，还是集体法益，都是生活利益，这些利益的存在并非法制的产物，而是社会本身的产物。生活的需要产生了法律保护，而且由于生活利益的不断变化，法益的数量与种类也随之发生变化。”④在进入网络时代后，社会中某些利益的重要性逐渐上升，其在刑法上的保护必要性也随之升高，但刑事立法未能对其作出及时的回应，在这个前提下，法益理论能否通过自身的完善回应这

---

① 参见孙道萃：《网络刑法知识转型与立法回应》，载《现代法学》2017 年第 1 期。

② 喻海松：《网络犯罪的立法扩张与司法适用》，载《法律适用》2016 年第 9 期。

③ 肖中华、方泉：《对网络刑法的技术制衡》，载《政法论丛》2001 年第 4 期。

④ [德]李斯特：《德国刑法教科书》，徐久生译，法律出版社 2006 年版，第 6 页。

一挑战，亟待关注。

二、网络时代经济刑法法益的“双环结构”之证成

法益二元论不同于一元论，其认为经济刑法法益的内容存在两种类型，且二者之间具有特定的相互关系。法益二元论在我国是少数派，目前该论主要就超个人法益与个人法益之间关系的不同予以展开，主张对制度法益和个人法益进行位阶化处理，将制度法益作为直接法益，个人法益作为终极法益，从而将经济刑法区分为保护制度法益的“制度依存型经济刑法”与保护个人法益的“权益保障型经济刑法”两种类型。① 另有学者就超个人法益与个人法益的关系以还原形态为标准进行了划分，并得出二者之间存在两种逻辑关系：第一种情形是超个人法益具有可分性，能直接还原为多个个人法益，如抽象意义上的公共安全法益，可以理解为在社会生活中每一个具体个人的生命、健康、财产安全；第二种情形则是超个人法益不具有可分性，即虽然不能解释为是多个具体个人法益的集聚，但是其存在作用仍是保障个人自由之实现。当侵害此种超个人法益时，在行为的具体事实脉络下可能被波及的个别之人不能被认为是被害人。②

另外，我国有学者指出，经济犯罪的网络化可以衍生出新的法益类型，但是，“网络经济犯罪本身不足以形成具有新的学科独立性的法益”，而网络中的数据才是刑法保护的核心。因此，对于网络经济刑法法益保护的创新与转型，应从传统的“网络中心主义”调整为“数据中心主义”，并以此构建网络经济刑法的法益保护体系。③ 通过将数据作为刑法保护的独立的法律利益，以区别于传统的财产犯罪，并围绕数据的生成、储存、流动、占有、使用、交易等环节，建立全流程的数据保护体系。此举从法益保护的对象与内容上提供了经济刑法回应网络时代挑战的一条路径，尤其可以在数据刑法立法模式等方面提供有效的智识。但是，超个人法益与个人法益之间如何相互关联？不同类型超个人法益彼此相互关系如何？这些关于法益结构的问题，尚有待进一步探究，并非在法益内容、法益对象的讨论中获得解答。

（一）二元“双环结构”超个人法益的内涵

基于社群主义的超个人法益能够发挥风险应对机能、促进社群整合和

---

① 参见张小宁：《经济刑法机能的重塑：从管制主义迈向自治主义》，载《法学评论》2019 年第 1 期。

② 参见周漾沂：《从实质法概念重新定义法益：以法主体性论述为基础》，载《台大法学论丛》2012 年第 3 期。

③ 参见涂龙科：《网络时代经济刑法变革的系统阐释》，载《法学评论》2019 年第 6 期。

认同机能、积极福利供给机能和文化契合机能，①基于个人主义的个人法益却无法发挥上述机能，由此可以反衬出个人法益并不能全面涵盖社会中所需保护的全部利益，唯有引入超个人法益才能弥补此种缺漏。② 同时根据法益性质的不同，超个人法益可被划分为溯源性超个人法益和独立性超个人法益两种类型，以这两种类型的超个人法益为基础，法益二元论的内涵应被重新阐释。

本书认为，超个人法益与个人法益之间的关系如图 1－2 所示，A 区域表示的是个人法益（核心层利益），B 区域表示的是超个人法益，B1 区域表示的是溯源性超个人法益（保护层利益），B2 区域表示的是独立性超个人法益（环绕层利益），B、B1 和 B2 的关系为：B＝B1＋B2。溯源性超个人法益来自个人法益的集聚，可谓之“量变集聚”；独立性超个人法益来自个人法益集聚量变所引起的质变，可谓之“质变转化”。通过图 1－2 可知，个人法益通过集聚量变形成了 B1 所在的内环层，随着集聚的持续导致量变引发质变，从而形成了 B2 所在的外环层，两层环均围绕在个人法益周围起到阻挡不法行为侵害的作用。图 1－2 中 B2 区域的独立性超个人法益虽然不可溯源为具体的个人法益，但其环绕于外层对实现内层的交易自由、公平竞争等核心层利益具有重要作用。

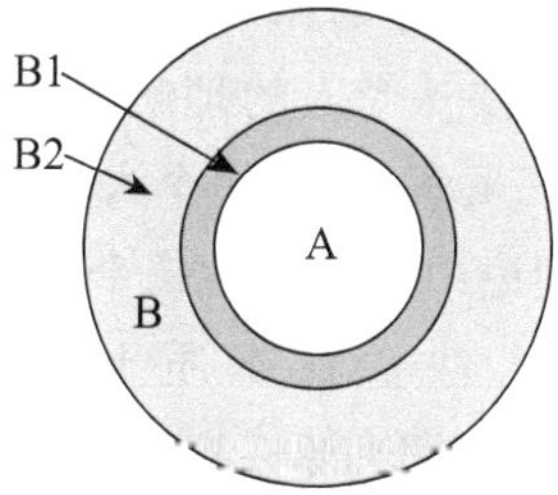

图 1－2　法益区域关系

由于平面图的缘故，很容易使人误以为图 1－2 中各个区域是“包含与被包含”的关系，但其实并非如此。A 区域的个人法益与 B 区域的超个人法益并非在概念上一方可以包含另一方，只是表达了在社会中不同法益之间的一种空间、逻辑上的分布关系，即反映出个人法益的周围存在超个人法益

① 参见贾健：《人类图像与刑法中的超个人法益》，载《法制与社会发展》2015 年第 6 期。

② 不仅在一国之内存在超个人法益，在国家之间也会存在一种具有法律意义上的超国家的经济秩序（超个人法益），比如在欧洲共同体层面上，便存在第二种情形的超个人法益。参见［德］克劳斯·梯德曼：《德国经济刑法导论》，周遵友译，载赵秉志主编：《刑法论丛》第 34 卷，法律出版社 2013 年版，第 9 页。

的客观事实。在超个人法益内部,溯源性超个人法益由于是个人法益在集聚下扩张的产物,因此与个人法益距离更近;独立性超个人法益由于是量变引起质变的缘故,在个人法益集聚过程中距离越来越远,故其比溯源性超个人法益在距离上远于个人法益。新二元法益观在实质上其实就是超个人法益观,法益二元论此时便指的是超个人法益二元论,其在超个人法益理论中可以发挥指导作用,目的是更深入地研究超个人法益的内容与结构,将该理论体系加以细化而并非如以往一样仅停留在表面。①

通过法益一元论向法益二元论的转变,形成具有"双环结构"的"二元法益观",可以更全面、合理地说明中国经济刑法法益的理论含义与实践价值。两种类型的超个人法益分别具有不同的作用,溯源性超个人法益是直接保护个人法益的"手段";独立性超个人法益不仅可以间接保护个人法益,其自身也具有成为"目的"的独立价值,只有通过保护上述两种法益,才可以实现经济刑法的最终目的。

(二)保护核心层利益的内环层:溯源性超个人法益区域

作为与核心层距离最近的区域,溯源性超个人法益源自个人法益的集聚。该内环层存在的意义便是直接保护作为核心层利益的个人法益。此时,溯源性超个人法益与个人法益是一种"手段—目的"的关系,即前者作为手段不能反超目的具有独立的保护价值。以法兰克福学派为代表的学者们认为,超个人法益需要从个人的理解出发,借由个体之个人性开展的实质论证来获得证立。② 虽然,对于超个人法益理论整体而言此举过于片面,但对于超个人法益理论中的溯源性超个人法益而言却颇为恰当。质言之,个人法益与超个人法益在本质上其实是一种"溯源关系"(Ableitungszusammenhang)③,即溯源性超个人法益可以被直接还原为具体的个人法益。而溯源的依据则在于,"透过刑法保护超个人法益,实际上乃

---

① 为了解决划定经济刑法保护法益的范围、抽取该法益内容中分属不同类型的共通性质进而为经济刑法设定边界等问题,从而实现经济刑法法益论的存在意义,经济刑法的法益论被要求在立法论中同时发挥批判机能与指引机能,在解释论方面则要求经济刑法法益论为解释的合理性提供学理基础。嘉门优「经济刑法と刑法の诸原则」神山敏雄 = 齐藤丰治 = 浅田和茂 = 松宫孝明编『新経済刑法入門』(成文堂,2013 年)53 - 54 頁参照。

② 参见古承宗:《刑法的象征化与规制理性》,台北,元照出版有限公司 2017 年版,第 136 页。

③ Olaf Hohmann, Von der Konsequenzen einer personalen Rechtsgutsbestimmung im Umweltstrafrecht, GA1992, S. 79. 转引自古承宗:《刑法的象征化与规制理性》,台北,元照出版有限公司 2017 年版,第 136 页。虽然原文主要论述环境刑法法益的相关问题,但依据其逻辑在经济刑法法益论继续展开可知,超个人法益本身并不值得刑法的保护,只有将其"溯源"为个人法益时才具有保护的必要性,即刑法保护的法益应该是每个人的交易自由、公平竞争等个人法益,而超个人法益只不过是这些个人法益集聚的表征,并无保护的独立价值。

是从规范技巧上的观点，将这些个人法益的保护予以前置而已”①，此举之目的是在实践中防止发生颠倒“目的—手段”主次的悖论，即避免为了维护作为手段的保护层秩序法益而忽视了作为目的的核心层个人法益。

我国1997年《刑法》在罪刑规范设置时，主要以行为类型为标准进行划分，因此导致很多罪名即便位于同一章、节下，但其所保护的法益并非完全属于同一种类。虽然基于法教义学可以合理解释各罪名的规范内涵，但却依旧无法掩盖罪刑规范体系设置的“混乱”。更何况我国现行刑法自1997年至今已逾二十年，在此期间我国社会状况与刑法理论均产生了大幅进步与革新，刑法中规定的内容与现实不相契合也情有可原，只需直面问题运用法教义学的方法，将有缺陷之处通过解释予以弥补即可。② 总体来说，溯源性超个人法益基于个人主义立场，在保护公民个人自由方面起到了积极效果，为经济活动提供了自由的空间。

危害公共安全罪所保护的超个人法益为不特定多数人的生命、健康等安全，当判断行为人的行为是否该当于此类犯罪的构成要件时，只需判断行为针对个人法益是否具有法益侵害性即可，因为此种超个人法益可以具体还原为个人法益。故对于个人法益都不具有侵害可能性的行为，自然也不会对超个人法益具有侵害可能性，且此种判断标准非常直观，易于掌握。在经济刑法中，由于专业性极强的缘故，在判断新型行为样态究竟是经济创新还是经济犯罪时，往往难以判断（甚至在一段时间内根本无法判断），此时入罪的基准便往往取决于对刑法规制范围的解释。因此，作为经济刑法法益之一的溯源性超个人法益，可以在解释罪状内容时起到限制适用范围的作用。

（三）环绕核心层利益的外环层：独立性超个人法益区域

独立性超个人法益独立于个人法益，但并非与个人法益完全无关的抽象概念。独立性超个人法益虽然从静态上不能直接“溯源”为个人法益，但是在保障个人法益实现的动态过程中，间接与个人法益产生联系。作为环绕层利益的独立性超个人法益，虽然也具有保护核心层利益的作用，但是与溯源性超个人法益有实质不同，即具有刑法保护的独立价值。独立性超个人法益与个人法益之间并非简单的“手段与目的”关系，而是一种将个人法益的保护予以提前之举。法益保护的提前化，即将特定领域的超个人法益

---

① ［德］克劳斯·梯德曼：《德国经济刑法导论》，周遵友译，载赵秉志主编：《刑法论丛》第34卷，法律出版社2013年版，第9页。

② 张明楷教授亦指出：“在刑法条文的表述存在缺陷的情况下，通过解释弥补其缺陷，是刑法教义学的重要内容或任务之一。事实上，将批判寓于解释之中，是刑法教义学的常态。”参见张明楷：《也论刑法教义学的立场》，载《中外法学》2014年第2期。

作为对个人法益保护的前阶,直接作为刑法的保护对象,体现的是法益概念的扩张。① 在我国经济刑法的罪刑规范中,大部分罪名保护的法益是独立性超个人法益,其中金融交易的公平自由与市场经济的稳定有序均可为个人利益的实现提供媒介与平台。在中国经济高速发展的同时,新型经济犯罪也大量滋生,导致以个人法益理论为出发点的传统刑法理论无法及时回应保护公民个人利益的需求,因此为了更周延地保护公民个人利益,设置一些危险犯将刑事处罚前置化的做法便具有了正当性。② 根据法益主体的划分,③存在个人法益、社会法益和国家法益三种类型,但在尊重基本人权的现代法治国家之下,生命、身体、自由、名誉、财产等个人法益是一切法益存在的基础和出发点,刑法应将其作为主要法益予以优先保护。④ 不过仅对主要法益进行直接保护,必将会导致处罚的漏洞以及法益保护的不周延,正因如此,经济刑法理论便应运而生,其通过对独立于个人法益之外但又对个人法益的保障具有作用的超个人法益之保护,填补了个人法益理论所无法避免的漏洞,使刑法更周延地保障了个人、社会和国家在经济生活中的利益。

正如在经济刑法中比较典型的抽象危险犯,引入此种犯罪类型意味着刑罚权的扩张,因此只有当抽象危险具有刑事可罚性(Kriminell strafwürdig)时才可以成立犯罪,这一点已经被普遍认可。就个人的利益而言,危险确实是一种抽象性的概念,而从超个人的(社会的)视角来看,将此类行为(如德国规定的补贴与信贷欺诈的构成要件仅被限于纯粹的欺骗行为)构造为抽象危险犯的确是可行且必需的,这是因为其已经对超个人法益产生了实害。对此梯德曼(Tiedemann)教授认为,此类观点正好印证了德国

---

① 参见王永茜:《论现代刑法扩张的新手段——法益保护的提前化和刑事处罚的前置化》,载《法学杂志》2013 年第 6 期。

② 当年德国经济刑法发展的动因之一,便是在经济犯罪日渐嚣张的背景下,为了更好地打击犯罪,保障个人、社会、国家的利益,才不得不扩张刑法圈,将法益保护的触手前置进而设置了相应的超个人法益犯罪。参见[德]马克·恩格尔哈特:《德国经济刑法的发展和现状》,徐剑译,载陈兴良主编:《刑事法评论》第 39 卷,北京大学出版社 2017 年版,第 304 ~ 326 页。

③ 此种分类是目前的通说,但笔者认为以下分类能更直观地反映法益的性质:即根据法益主体享有者的归属,可以将法益分为个人法益与超个人法益(包括社会法益和国家法益)。个人法益是指刑法所保护的目的只在于对公民个人自身利益与基本条件的实现,特定个体是该法益的完全掌控者与拥有者,如公民的身体健康权、财产权等;超个人法益又称社会法益、集体法益,此种法益并不为某一特定公民个体所完全占有,而是社会成员共同分享并进而形成某一领域内有序的状态。参见钟宏彬:《法益理论的宪法基础》,2012 年自版发行,第 299 ~ 300 页。

④ 参见黎宏:《刑法学总论》,法律出版社 2016 年版,第 47 页。

环境刑法中污染水域罪①之构成要件:“如果这里保护的法益只是人类生命利益与健康,那么污染水源就是对那些利益的抽象危险;相反,如果在生态的意义上,还(或仅)将(作为人类之生物性生命基础的)水之纯净性规定为保护对象,那么对于这种纯净性的破坏就是真实的侵害,而不是单纯的危险。”与此极为相似的情形还包括:在德国,“关于资合公司状况的真实信息也是一种利益,因而股份公司法、有限公司法以及合作社法上的犯罪构成要件惩治纯粹的欺骗行为,而不必考虑是否已经造成财产损害”②,也就是说,如果行为人提供了关于资合公司财产状况的不实信息,该行为不会仅被认定为对一般公民的信息利益产生危险,而是可以理解为对超个人法益的实害。“这里导致对于受保护法益(如信息利益)的确立或者认定,绝对不只是为了证据上的利益。传统的财产刑法(尤其是欺诈之构成要件)在实践中常常对此无能为力,③这也预示着新的保护需求以及新的法益的产生”④,从而也奠定了独立性超个人法益存在的基础。这正是区别于保护溯源性超个人法益的另一种方式,即通过危险犯的设定(将针对个人法益的危险理解为针对超个人法益的实害),使个人法益得到更及时、周延的保护。

三、经济刑法二元法益结构的具体判断

(一)二元超个人法益区分的原则性标准

超个人法益在经济刑法中通常被理解为经济秩序,但是“经济秩序”一词过于抽象与模糊,无法发挥经济刑法法益论的界限定位作用,⑤因此,对作为超个人法益的经济秩序有必要重新诠释。刑法保护的经济秩序是经济领域的重要秩序,仅违反一般性、普遍性经济秩序的行为应认定为行政不法

---

① 《德国刑法典》第 324 条原文如下:§ 324 Gewässerverunreinigung(1)Wer unbefugt ein Gewässer verunreinigt oder sonst dessen Eigenschaften nachteilig verändert, wird mit Freiheitsstrafe bis zu fünf Jahren oder mit Geldstrafe bestraft.(2)Der Versuch ist strafbar.(3)Handelt der Täter fahrlässig, so ist die Strafe Freiheitsstrafe bis zu drei Jahren oder Geldstrafe. 本条中译文参见《德国刑法典》,徐久生译,北京大学出版社 2019 年版,第 228 页。

② [德]克劳斯·梯德曼:《德国经济刑法导论》,周遵友译,载赵秉志主编:《刑法论丛》第 34 卷,法律出版社 2013 年版,第 25～26 页。

③ 在财产犯罪理论中,此时一般认定为预备犯,而在德国刑法中单纯的预备行为(Vorbereitungshandlung)原则上是不处罚的。参见[德]韦塞尔斯:《德国刑法总论》,李昌珂译,法律出版社 2008 年版,第 343～346 页。这是因为德国采取的是“分则限制型”规定,即不在总则中一般地规定对犯罪预备的惩罚,仅在刑法分则中对需要惩罚预备犯的犯罪明确规定其构成要件。参见王世洲:《现代刑法学(总论)》,北京大学出版社 2011 年版,第 219 页。

④ 钟宏彬:《法益理论的宪法基础》,2012 年自版发行,第 299～300 页。

⑤ 参见[日]神山敏雄:《经济刑法的理论框架》,尹琳译,载顾肖荣主编:《经济刑法》第 1 辑,上海社会科学院出版社 2003 年版,第 19 页。

行为从经济刑法中予以剔除，故刑法并非规制所有违反经济秩序的行为。作为经济刑法法益的经济秩序将会随着社会发展相应地更新其内涵。在社会发展日新月异的今天，经济市场的需求同样不断变化，从计划经济走向市场经济，许多特定的“秩序”已经不再适应如今的社会需求，此时便应及时“破旧立新”，避免旧的秩序阻碍经济发展，促使新的秩序更好地保障经济活动。

独立性超个人法益与个人法益之间不存在可溯源的直接关系，刑法对独立性超个人法益进行保护时会存在个人利益遭受侵害（实害与危险）的可能。故经济刑法应该以溯源性超个人法益为原则，独立性超个人法益为例外，并且对独立性超个人法益的范围要予以严格限定，仅肯定重大性、基础性经济秩序属于刑法规制范围。本书将金融犯罪纳入经济犯罪的范畴，不作区分。这是因为金融机构在一国经济体系中一般都扮演重要角色，一旦产生金融机构从事违法犯罪行为，便会造成该国社会系统内多数主体对金融机构丧失信任，并且对经济秩序产生不安感，因此金融犯罪应属于经济犯罪中的一种以金融机构为媒介的特殊类型。[①] 例如，在实践中如果擅自设立金融机构的行为不具有威胁金融安全、破坏金融秩序的侵害程度，即没有违反重大性、基础性的经济秩序，则不能认定其构成擅自设立金融机构罪。[②] 另外，针对经济刑法的超个人法益要采取动态的解释原理，不能用静态的眼光理解秩序内容，要随时根据相关罪名的前置法变动，及时更新对经济秩序内容的解读。

（二）溯源性超个人法益的具体判断

在判断溯源性超个人法益时要采用具体、可视的方式。我国台湾地区学者进一步指出，“国家”或者“社会”尽管都具备持有利益之“主体”的性质，但是当其本身并无“利益”的性质或者秩序本身缺乏其他具体法益支撑时，通常而言其便无法直接成为犯罪所侵犯的法益。[③] 而溯源性超个人法益与个人法益具有的“手段—目的”关系，决定了在判断溯源性超个人法益时要以具体的个人法益为“目的”自下而上予以考量，以经济活动主体的个人法益是否被侵害为基准判断市场交易秩序是否被侵害。

在进行具体判断时，首先寻找是否存在被害人（形式判断），其次是明确被害人是否存在利益受侵害的情形（实质判断）。溯源性超个人法益源自个

① 参见吴至强：《经济刑法之背信罪与特别背信罪的再建构》，2014 年自版发行，第 58 页。

② 参见《张军、张小琴非法经营案——擅自设立金融机构罪、非法经营罪的认定》，载最高人民法院刑事审判第一至第五庭编：《刑事审判参考》第 1 辑，法律出版社 2013 年版，第 28 ~ 34 页。

③ 参见陈志龙：《刑法与刑事立法》，1990 年自版发行，第 152 页。

人法益的集聚,如果具体的个人法益没有遭受侵害,那么集聚而成的超个人法益也不会遭受侵害,因此一般来说当溯源性超个人法益遭受侵害时,往往会存在个人法益遭受侵害的被害人。对此,有学者针对"超个人法益犯罪"从事实层面和规范角度进行了分析,认为在此类犯罪中,往往存在具体权益受损的被害人,这些被侵害的具体被害人利益是被隐藏于众多抽象秩序法益背后的,这才是此类犯罪中不可忽视的具体可感知的重要法益。① 对于涉及维护国家经济制度或者秩序的"超个人法益犯罪",如果行为没有侵害到具体被害人的法益,此时便需要发挥个人法益限制解释构成要件规制范围的机能,以防止束缚市场经济的活力以及经济活动的自由,避免对个人权利造成可能的侵害。

在判断溯源性超个人法益是否被侵害时,先要明确规制"溯源性超个人法益犯罪"的目的是保护经济活动主体的交易自由、公平竞争等利益,故此类犯罪的构成要件行为一般指向具体的经济活动主体,导致的构成要件结果则一般表现为个人法益遭受侵害而并非秩序违反,对其采取成文规定的构成要件要素有"对人体健康造成严重危害""骗取对方当事人财物,数额较大的""给他人造成重大损失"等内容,例如:我国《刑法》第 141 条生产、销售、提供假药罪;第 142 条生产、销售、提供劣药罪;第 143 条生产、销售不符合安全标准的食品罪;第 144 条生产、销售有毒、有害食品罪;第 145 条生产、销售不符合标准的医用器材罪;第 162 条妨害清算罪;第 162 条之二虚假破产罪;第 169 条之一背信损害上市公司利益罪;第 219 条侵犯商业秘密罪;第 221 条损害商业信誉、商品声誉罪;第 223 条串通投标罪;第 224 条合同诈骗罪等。上述罪名均以成文构成要件要素规定了遭受侵害的个人法益种类,据此便可认定此类犯罪为"溯源性超个人法益犯罪",在具体适用时遵循先形式后实质的判断规则即可。但较多的罪名并没有成文规定构成要件结果为个人法益遭受侵害,而是仅规定了数额、情节等要素,此时便需要我们根据构成要件行为的对象予以判断。例如:我国《刑法》第 140 条生产、销售伪劣产品罪;第 160 条欺诈发行证券罪;第 161 条违规披露、不披露重要信息罪;第 192 条集资诈骗罪;第 194 条票据诈骗罪;第 216 条假冒专利罪;第 226 条强迫交易罪等。上述罪名虽然没有成文规定符合要求的构成要件结果,但是根据罪状的内容可以得知其构成要件行为指向的是经济活动主体,因此该行为导致的结果当然还是个人法益遭受侵害,故此类犯罪仍然属

① 参见时方:《我国经济犯罪超个人法益属性辨析、类型划分及评述》,载《当代法学》2018 年第 2 期。

于“溯源性超个人法益犯罪”。

（三）独立性超个人法益的具体判断

独立性超个人法益是基于（经济）行政部门或者金融机构的管理需求而产生的，与个人法益的保护并没有直接关系，故要遵守谦抑、克制的判断方式。但是，社会中某些利益的存在，只有通过持续的制度运行（此时形成的状态便是秩序——引者注）才会产生，如果对其要加以保护，就必须保障那些可以创造它们的条件。① 所以，保护独立性超个人法益，其实就是为了让经济活动主体在市场中遵守规范从而形成一种有序的状态，从而间接保障经济活动主体支配自己利益的可能性。② 由于在市场管理秩序中刑法与其他非刑事规范（主要是行政、经济类规范）的保护目的不同，因此在判断“独立性超个人法益犯罪”时，需要严格限定刑法保护的独立性超个人法益的范围，避免刑法过度介入导致自身“沦为保护纯粹行政利益”③的工具。

在具体判断时，由于成文的构成要件要素明确规定了特定规范的范围，因此当行为违反了该规范并符合构成要件中的诸要素（如情节、数额等）后即可认定其侵害了独立性超个人法益。但应当严格界定独立性超个人法益的范围，只有重大性、基础性秩序才可以通过刑法予以保护。根据特定罪名的规范保护目的，对非刑事规范所保护的秩序进行筛选，仅保留值得动用刑罚手段保护的秩序，而针对一般性、普遍性秩序的违反，不能认为刑法保护的市场管理秩序之有效性遭受侵害，即没有违背规范保护目的。例如，编造贷款用途骗取贷款后从事风险性更低的项目且并未影响贷款使用的整体效益时，对该行为便可以不认定为骗取贷款罪。④

即使行为人的行为因为侵害了独立性超个人法益而具有了法益侵害性，但是如果此时行为人不具有可谴责性，那么依然不能认定其构成犯罪。肯定国家的行政、处理、保障活动属于一种独立的保护客体（法益），这必然致使侵害法益的行为范围扩大。因此，只有当行为人对违法性具有认识的

---

① 参见［德］乌尔斯·金德霍伊泽尔：《法益保护与规范效力的保障——论刑法的目的》，陈璇译，载《中外法学》2015 年第 2 期。

② 市场管理规范得到遵守（规范的有效性），体现了公民对规范的信赖，促使人们按照规范要求自己的行为，由此形成的状态便是秩序。规范社会中，每个参与者都必须遵守为保护共同秩序（超个人法益）的举止规范，因为刑法通过举止规范期待每一个人作出行为的规则是：他人能够和自己一样重视对方的权利，从而确保共同体秩序不被破坏。参见赵书鸿：《犯罪化的正当性：法益保护？》，载《中国刑事法杂志》2019 年第 3 期。

③ 何荣功：《社会治理“过度刑法化”的法哲学批判》，载《中外法学》2015 年第 2 期。

④ 参见张明楷：《骗取贷款罪的保护法益及其运用》，载《当代法学》2020 年第 1 期。

可能时，行为人才具有可谴责性，否则即便侵害了独立性超个人法益，行为人的行为也不会被认定为犯罪。①

在判断作为独立性超个人法益的市场管理秩序是否被侵害时，先要明确规制“独立性超个人法益犯罪”的目的是维护市场运行的安全有序，使经济活动主体在市场中可以充分支配其经济利益的实现。根据形式判断的内容，可以将“独立性超个人法益犯罪”划分为两种类型，第一种是采取了成文规定形式的罪名。例如：《刑法》第 153 条走私普通货物、物品罪；第 159 条虚假出资、抽逃出资罪；第 161 条违规披露、不披露重要信息罪；第 162 条之一隐匿、故意销毁会计凭证、会计账簿、财务会计报告罪；第 174 条擅自设立金融机构罪；第 179 条擅自发行股票、公司、企业债券罪；第 190 条逃汇罪；第 222 条虚假广告罪；第 225 条非法经营罪；第 228 条非法转让、倒卖土地使用权罪；第 338 条污染环境罪②等。而第二种则是采取了不成文规定形式的罪名，但是根据罪状的内容可知在判断时仍需其他规范予以补充。例如：《刑法》第 158 条虚报注册资本罪；第 165 条非法经营同类营业罪；第 175 条之一骗取贷款、票据承兑、金融票证罪；第 176 条非法吸收公众存款罪；第 177 条之一妨害信用卡管理罪；第 193 条贷款诈骗罪；第 201 条逃税罪；第 204 条骗取出口退税罪等。其中典型的有走私类犯罪，偷逃税款类犯罪，货币、假币类犯罪等。上述罪名虽然不是直接针对个人法益，但是却在经济市场中保障了经济活动主体进行交易时的知情权、公平竞争权等权利。如在《刑法》第 163 条和第 164 条的犯罪中，行为双方均没有因为此类行为而造成侵害（甚至还获得了利益），但“独立性超个人法益犯罪”仍然对其进行规制，原因便在于此类行为不仅违背了市场管理的目的，侵害了特定的规范（秩序），还使经济活动主体对按照规范内容要求自己行为的信赖产生了怀疑，而国民信赖他人遵守的规则便是刑事法领域保护的终极法益。③

---

① 参见［德］汉斯·韦尔策尔：《目的行为论导论：刑法理论的新图景》，陈璇译，中国人民大学出版社 2015 年版，第 93 页。

② 基于“自然资源是一国最大的经济利益”，笔者认为环境犯罪应该属于经济犯罪。在荷兰（现改名为 Netherlands），经济犯罪便包括了环境犯罪。参见 Schaffmeister, Diskussionsbericht der Tagung für Rechtsvergleichung über Erscheinungsformen der Wirtschaftskriminalität und Möglichkeiten ihrer strafrechtlichen Bekämpfung, ZStW 1976, S. 67ff。转引自林东茂：《危险犯与经济刑法》，台北，五南图书出版股份有限公司 1996 年版，第 67 页。在我国，也有部分学者认为破坏环境资源保护罪属于经济犯罪，应该列入经济刑法的研究范畴。陈泽宪主编：《经济刑法新论》，群众出版社 2001 年版，第 14 页。

③ 上田正和「保護法益論（Rechtsgutstheorie）の行方と展望」大宮ローレビュー7 号（2011 年）。

(四)网络时代经济刑法的类型判断

德国学者汉斯·约阿希姆·施奈德在其《犯罪学》中最早提出了关于"计算机犯罪"的定义:"利用电子数据处理设备作为作案工具的犯罪行为或是把数据处理设备作为对象的犯罪行为。"①该观点被大量学者沿用至网络犯罪的分类之中,并在随后的发展过程里将网络犯罪分为以计算机网络系统为工具的网络犯罪和针对计算机网络系统的网络犯罪,这两种分类方法存在久已。然而,随着互联网技术的飞速发展,网络时代逐渐进入社会生活,也开始影响着刑法理论的变迁。在这个背景下,又有学者指出还存在第三种类型的网络犯罪,即以网络作为犯罪空间的网络犯罪。根据美国司法部(The United States Department of Justice,DOJ)的定义,网络犯罪是指"那些利用或瞄准计算机网络的犯罪",而且网络犯罪(cyber crime)、计算机犯罪(computer crime)、计算机相关犯罪(computer-related crime)这几个概念含义相同,可以相互替换。② 由此可见,关于网络犯罪的定义已经观点林立,而其必将会对网络经济刑法、网络经济犯罪的定义产生影响。

目前,我国学者一般认为,网络犯罪可以分为纯正与不纯正,其中纯正的网络犯罪是指只能以网络犯罪的形式构成,不可能以非网络犯罪的形式构成;不纯正的网络犯罪是指既可以网络犯罪的形式构成,也可以非网络犯罪的形式构成要件。③ 而我国的经济犯罪大多集中在刑法分则第三章破坏社会主义市场经济秩序罪中,这些犯罪在尚未进入网络时代时便已经存在,因此其并非属于纯正的网络犯罪,而是不纯正的网络犯罪。那么此时需要关注的重点应该是网络时代是否影响了这些犯罪的认定规则或者量刑规则,而对这些犯罪进行类型上的区分,其重点便是网络时代是否可以对此类犯罪产生实质性的影响。这是因为网络空间中犯罪行为的方式和侵害对象随着网络技术和犯罪平台、存在空间的变化,确实出现了一定的变异,影响着对于犯罪的定量评价。④ 在近几年里,最高人民法院已经通过司法解释的方式对一些罪名的定罪量刑标准进行了发展创新,以适应网络时代的新背景、新需求。⑤ 在近几年关于网络犯罪定罪量刑的标准探索中,除沿用传统犯罪定罪量刑的数额等标准外,司法机关已经开始采取"实际被点击数"

---

① 黄泽林:《网络犯罪的刑法适用》,重庆出版社2005年版,第9页。

② See Caroline Fehr, Christine Li Calzi, Thomas Oates, *Thirty-First Annual Survey of White Collar Crime*, American Criminal Law Review, 979, Fall(2016).

③ 参见陈兴良:《网络犯罪的类型及其司法认定》,载《法治研究》2021年第3期。

④ 参见郭旨龙等:《信息时代犯罪定量标准的体系化建构》,载《法律科学(西北政法大学学报)》2014年第3期。

⑤ 参见江溯:《中国网络犯罪综合报告》,北京大学出版社2021年版,第14页。

“注册会员数”“受害人次”等能够反映网络犯罪特有属性的标准进行网络犯罪的认定。因此，网络经济犯罪中，也应该借鉴这些司法解释的内容，对自身可以根据网络时代背景采纳新型定罪量刑标准的类型进行归纳，并针对这些类型制定相关司法解释，从而使此类网络经济刑法在回应网络时代挑战时，能够通过自我调整适应新的需求。

四、经济刑法二元法益结构的实践展开

（一）传统理论对司法实践的掣肘

我国传统理论通说认为经济刑法保护的法益是经济秩序，但对经济秩序的理解仅停留在一元论的层面，即仅将经济秩序理解为国家在经济社会中的管理秩序。实质上，“经济犯罪的判断，其复杂性远远高于普通犯罪。对于许多经济犯罪的‘善’‘恶’判断，可能处于一定的‘动态’变化之中，匆忙之间就将其入罪，往往有可能将代表市场发展方向的‘引领’行为认定为犯罪”①。无论是在立法还是司法中，都需要发挥法益概念的机能对经济犯罪的规制范围作出相应调适。在传统法益理论的框架内，法益一元论并不能充分发挥法益概念的两种机能。为了追求促进经济活动主体的积极性，规制经济犯罪活动，从而保障经济活动可以在市场经济中有序进行的规范目的，经济刑法在立法和司法中需运用法益概念的机能予以回应。在法益一元论引领下，经济刑法内容要么过于抽象，要么过于具体，导致经济犯罪的入罪基准具有很强的政策性。② 如果规制范围过大则会在规制经济犯罪的同时遏制了经济活动主体的积极性；如果规制范围过小则会在促进经济活动主体积极性的同时刺激经济犯罪活动。正是由于传统理论的掣肘，致使法益概念的两个机能始终处于矛盾之中。法益内容具体可以发挥立法批判机能，但规制范围过小不利于法益保护的实现；法益内容抽象可以发挥解释机能，但是却违背了明确性原则且不利于人权保障的实现。

渊源于计划经济时代的传统理论根本无法适应市场经济时代的实践需求，这正是计划经济时代的经济活动均由国家统一规制，市场经济时代的资源配置则是市场调控导致的。经济活动的成功是由在市场中的公平竞争决定的，如果某种成功是通过对规范（如违反了公平竞争秩序）的轻视得来的，则要予以规制。因为只要在市场持续期间，重视规范必将带来成本，只有不对违反规范给予奖励，才能维持公众对规范的信赖，规范的有效性也才能得

---

① 蔡道通：《经济犯罪“兜底条款”的限制解释》，载《国家检察官学院学报》2016 年第 3 期。

② 参见储槐植：《市场经济与刑法》，载《中外法学》1993 年第 3 期。

以保障。① 如果将经济活动的范围予以限缩,其虽然会带来经济社会的稳定,但是也会阻碍经济活动的创新。所以在司法实践中面对"灰色经济行为"(经济创新行为)时,市场经济时代下的刑法应该起到的是保障作用,而非是阻碍作用。尤其是现如今在网络时代的加持下,经济活动的创新与改革愈加频繁,刑法不应该再发挥"管事佬"的作用,而是应该作为一个秉持谦抑精神的"监督者"。因此,传统理论在如今的中国必须予以革新,将仅关注法益内容而导致机能存在冲突的视角,转向在法益结构视角下理解两种不同类型超个人法益的不同机能,只有这样才能合理回应经济刑法的规范目的。

(二)溯源性超个人法益的司法解释力

1. 在规制传统犯罪中的展开

就"溯源性超个人法益犯罪"而言,生产、销售假药罪最为典型,该罪在司法实践中存在理解、适用不一致的问题,下面围绕陆某代购药品案展开探讨。

陆某代购药品案②发生在2002年,陆某被查出患有慢粒性白血病,需要服用进口的"格列卫"抗癌药品,每盒费用高达23,500元。自2004年9月开始,陆某开始购买印度生产的"格列卫",每盒只需4000元且效果相同。服用一段时间后,陆某感觉印度同类药品效果好、价格低,便开始通过QQ群帮助众多病友购买此药,随着患者数量增加,药品价格逐渐降低,最终每盒仅为200多元。2013年8月,陆某网购了3张用他人身份信息开设的银行借记卡用于转账购买药品,但最终只有1张可以使用。最终,共有21名患者通过陆某从印度购买了价值约120,000元的10余种抗癌药品,其中有3种系未经我国批准进口的药品。

针对陆某的代购药品行为,公诉机关认为,"陆某的购买和帮助他人购买未经批准进口的抗癌药品的行为,违反了《中华人民共和国药品管理法》的相关规定,但陆某的行为不是销售行为,不符合《中华人民共和国刑法》第141条的规定,不构成销售假药罪"。本案通过否认"销售行为"的方式予以出罪,虽然实现了个案正义,但并未给此类案件提供一般性规则。本案中陆某分文未取,如果陆某每次代购时收取了一定劳务费,此时对该行为的定性又会产生新的问题。"法教义学的任务,就是通过对一个个疑难案件的研究,创造出足以应对此类案件的理论观点,为司法者提供一般性规则。简言

① 参见[德]雅各布斯:《刑法保护什么:法益还是规范适用?》,王世洲译,载《比较法研究》2004年第1期。

② 参见湖南省沅江市人民检察院不起诉决定书,沅检公刑不诉〔2015〕1号。

之，不断地变疑难案件为常规案件，就是法教义学的‘初心’”①，就本案而言，此时解决问题的关键不在于“销售行为”成立与否，而在于该行为是否侵害了本罪保护的法益。

先明确一点，本罪保护的法益是溯源性超个人法益，具体为国家药品管理秩序及其背后的不特定多数人的生命、健康权，其溯源的归结点为不特定人的生命、健康权。首先，进行形式判断，寻找是否存在被害人。通过对案件事实的了解，本案中并没有被害人，只有因陆某代购的药品而活下去的患者，此时便可以直接得出无罪的结论。其次，进行实质判断。患者服用陆某代购的药品后，病情得到了不同程度的缓解，并且比同等治疗效果下金钱成本更低，因此陆某代购药品的行为，对每一个患者的个人生命、健康法益均没有法益侵害性，故当个人法益集聚成超个人法益时，陆某的行为当然不具有法益侵害性。此时即便代购行为被认定为了“销售行为”，但由于本罪保护的法益并没有遭受侵害，因此仍然可以得出无罪的结论，此时便是发挥了个人法益限制解释构成要件规制范围的机能。

溯源性超个人法益还有解释入罪的功能。如在 2016 年山东问题疫苗事件中，行为人从陕、渝、吉等 10 余个省市的 70 多家医院的相关人员手中低价购入流感、乙肝等 25 种二类疫苗，未经严格的冷藏储存处理便加价销售到鄂、粤、川等 24 个省、自治区、直辖市的 247 名人员手中，涉案金额高达 5.7 亿元人民币，最终以非法经营罪定罪处罚。② 如果这些疫苗被认定为劣药，则上述行为符合销售劣药罪的构成要件，此时便与非法经营罪构成了想象竞合关系。这些案例与陆某案的不同在于陆某代购的药品对患者的生命、健康并没有法益侵害性，而问题疫苗却并非如此，其一旦流入市场必将给成千上万的儿童、成年人造成不可估量的后果，即便问题疫苗卖出后还未使用（不存在具体的被害人），但仍具有侵害个人法益的可能性（存在潜在的被害人），故仍然构成犯罪。

2. 在规制网络犯罪中的展开

进入网络时代后，为了在司法实践中可以规制新型的犯罪行为，有一种趋势便是将传统罪名的构成要件予以扩张，即便这种扩张可能有违罪刑法定原则。例如，针对如何理解我国破坏生产经营罪条款中“毁坏机器设备、残害耕畜或者以其他方法破坏生产经营”中的“其他方法”，无论是按照同

① 车浩：《刑法教义的本土形塑》，法律出版社 2017 年版，第 33 页。

② 山东省济南市中级人民法院刑事判决书，（2016）鲁 01 刑初字 33 号。

类解释的方法还是主观解释论中的立法者意图,①均应该将"其他方法"破坏的对象解释为与"机器设备""耕畜"具有相当性的有体物,此时,便可以将本罪解释为特殊的毁坏财物罪,毁坏的对象就被特定为生产资料。② 但是,也有论者认为本罪的行为对象应该解释为生产经营,毁坏机器设备、残害耕畜只是其中之一种手段,还有很多手段可以破坏生产经营,例如,低价抛售公司股票进行报复,破坏了证券交易的正常进行③和利用 BBS 传播行长谣言破坏了银行经营秩序④等,并将上述行为均认定为符合破坏生产经营罪的构成要件。⑤ 上述解释结论符合客观解释论的基本立场,结合了社会发展的背景,未将"以其他方法破坏生产经营"的行为对象限定在有体物的生产资料,因此便扩大了本罪的规制范围。但是,仅根据社会发展变化就可以影响犯罪的解释适用,此举无疑是忽视了法益理论的功能与地位,跳过特定罪名的法益对该罪名构成要件进行解释的行为,并不可取。

在董某超恶意刷单案⑥中,董某超为了打击报复竞争对手,便雇用了谢某浩,要求其以同一账号集中大量购买某科技公司南京分公司的论文查重服务,在给予好评之后,又将全部订单退单,此举导致该科技公司南京分公司因涉嫌虚假交易而被淘宝降权,造成了 15 万余元的经济损失。一审法院、二审法院均认定董某超、谢某浩的行为构成《刑法》第 276 条的破坏生产经营罪。

在本案中,二人所实施的行为,只有在网络时代的背景下才有可能实现,也正是因为网络空间可以成为犯罪场所,所以导致众多新型的、对法益具有侵害性的行为日渐增多。根据《刑法》第 276 条的规定可知,本罪的客观构成要件是"毁坏机器设备、残害耕畜或者以其他方法破坏生产经营",本案中的行为明显不属于列举的行为类型,因此问题便在于是否属于"其他方法"。由于本罪规定在刑法分则第五章侵害财产罪,一般将该罪认定为保护个人(财产)法益的犯罪,但是因为要与故意毁坏财物罪进行区分,所以必须

---

① "这里所说的'其他方法',是指除本条所列的方法以外的其他任何方法。例如,切断水源、颠倒生产程序等破坏生产经营的方法。"全国人大常委会法制工作委员会编:《中华人民共和国刑法释义:根据刑法修正案九最新修订》,法律出版社 2015 年版,第 460 页。由此可见,在最能代表立法者意图的释义中,列举的依然是针对有体物的生产资料的破坏行为。

② 参见张明楷:《刑法的私塾》,北京大学出版社 2017 年版,第 789 页。

③ 参见朱铁军:《低价抛售单位股票报复单位行为之定性》,载《人民法院报》2002 年 9 月 22 日。

④ 刘松:《由一起利用 BBS 破坏生产经营案谈起》,载《四川警官高等专科学校学报》2003 年第 3 期。

⑤ 柏浪涛:《破坏生产经营罪问题辨析》,载《中国刑事法杂志》2010 年第 3 期。

⑥ 江苏省南京市雨花台区人民法院刑事判决书,(2015)雨刑二初字第 29 号;江苏省南京市中级人民法院刑事判决书,(2016)苏 01 刑终 33 号。

对生产经营进行解释，即毁坏财物的行为如果没有导致生产经营被破坏，则属于故意毁坏财物罪；而如果毁坏财物的行为具有破坏生产经营的法益侵害性，则可能构成破坏生产经营罪，而这种抽象的生产经营被破坏的结果，是由对个人（财产）法益的直接破坏造成的，因此本罪可以理解为是一种溯源性超个人法益犯罪。所以，除判断造成破坏生产经营的结果是否存在之外，还需要限定造成这一结果的行为类型，即根据刑法分则条文的规定，对造成该结果的行为溯源，判断其是否可以溯源至规定的行为类型当中。根据前述可知，本罪的破坏生产经营之结果是由毁坏特定的生产资料之行为所致。因此，即便从实质上看，有很多其他行为可以导致该结果，而且具有法益侵害性与刑事可罚性，但是依然不能逾越罪刑法定主义的藩篱，不能以实质合理性突破形式合法性，尤其是在入罪判断中（出罪时则可以考虑实质优先）。而且，本案中，二人的行为并非毁坏行为而是妨害业务的行为，明显不符合本罪的构成要件。① 尽管有学者认为，“其他方法”并不限于破坏工农业生产资料，只要是侵害了生产经营者基于生产经营所产生的利益的行为，就可以被认为是“其他方法”。② 这种纯粹的客观解释论立场，获得了一定的学者和实务人员的支持，因为按照这种解释确实可以弥补对危害行为的处罚漏洞，通过对犯罪的实质判断扩大了刑法规制范围。

但是，“实质判断过于前置带来的后果会消解形式要件的限制机能，使构成要件从承担排除在形式上不具备构成要件该当性行为的出罪机能转向从实质上认定具有处罚必要性行为的入罪机能”③。对此，有学者将前述解释称为软性解释，归为类推解释，并认为，如果不考虑刑法解释的限度，破坏生产经营罪将势必成为新型的口袋罪。某些刷单行为确实会在客观上导致竞争对手的财产损失，但此时行为人的行为损害的是被害人的商业信誉和商品声誉，而并非故意毁坏生产资料，质言之，刷单行为并不符合破坏生产经营罪的客观构成要件，在刑法对此类行为增设妨害业务罪之前，依据《网络交易管理办法》（2014 年 1 月 26 日原国家工商管理总局颁布，已失效）第 19 条第 4 项的规定，网络商品经营者、有关服务经营者销售商品或者服务，不得利用网络技术手段或者载体等方式，以虚拟交易、删除不利评价等形式，为自己或他人提升商业信誉，因此对此类行为处以行政处罚更为妥当。④ 因此，在网络时代中面临对某类行为的入罪倾向时，一定要将自己置

① 参见陈兴良：《网络犯罪的类型及其司法认定》，载《法治研究》2021 年第 3 期。
② 参见陈洪兵：《双层社会背景下的刑法解释》，载《法学论坛》2019 年第 2 期。
③ 陈兴良：《形式解释论的再宣示》，载《中国法学》2010 年第 4 期。
④ 参见周光权：《刑法软性解释的限制与增设妨害业务罪》，载《中外法学》2019 年第 4 期。

于罪刑法定主义、刑法谦抑主义的桎梏中，基于形式解释论的立场对相关罪名进行解释，切不能为了弥补处罚漏洞而肆意扩张解释之边界。

（三）独立性超个人法益的立法约束力

1. 在规制传统犯罪中的展开

就“独立性超个人法益犯罪”而言，典型的犯罪之一是非法经营罪。在非法经营罪的行为类型中，又以“未经许可经营法律、行政法规规定的专营、专卖物品或者其他限制买卖的物品的”类型行为尤为体现超个人法益的独立性。

以王某军收购玉米案①为例，内蒙古自治区巴彦淖尔市临河区人民检察院指控被告人王某军犯非法经营罪一案，内蒙古自治区巴彦淖尔市临河区人民法院经审理认为，2014 年 11 月至 2015 年 1 月，被告人王某军未办理粮食收购许可证，未经工商行政管理机关核准登记并颁发营业执照，擅自在临河区白脑包镇附近村组无证照违法收购玉米，将所收购的玉米卖给巴彦淖尔市粮油公司杭锦后旗蛮会分库，非法经营数额 218, 288. 6 元，非法获利 6000 元。案发后，被告人王某军主动退缴非法获利 6000 元。

本案原审法院认为，王某军未经粮食主管部门许可和工商行政管理机关核准登记并颁发营业执照，自行收购玉米的行为属于违反国家法律和行政法规的非法行为，非法经营数额 218, 288. 6 元，数额较大，其行为已经构成非法经营罪。再审中，内蒙古自治区巴彦淖尔市人民检察院提出，“王某军的行为虽具有行政违法性，但不具有与刑法第二百二十五条规定的非法经营行为相当的社会危害性和刑事处罚必要性，不构成非法经营罪”②。最终，法院认为王某军的行为“违反了当时的国家粮食流通管理有关规定，但尚未达到严重扰乱市场秩序的危害程度”，最终改判无罪。最高人民法院认为，王某军从粮农处收购玉米卖予粮库，仅在粮农与粮库之间起到桥梁纽带作用，其收购行为并没有破坏粮食流通的主渠道。③ 但总体来说，目前存在的对本案的说理均不充分，在事实与证据均未改变的前提下，两级法院竟然得出完全相反的意见，就好像是行政机关接到上级机关的“行政命令”直接执行一样，而并不像一个具有独立审判地位的司法机关所为。而对于本案背后所反映出的问题选择直接忽视，更使这样一个具有典型意义的案件消失在了历史中，这实在是一件令人扼腕的事。虽然这确实是一

① 参见内蒙古自治区巴彦淖尔市中级人民法院刑事判决书，(2017)内 08 刑再字 1 号。

② 陈兴良：《投机倒把罪：一个口袋罪的死与生》，载《现代法学》2019 年第 4 期。

③ 参见王晓琳：《如果判我无罪，今后还要继续收玉米》，载《新京报》2017 年 2 月 13 日，https://www. bjnews. com. cn。

个受到称赞的改判,但笔者认为其可以采取更合理且更具示例性的说理,而并非用“司法流水线式”的语言表达,以便为日后类案提供参考。此举并非彰显事后诸葛亮的智慧,只是觉得“法律学者应更积极地从事判决研究之工作,对于有商榷余地之判决,固应详予讨论,提出自己的意见,用供实务参考”①。

独立性超个人法益具有立法批判机能,详言之,立法之初罪刑规范所确定保护的法益,由于种种原因已经不再具有动用刑罚手段保护的必要性,因而否定对侵害此类法益行为予以犯罪化的正当性,即“踩刹车”作用。所以即便立法时因为某些原因导致“坏秩序”被规定下来,或者随着社会的发展某些秩序已经不再适应社会需求,在司法实践中依然可以运用独立性超个人法益的立法批判机能筛选秩序的范围,仅将值得动用刑罚手段予以保护的重大性、基础性秩序认定为经济刑法的法益,以期合理限制刑法规制的范围。回归上述收购玉米案,非法经营罪保护的法益为独立性超个人法益,具体是市场准入的管理秩序。非法经营罪以成文的形式明确规定了特定规范的范围是“违反国家规定”,限制了构成要件行为的范围。王某军未办理粮食收购许可证,未经工商行政管理机关核准登记并颁发营业执照,擅自收购玉米,并将收购的玉米卖给巴彦淖尔市粮油公司杭锦后旗蛮会分库。该行为在形式上确实与当时的国务院《粮食流通管理条例》(2004 年)第 9 条的规定相违背。但是该行为是否侵害了经济刑法保护的重大性、基础性秩序,是否具有刑法保护的必要,值得质疑。粮食购销体制既有计划经济体制残余的影响,也有维护国家粮食安全的考虑。经济刑法是受到时代制约的领域,②在粮食购销体制逐步改革、计划经济影响逐步摒除的今天,如果王某军的行为完全不涉及国家粮食安全,则不应当纳入刑法予以规制。因此其侵害的仅是一般性、普遍性秩序,只是行政不法行为,而并非刑事不法行为。从非法经营罪适用实践来看,近年来该罪出现了快速扩张倾向,过于宽泛地介入经济领域,干预经济运行秩序,殊为不当,立法上应设立条文限制其范围,以实现经济发展与经济秩序的合理平衡。

2. 在规制网络犯罪中的展开

在司法实践中,为了应对网络成为“犯罪空间”的趋势,最高人民法院和最高人民检察院在一些司法解释中率先作出尝试。例如,2005 年最高人民法院、最高人民检察院《关于办理赌博刑事案件具体应用法律若干问题的解

---

① 王泽鉴:《民法学说与判例研究》(重排合订本),北京大学出版社 2015 年版,第 235 页。

② 京藤哲久「刑法から経済刑法へ」明治学院大学法科大学院ローレビュー 19 号(2013 年)。

释》(以下简称两高《赌博解释》)和2010年最高人民法院、最高人民检察院、公安部《关于办理网络赌博犯罪案件适用法律若干问题的意见》(以下简称两高一部《网络赌博意见》)明确将赌博网站规定为传统意义上的、物理上的“赌场”,此举可以认为是最高司法机关承认网络可以成为犯罪空间的例证。另外,2013年最高人民法院、最高人民检察院《关于办理利用信息网络实施诽谤等刑事案件适用法律若干问题的解释》(以下简称《网络诽谤解释》)将网络空间解释为寻衅滋事罪中的“公共场所”,并且还将在网络空间中实施的辱骂、恐吓他人,或者编造、散布虚假信息,起哄闹事的行为解释为对“公共秩序”的破坏。① 尽管在司法层面前述规范性文件均已经对网络犯罪的相关问题作出了回应,但是其仍需要在理论上获得证成,甚至是通过刑法理论在立法上对相关司法解释的做法予以批判,只有如此,才能更好地引导我国刑事立法在网络时代中面对新兴犯罪时,能够沉着冷静地合理应对,而并非动辄修法,迁就司法实践中的做法。而且,在《网络诽谤解释》出台之后,其所得的预期也与之前有所不同,有学者对此进行实证分析发现,在寻衅滋事适用于网络虚假信息的过程中,其所惩治的对象并非主要是网络造谣、传谣,反而适用最多的是普通网民的日常网络言论,而在其中占20%以上的犯罪主体是上访人员或者拆迁对象。② 所以,在面对经济活动也日渐网络化的同时,需要反思与警惕,避免出现“打偏靶子”之现象,否则必将有违谦抑主义的要求。

在一起涉及开设赌场行为的案件③中,法院认为,A、B等人利用互联网游戏平台开设赌场的行为,情节严重,已经构成开设赌场罪。而在本案中,被告人C等人在经营、管理盘古公司的辰龙游戏平台的过程中,未能履行法律、行政法规规定的信息网络安全管理义务,经监管部门责令采取改正措施后仍然拒不改正,并且被告人C、D明知他人正在利用辰龙游戏平台实施犯罪,即利用信息网络实施犯罪,而自己正在为他人犯罪行为提供技术支持。最终,法院认为,被告人C、D的行为同时成立拒不履行信息网络安全管理义务罪、帮助信息网络犯罪活动罪,择一重罪论处。

2015年在《中华人民共和国刑法修正案(九)》[以下简称《刑法修正案

① 上述司法解释虽然并未完全涉及经济刑法、经济犯罪的领域,但是其作为一种应对犯罪网络化趋势的“立法回应”,在经济刑法、经济犯罪也面对网络化趋势时,完全可以成为参考、借鉴、批判的对象。

② 参见姜瀛:《网络寻衅滋事罪“口袋效应”之实证分析》,载《中国人民公安大学学报(社会科学版)》2018年第2期。

③ 参见江西省南昌市东湖区人民法院刑事判决书,(2018)赣0102刑初585号。

(九)》]中拒不履行信息网络安全管理义务罪被规定为一种新的犯罪类型,但是最高人民法院、最高人民检察院一直等到2019年才出台司法解释对该罪的构成要件予以明确。目前在中国裁判文书网能够找到的拒不履行信息网络安全管理义务罪的案件也并不是很多,其中只有两件是手法相同的案件,即非法出售VPN翻墙软件。① 由于也有法院将提供翻墙软件的行为定性为提供侵入、非法控制计算机信息系统程序、工具罪,因此对该行为的定性究竟如何还有待进一步研究。而上文所提及的C、D构成拒不履行信息网络安全管理义务罪则争议相对较少,而且与超个人法益理论有关,因为拒不履行信息网络安全管理义务罪自从其设立之初便是超个人法益犯罪,其目的便是提前刑法的介入以将刑法对法益的保护前置。本案中,如果单看被告人C、D的行为,会认为其仅是一种中立的技术行为,因为二人依法运营游戏平台,本身并无不妥。而问题出现在有人利用二人依法运营游戏平台的行为,为自己的不法行为提供了帮助,此时如果按照传统的共同犯罪理论,由于二人没有共同的意思联络,因此无法成立共同犯罪。但是,在进入网络时代后,"一对多"的帮助行为日渐增多,其法益侵害性也与日俱增,亟待刑事规制的介入。可是,由于此类行为对个人法益的侵害性多是间接体现的,甚至被害人都没有认识到,更有甚者连利用技术的行为人都无法确定,此时如果根据个人法益理论则难以去规制。而反观超个人法益理论则可以解决这个问题,因为超个人法益犯罪中的法益侵害性认定主要采取的是"立法推定+被告反证"的方案,详言之,在拒不履行信息网络安全管理义务罪中,只要行为人拒不履行义务,便可以推定行为人的行为具有法益侵害性,除非行为人能举证证明其不履行义务的行为依然可以防止法益侵害的发生,否则就可能成立本罪。而在这个判断过程中,并未出现具体的个人法益,个人法益只是间接地通过超个人法益的判断在其中发挥了作用。此时,通过这种独立性超个人法益犯罪的设置,便弥补了网络时代对于这种"一对多"的技术帮助行为的处罚漏洞。

另外,在网络时代下还有一种不法行为日益猖狂,那便是恶意注册账号行为。根据腾讯公司安全管理部刑事法律中心的《互联网账号恶意注册黑色产业治理报告》可知,在恶意注册的黑色产业链中,可以分为三个环节:一是上游产业链。为恶意注册黑产提供注册所用的信息和资料、程序工具和技术支持。二是中游产业链。黑产人员利用从接码平台处取得

① 参见上海市浦东新区人民法院刑事判决书,(2018)沪0115刑初2974号;湖北省荆州市荆州区人民法院刑事判决书,(2018)鄂1003刑初150号。

的手机号和验证码以及打码平台获得的图像验证码识别,利用公民信息、自动化运行工具和突破安全保护措施的工具,完成整个注册过程和养号过程。三是下游产业链。各种恶意注册账号的贩卖商人和代理,负责将大量账号出售贩卖,供下游多种用途使用。① 在上游和中游环节,行为对个人法益的侵害十分微小,只有在下游环节才开始直接对个人法益产生危害。可是,如果不能在上游和中游环节就采取一定的措施,那么只针对下游环节的规制,就只是"治标不治本"。虽然,在我国《刑法》第22条中规定了预备犯的处罚条款,但是由于犯罪预备在客观上类型化程序较低,而且主观故意难以证明,所以在司法实践中,预备犯很少受到处罚。② 因此,独立性超个人法益犯罪还需要在上游和中游环节予以设置。和拒不履行信息网络安全管理义务罪一样将刑法介入的时间前置化,才能更好地规制犯罪,保护法益。

五、小结

经济刑法保护的法益属超个人法益,但无论是个人利益说还是传统秩序说都无助于解决法益理论在立法与司法实践中面临的捉襟见肘的尴尬处境。应当对作为经济刑法法益的超个人法益进行二元化展开,划分为溯源性超个人法益和独立性超个人法益,构建"溯源性+独立性"的经济刑法二元"双环"法益结构。经济刑法以溯源性超个人法益为原则,以独立性超个人法益为例外。溯源性超个人法益与个人法益之间可追溯,用以规制刑法解释;独立性超个人法益限于重大的、基础性经济秩序,用以实现立法批判。另外,在经济刑法解释中应坚持独立性与相对性相结合的基本观点,既在某些概念等方面贯彻经济刑法解释的独立性,也在某些刑法理论共通的部分坚持一致性,从而保持相对性的合理。

经济刑法法益的选择直接影响经济刑法规范保护目的之确证,进而指导法益概念的机能在实践中发挥作用。法学是复数的,③针对每个问题的解决均可能因路径不同而引发观点争鸣,尽管解决我国经济刑法立法体例混乱的最佳途径是通过立法活动予以完善,即由单轨制立法模式转向双轨

---

① 参见腾讯公司安全管理部刑事法律中心:《互联网账号恶意注册黑色产业治理报告》,第2页。转引自陈兴良:《互联网账号恶意注册黑色产业的刑法思考》,载《清华法学》2019年第6期。

② 参见梁根林:《预备犯普遍处罚原则的困境与突围——〈刑法〉第22条的解读与重构》,载《中国法学》2011年第2期。

③ 参见舒国滢:《法哲学沉思录》,北京大学出版社2010年版,第27页。

制立法模式,[①]以缓解空白刑法(一般规定法定犯[②])的灵活性与完备刑法(一般规定自然犯)的稳定性之间不可调和的冲突。但基于当下的立法体例,笔者认为,可以采取在经济刑法法益论层面进行革新与匡正的途径,此举与立法活动相比成本更低,而且还可以缓解经济刑法中罪刑规范因体系定位不明导致法益内容模糊,进而致使司法适用混乱的现状,从而更好地发挥经济刑法保障经济市场有序运行的机能。

① 参见储槐植、薛美琴:《对网络时代刑事立法的思考》,载《人民检察》2018 年第 9 期。张明楷教授同样指出,我国刑事立法模式在经过宪法视角的审视后,应该肯定在行政法、经济法等法律中直接规定相应罪刑规范的正当性,进而构建出真正的附属刑法。参见张明楷:《刑事立法模式的宪法考察》,载《法律科学(西北政法大学学报)》2020 年第 1 期。郭自力教授也指出,当下我国所谓的"附属刑法"只是流于形式,无法起到具体和实际的作用,而采用二元论的立法模式(构建真正的附属刑法,在行政、经济法律中规定具体的罪状和量刑幅度),将会更简便和易于操作,它不仅不会削弱刑法的功能,反而会加强刑法的保障功能,促进刑法的现代化。参见郭自力:《改革开放四十年经济刑事立法的回顾与展望》,载《地方立法研究》2018 年第 6 期。

② "有一些犯罪虽然以违反管理法规为前提,但不一定是行政犯,交通肇事罪就是如此。"交通肇事罪实际上通过"违反交通运输管理法规"的表述,限制了构成要件行为的范围,将导致构成要件结果但并未违反交通运输管理规定所规定的行为,排除出构成要件。参见张明楷:《正确适用空白刑法的补充规范》,载《人民法院报》2019 年 8 月 8 日。

第二章　网络交易中虚拟财产的刑法属性

正如一句法谚所谓:法律的制定总是带有滞后性,法律一经制定,便已落后于时代,因此才需要去解释法律来适应不断变化的社会。在网络 2.0 时代下的交易网络化模式中,财产犯罪中犯罪对象不仅包括传统交易中的商品,还包括互联网时代所产生虚拟财产。目前,实务上和理论界对于虚拟财产的定性与价值衡量仍然具有争议,有必要加以深入探讨。

一、虚拟财产是否属于财物的争议

关于虚拟财产的内涵有许多种观点,技术视角下,学者们认为虚拟财产属于一种持久、互联的计算机代码①或者是一种"模拟现实事物,以数字化形式存在的、既相对独立又具有排他性的信息资源"②。从权利客体的角度出发,有的学者认为虚拟财产是一种"新型财产",以存在于网络上的具有财产性的电磁记录为基础,能够度量标准与价值。③ 在"财产说"之外,还有学者认为虚拟财产是无形的、排他的财产权益。④

事实上,虚拟财产在法律属性上的定性分歧预示着其在刑法规制上的争议。本书认为,虚拟财产是指具有财产性价值、以电磁数据形式存在于网络空间但实质层面上具备财产属性的财物,在范围上至少包括三类:网络账号类虚拟财产、网络物品类虚拟财产和虚拟货币类虚拟财产。

(一)网络账号类虚拟财产的认定分歧

网络账号指以账号名与密码为识别依据的一种身份凭证,获得该身份凭证的账号名与密码并登录服务器,即可使用该账号所拥有的产品与服务,常见的网络账号包括即时通信类型的 QQ 账号和微信账号,各种网络游戏

---

① See Fairfield J., *Virtual Property*, Boston University Law Review, 2005, 85(3): 1052 – 1058. 转引自江波:《虚拟财产司法保护研究》,北京大学出版社 2016 年版,第 14 页。

② 林旭霞:《虚拟财产解析——以虚拟有形财产为主要研究对象》,载《东南学术》2006 年第 6 期。

③ 参见杨立新、王中合:《论网络虚拟财产的物权属性及其基本规则》,载《国家检察官学院学报》2004 年第 6 期。

④ See Nelmark D., *Virtual Property: The Challenges of Regulating Intangible, Exclusionary Property Interests Such as Domain Names*, Northwestern University School of law Northwestern Journal of Technology and Intellectual Property, 2004, 3(1): 2. 转引自江波:《虚拟财产司法保护研究》,北京大学出版社 2016 年版,第 14 页。

的账号，具备文档翻译功能、文库浏览下载功能等多种复合功能的百度账号等。不同网络账号的不同功能与价值引起了不法分子图利的心理，生活中盗取网络账号的情况并不罕见，而如何对账号进行定性，司法实践中存在争议。

2016年4月30日至6月16日，周某、杨某预谋通过制作钓鱼网站的方式盗取他人QQ数据牟利，周某租用服务器并雇用人员发送虚假的送流量、送红包等诈骗信息及钓鱼网站链接，诱使被害人点击链接并输入QQ账号密码，从而获取了他人的QQ账号数据，并以此从中非法获利20,000元。浙江省乐清市人民法院认为，被告人违反国家规定，非法获取计算机信息系统中传输的数据，情节特别严重，行为构成非法获取计算机信息系统数据罪。① 本案中对于盗取QQ账号的行为，法院认定构成非法获取计算机信息系统数据罪，无疑将QQ账号的信息视为“信息数据”，不承认其“财物”属性。

2017年11月8日，被害人凌某（某网络账号交易平台工作人员）通过某账号交易平台认识想要出售梦幻西游手机游戏账号的被告人陈某，商议以人民币47,000元购买陈某梦幻西游手游的游戏账号。结果在交易完成后，陈某又通过绑定的身份证号申诉并修改了已经交易出去的账号的密码。广东省信宜市人民检察院认为被告人陈某盗窃他人财物，数额巨大，构成盗窃罪。法院支持了公诉机关的指控。② 本案中，对于盗取QQ账号的行为，法院认定构成盗窃罪，将游戏账号视为“财物”。

除以上案例以外，实践中还有非法获取淘宝网账号并出卖的行为也被定性为非法获取计算机信息系统数据罪。对于网络账号是属于“信息数据”还是“财物”？其实最早在2006年深圳市南山区的一桩窃取他人QQ号码出售牟利案中便有争议。在该案中，深圳市南山区人民检察院认为，曾某某与杨某某秘密窃取他人QQ号并出售的行为构成盗窃罪，“QQ账号”符合我国《刑法》第92条第4项规定的“其他财产”。法院则认为，应当严格依照罪刑法定原则，《刑法》第92条中“其他财产”的内容，应当由立法机关予以规定。在法律法规与司法解释尚未将QQ号码等网络账号纳入刑法所保护的财产之前，不能将“QQ账号”认定为刑法上的“财产”。

就如何对待网络账号的问题，学者们观点也不一。有的学者认为应当让“虚拟财产严格限定在虚拟世界”，针对盗窃ID号（如QQ账号）的行为，

① 参见浙江省乐清市人民法院刑事判决书，（2017）浙0382刑初1760号。

② 参见广东省信宜市人民法院刑事判决书，（2018）粤0983刑初357号。

应当按照侵犯通信自由罪论处。[①] 该学者认为，ID 号首先是实在的，不具备虚拟的属性；其次 ID 号的申请是免费的，并不具备财产应有的价值属性。网络账号就像一扇门，一旦登录账号就像踏入一个房间，此时便可以看到“房间内陈列的物品”，相当于拆开信封看到信件中的内容，故该行为是一个侵犯他人通信自由的行为。笔者认为，该观点将网络账号类比为通信用的信封，回避了对网络账号属性的分析。此外，该类比也值得商榷，并不是所有的网络账号的使用目的都是通信。例如，某些定制网络服务如翻译服务、文字识别服务的网络账号其使用目的就不是通信而是特定的服务。另外，盗窃 QQ 号的行为也不一定破坏了通信自由。随着腾讯公司业务的扩展，QQ 账号的功能越来越多，有许多 QQ 号账户上没有任何 QQ 聊天好友，也没有任何邮箱信件，该账号纯粹用来登录游戏。

司法实务人员更倾向于否定网络账号的财产属性，重视虚拟财产的数据属性，认为包括网络账号在内的虚拟财产不具有法律意义上的财产属性。[②] 该观点否定了虚拟财产的管理与自由交易的可能性，就盗窃虚拟财产的行为而言，实际上盗窃者盗窃的是代码，假如脱离了网络环境则不会具有盗窃行为的发生。虚拟财产的期限是由网络运营商所决定的，就网络游戏而言，当一个网络游戏运营服务器关闭后，网络游戏账号便失去其效用和价值。此外，网络虚拟财产价值与价格难以确定，也成为其认定为“财物”的困难。域外也有观点认为虚拟财产因其无体性、数据性否定其财产属性。[③]

也有观点认为虚拟账号具有财产性质。以 QQ 账号为例，认为 QQ 账号仅仅属于代码的观点忽视了其信息产品的本质，而 QQ 号码的价值无法计算从而否定其财物属性的观点不能成立，不能以无法评估或者难以计算财产价值的理由否认其作为财物的客观属性。因为法律的滞后性，法律不可能完完全全规定所有的财产形式，财产的存在形式不必为法律明确列举。虚拟财产是一种新颖的财产，并未超出“财物”的范畴。笔者认为，该观点抓住了虚拟财产的实质特征，但并未从“物”的本质出发，系统地探讨虚拟账号的特征。即使虚拟账号属于“信息产品”，那么信息产品的标准又该如何界定？笔者认为这是需要明确的问题。也有学者认定 QQ 号码属于无形财产或者说无体物，将盗窃 QQ 号的行为与非法占有他人电话号码，使人丧失长

---

① 参见侯国云、么惠君：《虚拟财产的性质与法律规制》，载《中国刑事法杂志》2012 年第 4 期。

② 参见姜金良、袁海鸿：《侵入他人游戏账号窃取虚拟财产构成非法获取计算机信息系统数据罪》，载《人民司法》2015 年第 6 期。

③ See Jay Lyman, *Gamer Wins Lawsuit in Chinese Court over Stolen Virtual Winnings*, Technewsworld. com(Dec. 19,2003) ,http://www. technewsworld. com/story/32441. html.

期使用电话号码的盗窃行为相类比,既然电话号码与车牌号都属于具备价值的无体物,则 QQ 号也可以归为无体物。①

(二)虚拟物品类虚拟财产的认定分歧

交易网络化使交易的物品并不仅局限于实体的物品,也包括虚拟的、非实体的物品。常见的虚拟物品包括游戏账号中的物品,游戏贩卖平台中的游戏软件等,在司法实践中,对于网络虚拟物品同样存在性质认定的争议。

早在 2003 年,我国网络游戏产业刚刚开始发展时,就出现盗窃网络物品的真实案例。2003 年 3 月李某在过去两年时间里花费了上千小时和上万元现金,辛辛苦苦打造的"生化武器"被一个名叫"SHUILIU0011"的玩家盗走,因运营公司北极冰公司拒绝提供盗窃者的信息,李某将北极冰公司告上了法庭,最终法院判决被告恢复李某丢失的虚拟装备。这是国内首例虚拟财产盗窃案。值得关注的是,被告北极冰公司的副总理邱某以虚拟装备是数据为由进行抗辩:"网络游戏中的内容无论是装备、分级还是称号,实质上都是一组数据,本身并不存在。要我们为不存在的东西负责,没有法律依据。"②同样认为网络物品属于数据的学者认为,窃取游戏中的装备等虚拟物品并没有侵犯财产权利,形式上表现为玩家账号项下的相关数据丢失。法律上,玩家损失的只是"使用具有该种功能软件的权利",丧失"应有的游戏娱乐服务",而且虚拟物品的交易不具有合法性。如果被害人通过网络交易得来的虚拟物品被盗,仅有游戏服务的权利应受到保护。③ 有的学者认为,将虚拟财产解释为财物属于类推解释,会打乱物权、债权、知识产权的位阶关系,彻底突破了"财物"的语言边界,并以画饼充饥为例来比喻虚拟财产,"画中的'饼'永远不是真正的大饼"④。还有的学者认为,虚拟物品不具有效用性,一把游戏中削铁如泥的剑在现实生活中根本是子虚乌有。虚拟物品也不具有稀缺性,游戏运营商可以在游戏中有计划且无限量地复制。虚拟物品还不具备流转性,虚拟世界的武器根本无法带到现实世界,仅能在虚拟世界中流转。如此便从效用、稀缺、流转三种属性对虚拟物品的"财物"

---

① 参见陈兴良:《虚拟财产的刑法属性及其保护路径》,载《中国法学》2017 年第 2 期。

② 《国内首例网游虚拟财产失窃案一审宣判》,载 17173 新闻网,http://news.17173.com/content/2003-12-19/n97_14122.html。

③ 参见刘明祥:《窃取网络虚拟财产行为定性探究》,载《法学》2016 年第 1 期。

④ 曲新久:《中德比较视角下的扩张解释与类推适用的区分》,载梁根林、[德]埃里克·希尔根多夫主编:《罪刑法定与刑法解释》,北京大学出版社 2013 年版,第 198 页。转引自陈兴良:《虚拟财产的刑法属性及其保护路径》,载《中国法学》2017 年第 2 期。

性质进行了否定。① 尽管学界有部分学者对于虚拟物品的财物属性持反对论,司法实践中仍有判决将“游戏金币、游戏装备”等虚拟物品认定为财物。

2014 年,被告人顾某利用原先的办公电脑,登录其原公司运营的“龙之谷”游戏服务器,并且修改该游戏数据库内自己注册的 24 个账号中的金币数量,再将金币在“5173. com”平台网站上出售并获利,之后被诉至上海市浦东新区人民法院。②

该案中,公诉机关认为被告人顾某非法占有的游戏金币是虚拟财产,但并非盛趣公司已有的财产,不能认定为盗窃罪等侵犯财产型犯罪,故以被告人顾某破坏计算机信息系统罪进行追诉。公诉机关一方面认为游戏金币是虚拟财产,不能以盗窃罪等财产型犯罪进行追诉的原因是游戏金币是由盛趣公司创造出来的不是已有的;另一方面又认为游戏金币是信息数据,对于游戏金币的性质认知并不明确。法院认为网络游戏中的游戏金币虽然是一种虚拟财产,在网络游戏中的作用决定了其可以被人占有、使用等,因此应当对被告人以盗窃罪论处。公诉机关自身的矛盾认知体现了虚拟物品属性认定的问题。

还有同类案件,如 2021 年被告人曹某甲在河南省项城市莲花大道第五元素网吧内上网,被害人邓某也在该网吧上网。被告人曹某甲趁邓某出去吃早餐的时候,坐在邓某使用的电脑前,将邓某挂机在电脑上的游戏账号里面的装备进行分解,随后,将分解的游戏装备售卖。公诉机关和法院都认定曹某甲构成盗窃罪,但并未在判决书中对“游戏装备”的财物属性进行详细说理。③

与上述判决不一的是,在 2012 年最高人民法院研究室《关于利用计算机窃取他人游戏币非法销售获利如何定性问题的研究意见》④中作了应当以计算机信息数据来认定虚拟财产的规定。该规定来自周某盗窃游戏币案,对于盗窃游戏币的性质,多数意见认为应当构成盗窃罪,少数意见认为应当构成非法获取计算机信息系统罪,之后有关部门便征求最高人民法院研究室的意见,研究室答复利用计算机窃取他人游戏币来非法销售获利的

---

① 参见侯国云、么惠君:《虚拟财产的性质与法律规制》,载《中国刑事法杂志》2012 年第 4 期。

② 参见上海市浦东新区人民法院刑事判决书,(2015)浦刑初字第 1882 号。

③ 参见河南省项城市人民法院刑事判决书,(2021)豫 1681 刑初 200 号。

④ 参见喻海松:《最高人民法院研究室关于利用计算机窃取他人游戏币非法销售获利如何定性问题的研究意见》,载张军主编:《司法研究与指导》第 2 辑,人民法院出版社 2012 年版,第 135 页。

行为，目前应当以非法获取计算机信息系统罪定罪处罚。① 该答复虽然并不是严格意义上的司法解释，但对司法实践形成了重要影响，此后越来越多的盗窃虚拟财产案件都以非法获取计算机信息系统罪来认定。例如，岳某伟侵入他人游戏账号窃取虚拟财产案，一审承办法官认为客户端技术将虚拟财产分为三个层次：物理层、数据层、应用层。物理层对应着虚拟财产的电磁记录，数据层对应着虚拟财产的数据代码，应用层则是虚拟财产图像的可感知和应用层面，虚拟财产本身不过就是一组数据、电磁信息。② 笔者认为，该观点从虚拟财产的多层次属性出发，发现虚拟财产在不同层级有不同的性质，这种认定模式能够对虚拟财产的认识更加透彻，但是就如该观点所言，虚拟财产的层次性有三，仅仅因为数据层或者物理层次的属性，就忽视虚拟财产在应用层的“财物”属性，值得商榷。笔者认为，如果按照物理层、数据层、应用层来对虚拟财产进行分析，虚拟财产应当在应用层有其财物的性质。

值得注意的是，在司法实践中，对于侵入计算机系统修改数值并最终获利的行为，有法院直接将该行为认定为盗窃罪，在网络犯罪领域将侵犯不属于“虚拟财产”的数据的行为认定为盗窃行为，扩大了财物的范围，破坏了对侵犯计算机信息系统行为的刑法上的评价。

2014 年 1 月至 2 月，张某使用其本人和张小某的身份证明，先后在江苏大圆银泰贵金属现货电子交易市场有限公司开户并注册成为客户，之后张某采取先正常建仓交易，然后使用网站分析工具，分析并修改了客户端中每回交易的数据，并且将修改后的数据传送回服务器，通过修改变量值来修改其建仓时的价格点位和涨跌方向，从而获利人民币 30 多万元。南京市秦淮区人民法院认为张某通过非法侵入数据库系统的方式修改账户状态，将盈利资金由交易账户转至其控制的农行卡上，上述一系列行为说明张某主观上具有秘密窃取并非法占有他人财产的故意，其行为属于秘密窃取的盗窃行为。③ 本案中，张某使用网络工具修改的“价格点位”和“涨跌方向”的数据并非虚拟财产，仅是一般的程序数据，修改本地客户端数值的行为毫无疑问应当属于非法控制计算机信息系统罪的构成要件行为类型。在另一案中，郝某某等人出售“SuperGo”定位硬件及软件（一种结合硬件便可以突破

---

① 参见《最高人民法院研究室关于利用计算机窃取他人游戏币非法销售获利如何定性问题的研究意见》，载华辩网 2018 年 6 月 26 日，http://www.148hb.com/crimeview/1490.html。

② 参见姜金良、袁海鸿：《侵入他人游戏账号窃取虚拟财产构成非法获取计算机信息系统数据罪》，载《人民司法》2015 年第 6 期。

③ 参见广东省广州市番禺区人民法院刑事判决书，(2018)粤 0113 刑初 125－1 号。

iPhone 手机的定位系统）给他人的行为，被广东省中山市中级人民法院认定为提供侵入、非法控制计算机信息系统程序、工具。① SuperGo 软件本身的功能就是模拟定位，通过对手机定位模块（GPS 系统）的修改，将虚拟的定位信息植入手机中的客户端，达到“直播城市定位修改、网约车甩位、微信陌陌等社交软件定位修改”的目的。在原理上该软件同样是修改手机本地信息或者本地客户端信息，最后再反馈到服务器中，并没有直接入侵服务器上的计算机信息或者控制服务器，但依然被法院认定为是侵入、非法控制计算机信息系统的行为。

综上所述，笔者认为，并非所有的信息数据都能被评价为虚拟财产，进而被解释为刑法上的“财物”，以盗窃罪来认定，能够认定为虚拟财产以及“财物”的数据，应当有一定的标准。

（三）虚拟货币类虚拟财产的认定分歧

2010 年 6 月 3 日发布的《网络游戏管理暂行办法》（现已废止）将网络游戏的虚拟货币的概念定义为：“由网络游戏经营单位发行，网络游戏用户使用法定货币按一定比例直接或者间接购买，存在于游戏程序之外，以电磁记录方式存储于服务器内，并以特定数字单位表现的虚拟兑换工具。”尽管随着时代发展，虚拟货币已不再局限于网络游戏产业领域，但以电磁记录方式存储于服务器内，并以特定数字单位表现，仍然属于虚拟货币的主要特征，具体来说，虚拟货币的类型大致分为三种：

第一种是在互联网领域流通的，以比特币为代表的，匿名化和去中心化的基于区块链技术的加密货币。随着时代的发展，为克服比特币的币值不稳定等弊端，产生了以美元、日元、欧元为储备资产并按照储备资产以固定比例发行的稳定币也属于这一类。②

第二种是游戏等虚拟网络世界的货币。在拥有交易系统的网络游戏中，玩家可以使用该游戏的货币购买相关虚拟物品、服务，这种类型的货币同时具有虚拟物品的性质。

第三种是门户网站或者互联网服务商发行的专用货币，用来购买该网站或者服务商提供的服务，最典型的是腾讯 Q 币。腾讯 Q 币是腾讯公司创设的一种虚拟货币，通常它的兑价是 1Q 币等于 1 元人民币。在网络交易中，腾讯 Q 币可以用来购买腾讯公司提供的一系列产品中的服务，如 QQ 会员服务、QQ 秀服务，另外，Q 币也可购买 QQ 游戏中的虚拟财产。以腾讯 Q

① 参见广东省中山市中级人民法院刑事判决书，（2021）粤 20 刑终 163 号。

② 参见冯怡：《虚拟货币洗钱风险及其控制研究》，载《金融监管》2021 年第 8 期。

币为例,以下判决书中人民法院对腾讯 Q 币的定义亦有不同。

2005 年 11 月以来,胥某、陈某通过 VoIP 电话可以随意设置固定电话号码的特点,盗打他人电话,在电信充值平台充值 Q 币,将盗打所得的 Q 币直接充值到事先准备好的 QQ 号码内,充值后实际产生的花费转嫁至被盗打的固定电话上。辩护人认为被告人的行为属于非法侵入腾讯公司的数据库,获得增值服务而牟利。其中,Q 币是一种虚拟财产,认定 1 个 Q 币等于 1 元人民币计算损失,无事实和法律依据。浙江省高级人民法院认为,被告人利用 VoIP 电话可以随意设置固定电话号码的特点,盗打他人的电话充值腾讯 Q 币与直接盗用他人电话充值 Q 币并无本质区别。Q 币虽然是一种虚拟的符号,但欲得到这种虚拟符号,需支付一定的对价,Q 币背后体现着一定货币价值,显然具有真实的财产性特点,属于财产的范畴。① 该案中,对于"Q 币"这种虚拟财产,浙江省高级人民法院认为其属于刑法中的财产,盗用他人电话充值窃取 Q 币的行为符合盗窃罪的构成要件。

2017 年,被告人于某某伙同被告人淦某某多次利用黑客手段入侵全国多家网络充值平台,使用获取的账号和密码盗窃平台内手机话费及 Q 币,阜新蒙古族自治县人民法院认为被告人的行为构成非法获取计算机信息系统数据罪。② 该案中,法院并没有直接说明 Q 币的属性,但是将通过获取平台账号密码后充值 Q 币的行为直接定性为非法获取计算机信息数据,间接地认定了 Q 币属于信息数据。

在理论界,虚拟货币类虚拟财产的争议较于其他虚拟财产更多。关于虚拟货币的定性,理论上大致有特殊的虚拟财产说、货币说、电子货币说和代金券说等观点。特殊的虚拟财产说成了主流,其逻辑是从货币的经济学定义出发,否定了虚拟货币的货币性质。一种物品要成为货币必须具备三个基本条件:是交易媒介和支付手段、能成为价值的比较基准、能成为价值的贮藏手段。虚拟货币的购买范围有限,不属于一般等价物,网络货币依赖于现实货币的价值,不能成为独立的价值比较基准,虚拟货币的发行不与金属货币储值相关,储藏功能十分有限。该说在否定虚拟财产的货币属性后又肯定虚拟货币的商品属性,认为虚拟货币是一种特殊的商品,既有虚拟性又有货币的部分属性。③ "与虚拟装备等一般虚拟财产相比,网络虚拟货币的特殊之处在于可以充当其他虚拟财产的等价物。"④采代金券

① 参见浙江省高级人民法院刑事判决书,(2007)浙刑三终字第 73 号。

② 参见辽宁省阜新蒙古族自治县人民法院刑事判决书,(2018)辽 0921 刑初 41 号。

③ 参见黄良友:《论网络货币的法律性质》,载《经济经纬》2008 年第 3 期。

④ 李滨:《论网络虚拟货币的本质》,载《中国证券期货》2010 年第 4 期。

或者有价凭证学说的学者认为，虚拟货币是以其“金币”换取对应的游戏娱乐产品，就如电影观众可以凭着电影券去看电影。但无论虚拟货币类虚拟财产是否具备货币的资格，是否属于有价凭证，都不妨碍其被刑法评价为“财物”。

也有学者将可以评价为“财物”的虚拟货币的范围限缩为比特币（本书的第一类虚拟货币），认为以“比特币”为代表的去中心化的虚拟货币，与Q币等虚拟财产本质不同。该观点肯定了去中心化的比特币具备与电力相同的可被控制力，具有“财物”属性，但否定“Q币等虚拟货币”的“财物”属性，认为其为“具有债权性质的财产性利益”，因此应当对盗窃比特币的行为以盗窃罪论处。① 笔者认为，比特币与其他虚拟货币的最大不同就是能够交换流通，比特币服务的提供者由全部的互联网比特币用户承担。一般的虚拟财产会随着运营商的服务器关停而丧失效用，但除非全网的比特币用户丧失连接使比特币网络不能运行，否则比特币服务会一直存续下去。虽然比特币具有信息的可贮存性、作为支付结算方式的普遍性、②与真实的货币的高度相似性等使用优势，比特币仍旧没有逃脱其信息数据的属性。2019年河南南阳市卧龙区人民法院将盗取比特币的行为认定为非法获取计算机信息系统数据罪。③

此外，比特币等虚拟货币在我国流通的非法性与其违禁品性质，引起了其能否被评价为刑法中的“财物”的争议，持虚拟财产“财物”否定论的学者认为“我国有关政策是严厉禁止比特币交易的，比特币在我国并不具有虚拟货币性质”“比特币实际上具有违禁品性质，不能将比特币视为刑法所保护的财物”④。持肯定论者则认为“国家仅是禁止虚拟货币的流通，并未禁止仅在网络游戏中使用的虚拟货币”“即使国家认定虚拟财产属于违禁品，也不能否定其财物性质”⑤。

二、虚拟财产的价值计算争议

（一）虚拟财产是否有价值？

有的学者认为虚拟财产没有价值，例如岳某伟案，一审承办法官认为

---

① 参见周铭川：《盗窃比特币行为的定性分析》，载《南通大学学报（社会科学版）》2020年第3期。

② 参见陈庆梅：《美国支付巨头入局！比特币突破50000美元，一个月暴涨50%》，载新浪财经网2021年8月23日，https://cj.sina.com.cn/articles/view/2709920911/a1861c8f01900uchl。

③ 河南省南阳市卧龙区人民法院刑事判决书，(2018)豫1303刑初583号。

④ 周铭川：《盗窃比特币行为的定性分析》，载《南通大学学报（社会科学版）》2020年第3期。

⑤ 张明楷：《非法获取虚拟财产的行为性质》，载《法学》2015年第3期。

“财产的本质属性在于它的价值性,价值通过使用价值来体现,虚拟财产价值不仅被难以普遍接受而且难以流通”①。笔者认为,在虚拟产业蓬勃发展的现今,虚拟财产不具有任何使用价值,或者价值与流通难以被普遍接受的观点并不成立,依据2021年中国互联网络信息中心发布的《中国互联网发展状况统计报告》,截至2020年12月,我国网络游戏用户规模达5.18亿,占网民整体额52.4%,②在如此庞大的用户基数中,虚拟财产不具有价值的观点很难说具有充足的市场。

有的学者认为虚拟财产不是人类劳动创造的物品,没有使用价值与交换价值。虚拟财产的创造是一个娱乐的过程,玩家在其中投入的精力,除了创造了自身的乐趣,没有创造任何产品。虚拟世界里面的物品,也仅在虚拟世界中大显神威,而在现实中毫无用处,因此也没有交换价值。③

反对以上观点的学者认为,虚拟财产有效用性、稀缺性和流转性。财产的价值不仅表现为物质属性,还表现在满足财产所有者精神需求的属性上,虚拟财产的效用性体现在其能够满足玩家的精神需求。稀缺性表现为虚拟财产表面上可大量复制,但即使复制再多,只要不像“呼吸空气、享受阳光照耀一般免费或自由取用”,就不能否认其稀缺性。虚拟财产的流转性意味着虚拟财产可以与现实生活中的真实财产进行交换。④ 其他赞同虚拟财产具有价值的学者也认为,虚拟财产的价值属性在于虚拟财产与现实当中的财产存在一定的换算途径与方法,且虚拟财产是真实存在的,即使其本身并不以实体的姿态展示。⑤

除讨论一般的虚拟财产是否具有价值外,免费的虚拟财产是否存在价值也具有讨论的空间。在共享服务推广的初期,运营商会给予新注册的账号免费使用的时间或者优惠券,这给了许多人“薅羊毛”的机会。生活中存在大量收购个人信息来注册微博、微信、QQ账号来“养号”,一段时间后出售牟利的事实。⑥ 养号行为加重了运营商的运营成本,通过养号来“薅羊毛”的行为更是给运营商带来了财产损失。财产的特性之一是具有价值,虚

---

① 姜金良、袁海鸿:《侵入他人游戏账号窃取虚拟财产构成非法获取计算机信息系统数据罪》,载《人民司法》2015年第6期。

② 参见中商产业研究院:《2020年中国网络游戏行业用户规模分析:全年用户量达5.18亿》,载中商情报网,https://www.askci.com/news/chanye/20210204/1414171352107.shtml。

③ 参见侯国云、么惠君:《虚拟财产的性质与法律规制》,载《中国刑事法杂志》2012年第4期。

④ 参见王志祥、袁宏山:《论虚拟财产刑事保护的正当性——与侯国云教授商榷》,载《北方法学》2010年第4期。

⑤ 参见陈兴良:《虚拟财产的刑法属性及其保护路径》,载《中国法学》2017年第2期。

⑥ 参见《养号灰产平台“小果平台”被摧毁:涉及2亿QQ半年盈利近3000万》,载知乎网2020年10月20日,https://zhuanlan.zhihu.com/p/266933757。

拟财产是否具有价值决定其是否能够被评价为“财物”。有的学者认为，免费的数据服务实际上仍是对价服务。用户付出了吸引力并且因为播放广告为商家盈利，从而创造了价值。①

笔者认为，免费的虚拟财产是否具备价值是一个有意义的探讨，但在衡量虚拟财产的价值之前，首先应当判断虚拟财产是否符合“财物”的性质。对于虚拟财产是否有价值这个问题，笔者赞同虚拟财产具有价值的观点。但也正如反对者所说，依据马克思主义政治经济学中的劳动价值论，虚拟财产不产生“价值”，因此对于虚拟财产具备价值的属性，应当转换视角，从别的理论展开。

（二）虚拟财产的价值如何衡量？

虚拟财产的价值衡量能够直接影响财产犯罪中的量刑，对于如何衡量虚拟财产价值，学界中有不同的观点。有的学者认为网络虚拟财产在现实中的真实价值难以准确地判断。例如，网络虚拟财产的货币价值会随着玩家的数量和游戏内剧情版本的变化而发生改变，而现实中的盗窃罪数额应当是一个明确的犯罪数额，故难以确定其犯罪金额。② 但司法实践中无论是民事还是刑事案件，都已经展开了对虚拟财产价值的探索。

在民事上，2018 年全国首例微信公众号分割案获得宣判，在该案中赵某与尹某、袁某、张某四人达成一致意见共同设立微信公众号“zhongyaoyijian”。四人约定共同使用、管理，公众号经营所得按照各自所写文章及引入广告数量等每季度分配一次。截至 2017 年 7 月，微信公众号已累计收入 300 余万元。后来，赵某与其他三人产生分歧，遂修改了公共账户密码并扣留公众号收入款，原告尹某、袁某、张某遂诉至法院，请求分割公众号及共同运营期间的收益。③

上海市静安区人民法院肯定了微信公众号是具有独立性、支配性、价值性的网络虚拟财产。针对涉案微信公众号的价值，法官认为需要综合考量多项因素，既要考量微信公众号已盈利 300 万元的事实，又要考量微信公众号未来的收益、运营方投入的智力和劳动成本。最终法院判决涉案微信公众号价值为 340 万元，酌定赵某向尹某、袁某、张某各支付折价补偿款 85 万元。

现实生活中，微信公众号流转也是常见的现象，其中就涉及公众号价值

---

① 参见高艳东、李诗涵：《数字时代财产犯罪中财物的扩张解释：以数据服务为例》，载《吉林大学社会科学学报》2020 年第 5 期。

② 参见刘明祥：《窃取网络虚拟财产行为定性探究》，载《法学》2016 年第 1 期。

③ 参见上海市静安区人民法院民事判决书，（2018）沪 0106 民初 17926 号。

评估的问题。上市公司瀚叶股份收购量子云新媒体运营公司，该公司仅粉丝超过100万的公众号就有86个，所有981个微信公众号加2.4亿的粉丝数卖出了38亿元的天价。该公司的董事长认为，收购的价格是基于微信公众号粉丝数量、商业变现渠道、同行收购值等数据分析得出的结果，售出38亿元有其合理性。①

评估微信公众号的价值，是大数据分析公司、自媒体运营公司的业务之一，国内如鱼爪估价、西瓜数据等公司也有虚拟账号评估的业务。在该业务中，虚拟账号的商业价值认定需要考虑众多的因素。例如，评估的标准会涉及粉丝数量和质量，评论点赞转发数，日常流量情况等，且每一个机构的指标和计算的公式也不一样，这也为第三方机构评估带来了较大的不确定性和风险性，从而造成评估报告在司法实践中的采用困难。例如，在上述的判决书中，专业的评估公司根据自己的评估标准，对涉案微信公众号出具了价值为400万元的价值分析报告，但一审法院又根据停更等其他情况，最终没有完全采纳评估公司的意见。

在刑法学界，有的学者认为虚拟财产的价值，应当根据现实生活中玩家所消耗的成本（精力、时间、金钱等）来确定；反对观点则认为应当依据虚拟财产在现实生活中的市场价格来认定，以玩家所消耗的成本来认定虚拟财产过于不客观，虚拟财产的获取存在运气和游戏水平的因素，且虚拟财产的价值会随着游戏的运营而升高或者降低，故应以市场价为主。②

有的学者认为，虚拟财产的价值应当以获得虚拟财产的社会必要劳动时间为准。在具体标准上，以游戏中等水平的玩家获得财物的时间为基础，再参考游戏策划构思虚拟财产的时间进行综合认定。③ 游戏策划构思虚拟财产的时间是否能影响虚拟财产的价值？有的学者认为，“游戏开发人员的劳动价值是凝聚在游戏软件中，或者说是凝聚在游戏程序中，而不是凝聚在表现为影像的虚拟财产中”④。即虚拟财产的开发者所花费的时间，不应当介入虚拟财产的影响因素中。

还有的学者认为，应当对不同的法益主体进行区分。对于非法窃取用户的虚拟财产的行为，应当以官方价格或者市场价格来计算犯罪数额；针对

---

① 参见《38亿收购981个微信公众号 粉丝经济变现刷出新高度》，载新华网，http://www.xinhuanet.com/zgjx/2018-05/16/c_137182303.htm。

② 参见陶信平、刘志仁：《论网络虚拟财产的法律保护》，载《政治与法律》2007年第4期。

③ 参见郭泽强、刘静：《窃取网络虚拟财产的入罪化思考——以刑法谦抑观为视角》，载《云南社会科学》2017年第2期。

④ 侯国云、么惠君：《虚拟财产的性质与法律规制》，载《中国刑事法杂志》2012年第4期。

窃取网络服务商的行为,应当以情节的轻重量刑。[①] 该观点认为,用户所有的虚拟财产更具有稳定性,价值不会轻易变化,而网络服务商由于是网络产品的提供者,可以随意增加或减少虚拟财产的数量,在结果上其损失的程度与用户的虚拟财产损失的程度并非同等,因此应当以情节来量刑。也有学者从维护秩序的角度来看,赞成以情节作为虚拟财产量刑的标准。[②]

三、虚拟财产定性争议的本质因素:虚拟财产的双重属性

综观整个虚拟财产的定性争议,基本都围绕虚拟财产自身的数据性、无体性、市场流通能力与价值的有无与衡量进行探讨。产生这些争议的原因在于虚拟财产自身多样化的属性,以及部分学者错误地仅以单一视角去认定虚拟财产的属性。国内已经有学者从分层理论的角度出发,发现了信息数据在不同层面所具有的不同性质。纪海龙教授基于"数据分层"的思维模式认为,数据信息上应当不设定绝对权,数据文件上应当设定绝对权。[③] 王镭博士、朱宣烨博士依照分层理论对信息数据定性提出了新的看法。[④]

针对虚拟财产,笔者将依照数据分层的思维模式,构建形式与实质双层次的分层体系来明晰"虚拟财产"的概念,并借此论证虚拟财产具备刑法中"财物"属性。

(一)分层理论下虚拟财产的性质分析

1. 分层理论概述

在岳某伟侵入他人游戏账号窃取虚拟财产案中,一审承办法官从物理层、数据层、应用层的角度对虚拟财产进行解构分析的模式,就是一种"分层"式的思维模式。有的学者认为,数据分层现象是指在计算机信息系统中,数据有一体多面性,同一个数据在不同的维度上具有不同层面的含义。[⑤] 笔者赞同该观点,通俗来讲,数据分层式的分析就是解构出数据自身所拥有的不同性质的分析模式。

以我国网络犯罪的立法为例,我国《刑法》第285条、第286条使用了"计算机信息系统""数据"的概念,而在司法解释中,也使用了信息与数据

---

① 参见张明楷:《非法获取虚拟财产的行为性质》,载《法学》2015年第3期。

② 参见周铭川:《盗窃比特币行为的定性分析》,载《南通大学学报(社会科学版)》2020年第3期。

③ 参见纪海龙:《数据的私法定位与保护》,载《法学研究》2018年第6期。

④ 参见王镭:《"拷问"数据财产权——以信息与数据的层面划分为视角》,载《华中科技大学学报(社会科学版)》2019年第4期;朱宣烨:《数据分层与侵犯网络虚拟财产犯罪研究》,载《法学杂志》2020年第6期。

⑤ 参见朱宣烨:《数据分层与侵犯网络虚拟财产犯罪研究》,载《法学杂志》2020年第6期。

的概念。① 信息与数据两个概念在我国立法与司法解释中经常一同出现并非巧合,在日常的使用中就存在二者混同使用的情况,考究二者混同的原因可以从分层的思维出发,事实上信息与数据二者的关系就体现出一种分层的现象。

"信息"一词的含义虽始于西汉,概念的范围却始终保持着模糊性。信息的特征主要表现为依附性、再生性、可传递性、可贮存性、可共享性、可处理性、有效性与无效性。② 其中依附性指信息必须依附于特定载体之上,在计算机网络领域,依附性也揭示了信息与数据二者之间的关系。

与"信息"相比,"数据"的含义则更为明确。国际标准化组织(ISO)与国际电工委员会(IEC)将数据(data)定义为:"可重复进行读取的形式化的信息表达,以适宜于通信、解释或者处理。"有学者认为我国《刑法》第 285 条第 2 款的非法获取计算机信息系统数据罪所保护的数据具有限缩性,范围限于计算机信息系统内部的、侧重于信息系统自身功能维护的、以访问控制为主要考虑的数据。在计算机信息系统中,数据是所有能输入计算机并被计算机程序处理的符号的介质总称。数据以二进制信息单元 0、1 的形式来表现,并存储在计算机的内存或者硬盘上,任何计算机上的信息包括文字、字母、图像等都可以还原成以 0 和 1 组合的比特(bit)数据。因此信息的载体为数据,数据是信息的表现形式,信息是数据的内容,二者互为表里。一段计算机中的文字在数据层表现为 0 与 1 的形式,在信息层表现为其要表达的文字内容。

数据与信息二分的模型实际上是一个相对简化的模型。根据国际标准化组织制定的开放系统互联(Open System Interconnection, OSI)参考模型,信息传输的过程需要经过七层的框架,包括物理层、数据链路层、网络层、传输层、会话层、表示层和应用层,数据在不同的层级中进行转化最终成为可以适用的信息。纽约大学法学院副教授本克勒(Benkler)简化了七层框架,提出了信息环境的三个层次:"物理层"(physical infrastructure layer)、"逻辑层"(the logical infrastructure layer)、"内容层"(software-and the content layer)。"物理层"指数据的电磁、无线电谱,"逻辑层"指由编程语言编写的

① 例如最高人民法院、最高人民检察院《关于办理危害计算机信息系统安全刑事案件应用法律若干问题的解释》第 1 条第 1 款规定,非法获取计算机信息系统数据的包括:(1)获取支付结算、证券交易、期货交易等网络金融服务的身份认证信息十组以上的;(2)获取第(1)项以外的身份认证信息五百组以上的。第 11 条第 2 款规定了司法解释所称的"身份认证信息",是指用于确认用户在计算机信息系统上操作权限的数据,包括账号、口令、密码、数字证书等。

② 广东基础教育课程资源研究开发中心信息技术教材编写组:《信息技术基础》,广东教育出版社 2016 年版,第 5 页。

软件或者代码,“内容层”指最终展示的信息的内容。① 这种在网络技术中使用的分层思维,在符号语言学上可以寻得其支持与依据。

2. 符号语言学视角下的数据分层

符号语言学将语言分为指号、语义与语用三个层面。指号层面仅指符号以及符号依照某种逻辑进行排列和联合的规则;语义层面指符号排列之后的含义;语用层面研究语言符号的起源、应用与效果。② 从指号到语义再到语用,这种分析方向能够从外到内、从形式到实质清晰地展现语词属性的不同含义。

德国学者亚(Zech)通过符号语言学分层分析的方法,对信息数据进行分层分析。③ 他将信息分为物理信息层面(physical information)、句法信息层面(syntactic information)、语义信息层面(semantic information)。

物理信息层面也称结构信息(structural information),指信息的外在载体或者特定的实体结构,如装在某些游戏软件的CD光盘、U盘或硬盘以及物品的结构。任何句法信息都可以找到物理信息层面的根基,符号总是寓于载体之中。也可以将句法信息从该载体中抽离出来,移动到新的载体之中,例如,将U盘中的电影文件复制到电脑中的硬盘,将野外的树拍照并储存在SD卡中,形成电子数据的树。

句法信息指符号与符号之间以一定的逻辑关系排列而定义的信息,其对应本克勒教授提出的逻辑层面。句法信息的典型例子是版权作品的表达形式,例如,一篇童话可以用文字的形式记录也可以用录音的形式记录、软件工程师编写程序可以用不同语言代码。

语义信息是指在语义层面上信息中所包含的具体意义内容。例如,小说的内容、情节,程序启动运行后产生的效果,都属于信息层面的内容。语义信息层面与句法信息层面的关系密切。在计算机领域,以代码为存在形式的数据,其本身不属于语义层面,尽管作为载体的数据上往往具有特定的信息,但该信息与依照特定逻辑编排的数据符号分属于不同的层面。如果仅认识词语中句法信息层中的内容,则会造成对该词语认知的错误,因为语

① See Yochai Benkler, *From Consumers to Users: Shifting the Deeper Structures of Regulation Toward Sustainable Commons and User Access*, 52 Federal Communications Law Journal 562 - 563 (2000).

② 参见[美]查理斯·莫里斯:《指号、语言和行为》,罗兰、周易译,上海人民出版社1989年版,第260页。转引自纪海龙:《数据的私法定位与保护》,载《法学研究》2018年第6期。

③ Herbert Zech, Information als Schutzgegenstand, Tübingen: Mohr Siebeck, 2012, 25f. 转引自王镭:《“拷问”数据财产权——以信息与数据的层面划分为视角》,载《华中科技大学学报(社会科学版)》2019年第4期。

义信息层面的实际效果并不是句法信息层能够认定的。

国内也有学者提出自己的数据分层模式，将数据分为物理层、符号层、信息内容层。① 在笔者看来，这种模式与上述外国学者所构建的数据分层模型并无大区别，且各个层面具体所指的范围也大致一致，物理层对应物理信息层面，符号层对应句法信息层面或者逻辑层面，信息内容层对应语义信息层面。

3. "虚拟财产"的数据分层分析

若依照上述的三层模式进行分析，虚拟财产在物理层面表现为电磁，储存在 U 盘、硬盘或者软盘、DVD 等中。以硬盘为例，计算机需要处理虚拟财产的相关数据时，机械硬盘中的磁头会读取盘片上的磁场方向来区分 0 和 1。固态硬盘以储存的电荷有无来代表 0 与 1，而 U 盘或者光纤也是以各种形式将电磁区分为 0 与 1 的记录进行读取。

在数据层（逻辑层）中，不同组 0 与 1 的二进制数字信号依据逻辑组合成为数字符号序列，并以特定的规则读取，最终在信息内容层面还原成文字、图像、音频。例如虚拟财产中的文字介绍，是 0 与 1 的排列组合依据不同的编码方案，形成了各个文字的组合。虚拟财产的静态图像是根据 0 和 1 的排列所代表的不同屏幕像素块进行组合形成的。虚拟财产的动态图像较为复杂，有的游戏采用游戏引擎与 3D 建模，使得虚拟财产"栩栩如生"，但其本质也是由 0 和 1 组成的代码集所形成的。

在信息内容层面，数据代码被还原成文字、图像、语音、应用程序等可以被人直接识别的信息。人们通常对虚拟财产的认识也来自信息层面。以游戏中的装备为例，玩家实际看到的只能是游戏中人物所穿的"盔甲"、手里拿的"刀"，不可能直接感知到"盔甲""刀"背后的 0 与 1 的信号排列，更不可能看到计算机硬盘中所存储的电磁；而玩家实际能够感受到的，是在游戏中生存时，"盔甲"对玩家直观的保护，"刀"对玩家攻击力的提升，并不是虚拟财产背后的代码和电磁；此外，"盔甲"和"刀"产生的价值也是在信息内容层面产生的，生成"盔甲"以及"刀"的代码或者电磁本身并不具有任何价值，但"盔甲"和"刀"在游戏中的效用为其带来了价值。

我国学理与司法实践中对虚拟财产定性争议的问题，实际上是数据分层下虚拟财产在"数据层"与"内容层"的冲突问题。认为窃取虚拟财产的行为应以非法获取计算机信息系统数据罪论处的学者，其实是从虚拟财产的数据层面的属性出发，否定了虚拟财产在内容层面的财产属性；认可虚拟

---

① 参见朱宣烨：《数据分层与侵犯网络虚拟财产犯罪研究》，载《法学杂志》2020 年第 6 期。

财产应当属于财物的学者其论证是从虚拟财产的信息内容层展开的。

(二)本书的数据分层模式

在数据分层的思考模式下,我国虚拟财产的实际争议集中在数据(逻辑)层与信息内容层两个层面中。为了更好地界定虚拟财产的性质,笔者借此提出本书的数据分层模式:虚拟财产具有两个层面的性质,形式层面性质为虚拟数据性,实质层面的性质为客观财物性。虚拟财产的形式层面表现了虚拟财产的电磁物理性质与逻辑上的以 0 与 1 的代码为基础组成的数据性质,这些电磁及其逻辑上代码的排列能够具备"仿真"出"财物"的能力。虚拟财产的实质层面在其效用、可支配性等特征上体现出一种客观的"财物"的性质,这也是应当认定其为财物的理由。

1. 虚拟财产的"客观财物性"的实质层面正当性分析

虚拟财产的数据层面与信息内容层面(客观财物性)二者何为本质?在 2012 年最高人民法院研究室作出支持虚拟财产的数据属性的批复后,该观点在 2013 年最高人民法院对《关于办理盗窃刑事案件适用法律若干问题的解释》的解读中作了明确重申。① 由这些准官方的文件与解释得出,官方采用以数据为虚拟财产的本质属性的态度。在数据分层理论的语境下,笔者认为,虚拟财产的信息内容层面应当为其本质属性,即虚拟财产的客观财物性为其实质层面性质,虚拟财产的客观数据性仅为其形式层面性质。

(1)数据化现象的常见不代表虚拟数据性为本质属性

数据化现象的常见是指在计算机网络时代,任何现象都可以通过数据的形式展现出来。在早期,电脑仅能够将文字信息数据化,随着电脑性能的发展,可以使用数据模拟声波的技术将声音数据化,之后再到图像、影视作品也能够数据化。数据化现象是广泛地存在于生活当中的,虚拟财产实际上是财产数据化的典型例子。不仅财产可以被数据化,知识产权、个人信息等也可以被数据化。如果将任何以数据为载体的对象(在形式层面上具备虚拟数据性)都认定为计算机信息系统数据,则会使得对数字产品的外部表现形式的评价大于对内容层面的实质评价,造成非法获取计算机信息系统数据罪"口袋化"。

与数据化现象的常见的相悖是,我国刑法中"数据"的外延并不宽广。司法实践中将虚拟财产定性为"数据"的判例,基本都将窃取虚拟财产的行

---

① 参见胡云腾、周加海、周海洋:《〈关于办理盗窃刑事案件适用法律若干问题的解释〉的理解与适用》,载《人民司法》2014 年第 15 期。

为以“非法获取计算机信息系统数据罪”认定。尽管我国《刑法》第 285 条详细地规定了“非法获取计算机信息系统数据罪”的具体行为类型，但并未规定“计算机信息系统数据”的概念。而德国与日本在立法中详细地将数据与电磁记录的概念与范围予以明确。《日本刑法典》在网络计算机犯罪领域采用了“电磁记录”的概念并从物理层面与逻辑层面明确地下了定义。依据《日本刑法典》第 7 条的表述，电磁记录指电子、磁气及其他不能通过人的知觉认识的方式制作的供电子计算机进行信息处理所使用的记录。从上述定义能够清晰地看出，电磁记录的定义既强调其“电子”“电磁”的物理属性，也强调了供计算机处理的数据性质。《德国刑法典》第 202a 条从物理层面将数据（Daten）定义为“由电子、磁性或其他无法直接感知方式而储存或传输者”。

依据最高人民法院、最高人民检察院《关于办理危害计算机信息系统安全刑事案件应用法律若干问题的解释》第 1 条，数据限于“身份认证信息”，而第 11 条规定“身份认证信息”为“确认用户在计算机信息系统上操作权限的数据，包括账号、口令、密码、数字证书等”。即我国计算机信息系统数据既有逻辑层面“计算机信息系统上操作”的规定，也有信息内容层面的要求“能反映身份的账号密码等”。虽然我国司法解释中给出了“计算机信息系统数据”的范围，但和德国、日本相比，我国“计算机信息系统数据”因为有信息内容层面的限制，在外延上应当是更为狭小的，但司法实践中常常发生扩大“计算机信息系统数据”外延的做法，将所有形式层面（逻辑层）具有数据特征的对象都涵盖进来。例如，将侵犯公民个人信息、侵犯网络虚拟财产以及侵犯网络知识产权的行为以“非法获取计算机信息系统数据罪”予以认定。[①] 这样对该罪的理解，也造成该罪的口袋化。

实务中的司法人员常常因网络上的犯罪对象具备形式层面的数据性而忽视了实质层面的特质，这是因为进入数据化时代后，数据化的事物越来越常见，数据性成了一种易判断的特征。对于计算机网络上的对象，只需判断其是否是以 0 与 1 组成的数据，即可以数据进行认定，而实质层面的判断则需要进行具体的论证，因“较难操作而被实务部门‘束之高阁’”[②]。事实上，数据化现象的常见不代表虚拟数据性为数字化产品的本质属性，反而说明了，在数字化时代，评价数字化产品时，目光更应该聚焦于其实质的内容信

① 参见杨志琼：《非法获取计算机信息系统数据罪“口袋化”的实证分析及其处理路径》，载《法学评论》2018 年第 6 期。

② 杨志琼：《非法获取计算机信息系统数据罪“口袋化”的实证分析及其处理路径》，载《法学评论》2018 年第 6 期。

息层面。

(2)侵犯虚拟财产的本质是侵犯财产权

我国《刑法》将计算机类犯罪放在“扰乱公共秩序罪”一节中,如果将窃取虚拟财产的行为以“非法获取计算机信息系统数据罪”来认定,则该行为侵犯的是社会法益,但窃取虚拟财产的行为显然侵害的是虚拟财产所有者的财产法益。以惩罚侵犯社会法益的犯罪来保护个人法益,明显不当。

其一,并非所有窃取虚拟财产的行为都符合非法获取计算机信息系统数据的行为类型。非法获取计算机信息系统数据罪的保护法益主要是计算系统内数据的机密性。① 正如上文所述,虚拟财产在逻辑层面属于数据,但并非所有与虚拟财产有关的信息都一定以数据为载体。例如,账号类虚拟财产的账号与密码就不一定存在于电脑数据中,若是行为人窃取了记载着账号密码的本子并且通过正常的官方网站修改密码的手段,②完全控制住虚拟账号,该行为并没有侵入任何计算机系统,也没有获取存储在计算机信息系统中的数据,行为人显然是窃取虚拟财产的行为,而不是非法获取计算机信息系统数据。在互联网发展之初,并非所有的玩家都拥有电脑,因此邻里间在网络游戏中“共号”“借号”“换号”的情形并不少见,现如今仍然存在这些现象。无论是哪一类游戏的共享方式,游戏账号与密码都会被他人知晓,基于自愿告知他人自己账号密码却被盗窃的案件显然也不符合非法获取计算机信息系统数据罪的行为类型,但毫无疑问这种行为侵犯了虚拟账号所有者的财产权。

其二,依据法益的位阶性原理,财产权法益在价值位阶上优于秩序法益。刑法保护的法益有不同的类型,包括权利、安全、秩序三种法益形态。这三种法益具有位阶关系,权利应当处于优先保护地位。③ 依据分层的思想,虚拟财产同时具有数据层面的属性,也具有内容层面的财产属性,因而对虚拟财产的保护实际上既包括了保护数据的社会法益,也包括了保护财产的个人法益,在二者发生重叠时应当让个人法益性质的财产权得以优先获得保护,在此之后再判断对数据的保护。

① 参见郭旨龙:《非法获取计算机信息系统数据罪的规范结构与罪名功能——基于案例与比较法的反思》,载《政治与法律》2021 年第 1 期。

② 现实中就有类似的案例,行为人窃取了记载了账号密码的本子,盗窃他人财物。参见《男子将密码记在本子上 却遭“有心”室友惦记》,载百度网 2019 年 5 月 23 日,https://baijiahao.baidu. com/s? id = 1634313764877327111&wfr = spider&for = pc。

③ 参见陈兴良:《虚拟财产的刑法属性及其保护路径》,载《中国法学》2017 年第 2 期。

此外,侵犯虚拟财产的行为是否一定侵犯到公共秩序也值得商榷。仍以虚拟账号为例,行为人为专门获取某个人的虚拟账号而在其电脑上安装键盘输入记录软件,最终获取他人账号密码并且修改。该行为从开始至结束都仅针对个人,即使是修改账号密码的行为也是通过运营商的网站合乎规则地进行修改,运营商的信息系统没有受到任何侵入、破坏,故而没有侵犯到公共秩序。

其三,行为人侵犯虚拟财产,是因为虚拟财产具有财产属性。大部分窃取虚拟财产的行为基本都是因为虚拟财产具有财产价值,如果仅考虑行为人获财的手段则会"剑走偏锋",而以财产犯罪的模式对虚拟财产进行保护则符合了行为人的犯罪目的,也可以减少司法的技术难度。

2. 虚拟财产的形式层面性质——虚拟数据性

沿着从形式层面到实质层面的顺序,虚拟财产的性质首先在形式层面表现为虚拟数据性,对于虚拟数据性的解释至少包含以下两点:客观数据性和虚拟性。

(1)虚拟财产在形式上具备客观数据性

虚拟财产的客观数据性体现为虚拟财产由数据构成,且构成虚拟财产数据的电与磁等无体物是客观存在的。就比如知识产权中的智力成果与其载体一般,存在于人脑中的智力成果不属于知识产权法所保护的范畴,唯有将智力成果赋予某个载体之上才成为知识产权法所保护的客体。同理,受保护的虚拟财产,必需是以电磁组成的客观物质,仅存于人脑中或者设计稿中并未转化成计算机可识别的客观的电磁记录的并不属于虚拟财产。有的学者认为盗窃公私财物包括电力、煤气、天然气等的规定,强调了与传统有体物不尽相同的无体物也应当属于公私财物的范畴,在此基础上虚拟财产可以理解入"等"字之中。但笔者认为,虚拟财产并非因其在形式层面具备"电磁"的客观属性,从而能够被评价为刑法上的"财物",电磁仅仅是虚拟财产在形式层面的构成特征,虚拟财产仍需实质层面具备"客观性"才可能被评价为"财物"。

(2)虚拟财产在形式上具备虚拟性

"虚拟"一词在汉语中包括不符合事实的情况、凭想象编造的事物和高科技实现的仿真技术,而"虚拟"的英文单词"virtual"的含义则有"实际"的意思,因而"虚拟财产"中的"虚拟"并不是凭空乱想的,实际上是有"仿真"的意思。即虚拟是"对于现实中业已存在的事物及其发展变化过程,通过建立程序映射到计算机以及相关技术所支撑的运行环境中,以模拟现实环境中事物真实的活动过程"①。通常"仿真"的对象为现实生活中的物品或者环境。虚拟性以数据性为前提,是虚拟财产的形式层面性质之一,依赖于计算机技术的发展,虚拟财产的虚拟性表现也不同。

在早期,虚拟财产表现为以"文字"为特征的虚拟性。1990 年美国富士施乐研究中心研发的虚拟社区"LambdaMOO",该游戏允许用户通过"文字"创建自己的物品,由此诞生了最早的虚拟财产。在国内网络游戏发展史上,也可以看到这一类虚拟财产的身影。MUD 游戏(Multiple User Domain 多用户虚拟空间游戏)是最早的网络游戏,没有图片,全部用文字和少量的字符画来构成。1996 年在北大物理楼的服务器上第一次搭载了北大侠客行(以下简称北侠)的服务器,是我国 MUD 网络游戏的起点。以游戏中物品"鱼肠剑"为例,在物品名称"yuchang"下是物品简介,接着是基本属性(耐久、攻击速度),然后是附加属性基础(伤害力、暴击率等)。

随着技术的发展,图形和影音具备了虚拟财产的虚拟性特征,也是目前虚拟财产主流的虚拟方式。例如网络游戏"天涯明月刀"中不同类装备以及同类装备的不同种的(刀、笛子)模型都不一样,使用音效也不同。目前,游戏建模技术和计算机显示处理能力的提升让虚拟财产虚拟(仿真)性更加强烈,以至于不能分清是虚拟还是现实。②

AR(augmented reality)的直译为"增强现实技术",它是一种实时地计算影像不同的摄影机位及角度并加上相应图像、视频、3D 模型的技术,这种技术的最终目的是在屏幕上把虚拟世界套在现实世界并进行互动。VR(virtual reality)的中文意思是虚拟的现实。AR 与 VR 的区别在于 AR 模式是"虚拟 + 现实",即在真实环境中增添或者移除由计算机实时生成的可以交互的虚拟物体或信息。而 VR 是"沉浸的虚拟世界",可以让用户沉浸其中的由计算机生成的三维虚拟环境,并与现实环境相隔绝。最新的 AR 和 VR 技术让虚拟财产的虚拟(仿真)性更加强烈,让虚拟财产不再局限于二维的平面,而是成为三维的存在。虚拟仿真技术的多样化发展,以及真实性的提高是未来的趋势,虚拟财产将越来越不像"虚拟"的。

3. 虚拟财产的实质层面属性——客观财物性

(1)虚拟财产在实质上具备效用性

虚拟财产有其效用性,使得虚拟财产具备经济价值。

---

① 林旭霞:《虚拟财产解析——以虚拟有形财产为主要研究对象》,载《东南学术》2006 年第 6 期。

② 参见《逆水寒画面开极致多真实？玩家晒最高配截图,45% 网友以为真人 COS》,载 17173 网 2020 年 1 月 2 日,https://nsh.17173.com/content/01022020/095101646.shtml。

国内的政治经济学中的"劳动价值论"认为,决定价值的要素是社会必要劳动时间。反对虚拟财产具有价值的学者认为,虚拟财产的获得和流转,均存在于虚拟世界,实际上并未在现实世界中产生任何的作用与影响。尽管玩家为获得虚拟财产耗费了大量的时间,浪费了大量的电力,但实际上并未在现实生活中参与社会的劳动。笔者不反对虚拟财产的数据性,同时笔者认为数据性是虚拟财产的形式特征之一,但为何市场上虚拟财产交易仍然不断,早年在韩国甚至屡禁不止?这是因为虚拟财产当然具有价值,有价值的东西自然而然会在市场上流通。对虚拟财产采劳动价值论的逻辑弊端在于无法解释为何虚拟财产在市场上具有价值。要正确认识虚拟财产的价值,应当采"效用价值论"。

与国内不同,"效用价值论"是西方主流经济学的学说。"物的有用性"就是西方经济学当中的效用,物之所以有效用,一方面是因为该物质的客观性质,另一方面还要依赖于人的主观需要。① 效用价值论能够解释许多采用劳动价值论不能解释的问题,例如,未开发的自然资源为什么会有价值、虚拟经济中的金融证券为什么会有价值等。② 虚拟财产的价值性同样也可以以此来证明。效用价值论的分支——边际效用价值论认为,效用是价值的源泉,是形成价值的一个必要而非充分条件,价值的形成还要以物品的稀缺性为前提。稀缺性与效用相结合才是价值形式的充分必要条件,这里的稀缺性是指物品供给的有限性。

虚拟财产在虚拟世界中的使用价值就是其效用性。虚拟货币类虚拟财产具有充当一般等价物的职能,其使用价值就是作为一般等价物的价值衡量功能,游戏中的"金币"可以用于购买游戏中的道具或者服务。而以"比特币"为首的虚拟货币,甚至在现实生活中都具有"一般等价物"的职能。虚拟物品类虚拟财产的使用价值较为广泛,依据不同的游戏程序而不同。例如,游戏中的"药品"能够恢复玩家的生命、游戏中的"砍刀"和"盔甲"能够增加玩家的攻击力和防御力、游戏中的"时装"能够使玩家的外形更加个性化等。虚拟账号类虚拟财产的使用价值在于为玩家提供了身份,并且该身份能够享有所使用账号内的所有物品、货币的权限。同时,以上虚拟财产必须具有稀缺性,例如,网络游戏中自带且不可丢弃的道具,或者游戏中可以无任何限制创造的物品不具有稀缺性,不能将其认定为"虚拟财产"。

---

① 参见刘骏民、李宝伟:《劳动价值论与效用价值论的比较——兼论劳动价值论的发展》,载《南开经济研究》2001 年第 5 期。

② 参见葛浩阳:《劳动价值论与要素价值论、效用价值论及供求价值论的比较研究》,载《改革与战略》2015 年第 7 期。

有的学者认为，虚拟财产的价值具有变动大，不可预期的特点，因此而否定了虚拟财产的“财物”属性。价值变动大实际上体现为虚拟财产的效用降低，以《魔兽世界》为例，运营公司在不同时期会以推出资料片的形式，对游戏的整体环境进行升级，内容包括任务、人物等级、地图等。如果将人物的最高上限等级提高，那么原先最高等级的游戏装备就会丧失原先应有的效用，从而导致其价值降低，这种效用的降低并不是客观上虚拟财产属性的减少，而是网络环境的变化导致的。2005 年《魔兽世界》1G(Gold)市场价为 1 元人民币，随着版本更新，游戏内货币发生通货膨胀，现在 1G 的市场价甚至低于 1 分钱人民币。笔者认为，虚拟财产的效用变化，是网络游戏运营必然出现的客观现象，不过，仍然不能否定其可被评价为“财物”的可能性。计算机行业有一个专业术语叫摩尔定律，计算机处理器的性能每隔 18 个月提高一倍，而价格下降一半。所有的电子产品都逃离不开降价周期短的命运，但毫无疑问没有人以此否定电脑、手机的财物性质。

(2)虚拟财产在实质上具备客观性(稀缺性)

虚拟财产的实质客观性与客观数据性的不同在于，实质客观性是从信息内容层面体现的客观，即虚拟物品本身存在客观性。虚拟财产并不是唾手可得的财产，它不以他人的意志为转移，玩家如要获得虚拟财产，必须在游戏中付诸实践。

有学者提出，游戏的管理者可以通过复制代码，从而源源不断地获取相应的装备，“虚拟财产并非由玩家‘创造’出来，而是由玩家在游戏中触发掉落的”①。笔者对此并不否认，游戏运营商会根据游戏的运营情况预先设定或者修改代码以增加或减少虚拟财产，但游戏公司的营利目的决定了虚拟财产不会被无端且肆意地复制。如果一个有价值的装备被大量复制，会导致装备自身的价值下降，游戏平衡被打破，游戏环境恶化，玩家因此而大量流失。如果是游戏商城里直接出售的虚拟道具，运营商更不会无端地大肆复制，这与运营商的经营目的完全相冲突。因而从玩家的视角来看，虚拟财产一定是客观、稀缺的。该学者还举例，在美国运营的《第二人生》这种模拟经营游戏中，玩家可以使用 3D 实时编辑器与脚本编辑工具，自由地在空地上“建造”3D 的住房、商场、汽车等，并以该行为属于虚拟世界中的行为，从而否定其“财产属性”。②

笔者认为，首先，3D 实时编辑器等供玩家创造“游戏世界”中的工具并

---

① 欧阳本祺：《论虚拟财产的刑法保护》，载《政治与法律》2019 年第 9 期。

② 参见江波：《虚拟财产司法保护研究》，北京大学出版社 2015 年版，第 26～30 页。转引自欧阳本祺：《论虚拟财产的刑法保护》，载《政治与法律》2019 年第 9 期。

不属于虚拟财产，工具与游戏软件本体可以算作知识产权，属于游戏开发运营商。其次，由玩家自由创造的“住房、商场”是否具有实质的客观性还留有疑问，一般来说，网络游戏的运营商不可能让玩家无限制地拥有“虚拟财产”，如果玩家要创造的“房、车”可以在游戏中肆意创造，那便丧失了实质客观性，不能认定为虚拟财产。最后，国内不乏与之类似的庄园类型的网络游戏，例如《逆水寒》游戏中，玩家可以选择超过800多个建筑素材，包括亭台、楼宇、哨塔、围墙等，①从一片空地中打造独一无二的庄园。游戏中庄园的素材并不是主观上可以随意得到的，是需要付出时间去“建设”、有的甚至需要花钱来购买。笔者认为，将游戏中的“庄园”评价为刑法上的财物确有问题，但不是因为玩家“建设庄园”属于虚拟世界中的行为，而是因为庄园不具有可转移占有性。庄园与账号绑定，庄园的建设可以作为衡量账号价值的因素，但其自身不能被评价为刑法上的财物。新闻中报道的“出售庄园”②实际上是指帮助他人设计游戏中的庄园，属于出售设计服务，与将“庄园”评价为虚拟财产无任何关系。

侵入运营商数据库而可以无限复制的虚拟财产应当如何定性？在这种情形下，行为人并非直接利用正常的交易系统获得他人的虚拟财产，而是通过侵入并修改数据的形式获得虚拟财产。例如“无中生有型”，行为人侵入运营商服务器，修改账户上的数据使得原账户上增加了原来没有的数量或者属性。如果以财产犯罪对其予以认定，容易造成认定的数额过于巨大，量刑过重的情况。如上文所述，有的学者认为应当根据侵犯对象不同采取不同的策略。在以运营商为侵犯对象的场合，虚拟财产应当以情节进行量刑，来避免量刑过重的情况。即行为人非法获取网络服务商的虚拟财产时，在具备数额较大的情况下或者其他犯罪的成立条件（如多次盗窃虚拟财产）的前提下，仍然以盗窃罪进行论处，但是应当以情节进行量刑，而不以数额进行量刑。判断情节是否严重时，应综合考虑行为的次数、持续的时间、非法获取虚拟财产的种类与数量、销赃数额等，并在原则上应当尽可能避免适用情节特别严重的法定刑。③

笔者不赞同这种认定方式，笔者认为，这种情况应当以纯正网络犯罪的方式进行处理。即以非法获取计算机信息系统数据罪和破坏计算机信息系

① 《庄园系统已然成为古风网游标配，表现最出色的却还是这款游戏》，载百度网2020年4月22日，https://baijiahao.baidu.com/s?id=1664674984030630619&wfr=spider&for=pc。

② 《某宝出售逆水寒的完美庄园！价格最高1200块》，载百度网2018年7月26日，https://baijiahao.baidu.com/s?id=1607046001389843138&wfr=spider&for=pc。

③ 参见张明楷：《非法获取虚拟财产的行为性质》，载《法学》2015年第3期。

统罪认定。一方面,运营商作为网络游戏或者产品的管理者,在虚拟财产的创设上具有绝对的权限。如果行为人侵入系统,并利用系统所拥有的权限任意复制虚拟财产,则该虚拟财产丧失客观性,甚至有可能不再稀缺,因而不能评价为“财物”。且该行为属于“无中生有”类型,“虚拟财产”并非通过转移占有的模式取得,不应当将其认定为财产犯罪中的盗窃罪。另一方面,在量刑上,首先应当考量行为人在修改数据获得虚拟财产后,是否将虚拟财产流通到市场中。因为这部分“黑虚拟财产”流入市场后容易发生混同从而“洗白”。虽然运营商可以根据后台数据的调取来恢复原状,但是这不仅会加重运营商的管理成本也会使虚拟财产的买家的利益受到侵害。其次应当考量行为人侵入运营商服务器的次数以及持续时间,如果虚拟财产未流入市场而在小范围内流通时(如借装备的情况),则应当考量流通的人数。

(3)虚拟财产在实质上具备可支配性

所有权的权能包含占有、使用、收益、处分。可支配性意味着所有者能够完整地对其虚拟财产行使以上的权能。

虚拟财产的占有权能指所有者具有合法占有虚拟财产的权利,占有也是支配虚拟财产的前提。而在使用权能上,虚拟财产的所有者能够依据虚拟财产的不同效用行使使用权,例如虚拟账号为玩家提供了得以游戏或者使用网络服务的身份等。部分虚拟物品是可以增值的,这涉及虚拟财产的收益权能。例如腾讯公司早期推出的“QQ 宠物”,雄性宠物与雌性宠物可以生出一个宠物蛋,可以决定赠送他人也可以自行留着。虚拟财产也可以通过出租的形式获得收益,例如在“NBA2KOL2”,玩家可以通过出租服务,将自己已有的球员出租给他人来获得收益。而网络账号的出租更为常见,互联网上也有专门提供账号出租的平台。对虚拟财产行使处分权表现为:虚拟账号的使用者可以绑定与解除虚拟财产的邮箱,修改账号的密码,也可以选择账号注销;对于账号内的物品、货币可以丢弃、①销毁或者在系统允许的情况下转让给他人。

(4)虚拟财产在实质上具备限定性

限定性表现为虚拟财产并不是能够一直存续的。一般的物品也具有使用期限,但虚拟财产与一般的物品不同的是,虚拟财产并不因为物理上的使用而毁损,而是因为运营商对虚拟游戏等服务停止后,用户不再具备使用的可能性从而实际上失去其“效用”而毁损。虚拟财产的限定性由其数据性产生,数据的存在依赖于电磁作用,如果电与磁力不存在则虚拟财产也就不存

① 有些网络游戏的货币没有设定“丢弃”功能,只能消费,但是不影响其可支配性质。

在。虚拟财产的限定性往往也成为虚拟财产不具有法律意义上的财产属性的理由,如司法实践中有以虚拟财产的限定性来否定虚拟财产的“财物”属性。丘某伟案中的裁判理由指出:“虚拟财产存在的期限性是网络运营商决定的,期限的长短完全取决于游戏服务经营状况,并非像现实财产那样存在一个自然消亡的过程。”但笔者认为虚拟财产的限定性并不影响其在刑法上被评价为财物。

首先,具备限定性的物权在民法学领域已有专有类型,有的学者认为具备“限定性”的虚拟财产属于“定限物权”,①即虚拟财产仅能在一定的期间行使一定的权利。这是一种占有权和所有权分离的物权,虚拟财产的所有权仍然归属于运营商,网络用户在一定期间内可以按照合同的约定占有网络虚拟财产,并且能够依据服务合同得到对虚拟财产的使用、处分、收益权。

其次,即使是现实生活中的物品也不是永久存续,而是具有使用期限的,是否属于“自然消亡”并不是决定虚拟财产是否具备“财物”属性的因素。例如现金支票在过了期限之后只能作废,现金支票并非因为日常使用而“自然消亡”,而是因为人为设定了期限,但不会以此否认现金支票的“财物”属性。生活日常中随着使用“自然消亡”的电器、日用品也具有使用期限,其使用期限未必就比虚拟财产更长。2003 年开始运营的《梦幻西游》游戏如今仍然在运营中,其中许多虚拟财产都已有十几年的使用时间。虚拟财产不能“自然消亡”,因为其在存在形式上为数据,这恰恰是虚拟财产不同于传统财产的新特征,“说明了物权客体的多样化,而不能否定其物的属性”②。

最后,虚拟财产的限定性是在不断弱化的,基于区块链技术等新型互联网技术的发展,未来的虚拟财产可能“永久存在”。区块链(blockchain)技术是一种去中心化的共享数据库技术,区块链上的数据的保存具有“不可伪造”“全程留痕”的特征。通过区块链技术,虚拟财产数据可以在所有的网络节点进行保存,比特币就是区块链与密码学结合的产物。但区块链技术不仅可以运用在比特币上,“区块链游戏”也是新兴的话题。结合区块链技术,游戏运营方无法滥发游戏商品和道具,即使游戏关闭,玩家的虚拟资产并不会凭空消失,除非互联网不再有节点登录,否则虚拟财产理论上能一直存续下去。这种运行方式大大降低了游戏运营中服务器的维护费,使游戏

---

① 谢在全:《民法物权论》,中国政法大学出版社 1999 年版,第 49 ~ 50 页。

② 林旭霞:《虚拟财产权研究》,法律出版社 2010 年版,第 80 页。

寿命能够更加长久。区块链游戏目前已在实验阶段,2015年创立的“Decentraland”是以区块链技术为基础的游戏,在游戏中用户使用区块链账本交易虚拟土地;①“CryptoKitties”加密猫游戏也是区块链游戏的一种,用户可以通过领养、繁殖的方式获得自己基于密码学而产生的独一无二的猫。具体的运作模式上,在游戏中每进行一次交易、繁殖等操作,都需要支付一笔“gas费用”,这个费用是支付给正在“挖矿”的计算机用户的,“挖矿”计算机负责将交易用户的交易信息传达到整个网络。尽管该游戏一开始计划将所有数据都存在区块链,但囿于在以太坊存储大量数据成本太高,目前该游戏并非百分之百基于区块链技术进行运营。“CryptoKitties”仍由其中心服务器来进行储存加密猫的图像和描述,这意味着如果有一天运营商将服务器下线,则用户只拥有一组毫无意义的256比特位整数,但随着未来区块链存储技术的更新,创造一个理论上“永续”的虚拟财产并非不可实现。

四、虚拟财产应当认定为“财物”的正当性依据

(一)刑法中“财物”概念本身具有扩张性

从农业时代到工业时代再到如今的信息时代,财产犯罪本身所具有的扩张性成为将虚拟财产认定为“财物”的正当性依据之一。

1. 工业时代的“财物”概念扩张

“财物”即具有财产性价值的物品。“最古老的财产犯罪对象,只包括有形的财物;但社会的发展决定了财产犯罪的对象不仅包括有形的财物,还包括无形的财物。”②随着科学技术的提高,农业社会向工业社会转变,人们得以对新的能源进行控制和利用,无体物进入了财物的范畴。不仅如此,“财物”的概念开始并不局限于“物”,现代社会中对于财产多少的衡量并不只看占有实物的多少,也看享有利益的种类的多少。近代资本主义社会的到来使得对于财产自由流转的需求越来越高,债权渐渐被赋予财产化与独立化的特征,“债权的财产化与独立化,伴随近代资本主义经济组织的发展而逐渐得到发展和强化”③。在刑法领域,对于债权予以保护的需求也越来越大,财产关系极为复杂的当今社会,认为完全可以通过民法补救被害人的

① 《Decentraland:去中心化的元宇宙虚拟游戏》,载微信公众号“WEB3 LABS”2021年8月5日,https://mp.weixin.qq.com/s?src=11&timestamp=1631860727&ver=3319&signature=fp4bSIhj83jCk97qxOI73luAHPNQ6MwUe-lNL-eSBny7BmCfREdAiI7ltGsKUtd79ctzllsRmCbNXudBpgUKLjRQqCrT*aeLvoiw37JQEpyuQiB48fZIh-hEUOEqSZUj&new=1。

② 张明楷:《外国刑法纲要》(第3版),法律出版社2020年版,第478页。

③ 李永军:《民事权利体系研究》,中国政法大学出版社2007年版,第299页。

债权、财产性利益的损害是不现实的。于是我国有学者就提倡扩大刑法对“财物”的解释，将“财产性利益”纳入“财物”的范围中。[①] 立法上，《日本刑法典》第 246 条第 2 款规定了财产性利益也能够成为诈骗罪的保护对象。而在刑法学历史上，扩张“财产”概念的做法早已有相关学说。

宾丁（Binding）率先提出了法律的财产概念说（juristischer Vermögensbegriff）。宾丁将财产定义为“人的财产权与义务的总体”，通过民法或者公法上的“权利”的概念来把握财产。这种观点虽然扩大了“财产”的外延，将权利纳入了“财产”的范畴，但由于区分了法律上的财产与现实中的经济利益，导致一些负有经济利益的权利（违法的占有、无效的债权）被排除出“财产”的范围。有时又将不具有经济利益的权利（爱情利益）纳入了保护范围。[②] 在此之后登场的是经济的财产说，该学说将财产定义为“具有金钱价值的财产的总计”[③]。即只要能够肯定经济价值的，即具备“财产”的概念。即便是违反公序良俗，或者无效的请求权，只要具备经济上的利益，就可以成为“财产”。这种财产的概念扩张了“财产”的范畴，使得侵害所有财产的行为都能构成财产犯罪，这样在财产犯罪领域便不再存在法外空间。[④] 经济财产说过于扩张刑法中“财产”的范围，“将民法上合法的行为认定为刑法上的犯罪行为”[⑤]，以及将不为民法所保护的利益也理解为刑法上的财物。该学说因其完全无视法秩序统一的做法受到了批判，继而德国学界的通说转向折中的法律经济财产说。金德霍伊泽尔教授认为，采法律经济说的场合，即便是仅具有抽象的金钱价值的（原则上能有偿转让的）利益，也能成为法律上保护的财产。[⑥] “权利”是否能被解释为“财物”，“财物”是否包含“财产性利益”，这些问题仍有争议，但将“权利”“财产性利益”财物化，体现了经济刑法理论中犯罪对象的扩张性趋势。将“虚拟财产”纳入“财物”的范围，不过是工业社会转向信息社会后再一次的演变。

2. 信息时代的“财物”概念扩张

信息时代，网络技术的更新也逐渐推动网络生活的演进，有的学者提出网络发展经历了四个时代，即前网络时代、网络 1.0 时代、网络 2.0 时代、网

① 参见张明楷：《财产性利益是诈骗罪的对象》，载《法律科学》2005 年第 3 期。

② 参见付立庆：《再论刑法中的财产概念：梳理与回应》，载《政治与法律》2021 年第 8 期。

③ 付立庆：《再论刑法中的财产概念：梳理与回应》，载《政治与法律》2021 年第 8 期。

④ Krey/Hellmann, Strafrecht BT, Band 2 Vermoegensdelikte, 15. Aufl., § 11, Rdn. 433 – 435. 转引自江溯：《财产犯罪的保护法益：法律—经济财产说之提倡》，载《法学评论》2016 年第 6 期。

⑤ 江溯：《财产犯罪的保护法益：法律—经济财产说之提倡》，载《法学评论》2016 年第 6 期。

⑥ 参见［德］金德霍伊泽尔：《德国刑法中诈骗罪的基本原理》，马寅翔、蔡桂生译，载《国外社会科学前沿》第 18 辑，上海人民出版社 2015 年版，第 404 页。

络“空间化”的时代。

前网络时代随着个人电脑(personal computer,PC)出现而开始。随着个人电脑的普及,犯罪开始向计算机领域蔓延,但此时的犯罪与“计算机”和“网络”并没有直接关联,而是属于“与计算机相关的犯罪”。因为网络的不发达,资源与软件更多是以磁盘、录像带和光盘为载体进行传播。软件与电脑资源市场有着巨大的营利市场,因此各种盗版的电脑资源开始出现。这种贩卖与传播盗版的电脑资源的行为并没有直接破坏计算机系统本身,该犯罪行为仅仅涉及“计算机”元素,且所指向的新的犯罪对象为知识产权,刑法对此也作了回应。1997 年我国《刑法》第 217 条新增加了“侵犯著作权罪”,该罪保护的对象为包含计算机软件在内的作品。在网络交易时代到来的现今,贩卖盗版资源的情况没有消失,反而随着网络的普及而通过网络传播的方式进行。如淘宝平台上盗版书籍、电影资源的贩卖等。针对“知识产权”这种准物权性质的客体,我国刑法并未以财产犯罪对其进行规制,而是单独地规定了“侵犯知识产权罪”章节,这种立法例下,财产犯罪中“财物”概念便不再包含“知识产权”,但“财物”概念的扩张趋势在网络 1.0 时代与 2.0 时代便开始了。

网络 1.0 时代的犯罪以“计算机”为对象。1994 年 4 月 20 日,随着一条 64k 的国际专线的接入,中国正式接入国际互联网进入网络 1.0 时代。此时网络的发展程度相对较低,“人机互动”是该时代的特征。网友上网更多的是为了获得资讯信息,因而与以门户网站为代表的网络资源提供者之间互动更为频繁,人与人之间的交互程度相对较低,此时的犯罪更多是针对计算机系统本身。有学者指出,个人挑战、攻击系统成为当时的标准化犯罪模式,具体表现为非法侵入计算机信息系统、非法侵入计算机系统以后获取其中存储的数据、破坏计算机信息系统等行为。随着网络技术的更新换代,交易的网络化进程在网络 2.0 时代拉开了帷幕。网络 2.0 时代是以“互”为主的互联网时代,网络即时通信工具如 QQ、MSN 等大量出现,为网络用户之间交流沟通提供了方便,通过这种交互式的互联网体验,网民们不仅联结在一起,更将所需要输入与输出的信息及时传递,为交易网络化提供了基础。这个时期犯罪的特点呈现两个方面,首先是传统犯罪的网络化,即利用网络进行传统犯罪;其次是涉财型案件数增多,因为网络技术的发展,虚拟财产(包括网络游戏账号、网络装备、虚拟物品等)类型的犯罪激增。

从网络 1.0 时代到网络 2.0 时代,犯罪对象既包括计算机信息系统、信息数据等传统的计算机犯罪中的犯罪对象,也包括网络上的虚拟财产、计算机服务等新型出现的对象。除了虚拟财产,有的学者还认为“数据服务”也应当纳入“财物”的范畴,①这种观点反映出计算机网络技术对传统“财物”概念的冲击。纵观整个“财物”概念的发展历程,信息社会下将虚拟财产纳入“财物”的概念中,不过是再次重复了农业社会到工业社会,将“无体物”纳入“物”的趋势。2020 年人民网在微博中发起“‘90 后’将游戏账号虚拟财产列为遗产”的话题,引起 7000 万的阅读量,《新京报》发起的投票中,共有 3.7 万人认为支付宝账号和游戏账号是“最值得继承的虚拟财产”②,可见将虚拟财产解释为财物顺应了历史发展,也符合计算机网络时代国民“财产”观念的转变。

(二)实质层面的虚拟财产具备“物”的属性

1. 何者为物——罗马法与古日耳曼法的分歧

古罗马时期便已将“物”划分为“有体物”与“无体物”。古罗马法学家提出:有体物是客观存在的,并且能为人感官所感知到的;而无体物“属于法律拟制出来的关系”,如遗产继承权、用益权、以任何形式缔结的债。③无体物无法通过触摸而得到,它们不仅无法通过实效的形式获得,有些还无法让渡。受罗马法的影响,《法国民法典》承认无体物为物权客体。在罗马法中,物(Res)指除自由人之外存在于自然界的一切东西,如山川、大地、阳光、空气等皆为物,同时罗马人也称物为“Bona”,指那些对人们有用、有价值的东西。与此相反的是在古日耳曼人的观念中,物仅为实体上的看得见的东西,将无体物解释成德语中的“物(Sache)”,超出了普通民众对于“物”的认识。这种文化观念对德国民法中物的概念造成了影响,德国民法理论中的无体物仅指知识产权,并不包含权利,《德国民法典》否认“无体物”属于“物”。

德国传统观念中对“物”的理解,成为德国以数据的范式保护虚拟财产的原因。受到德国的影响,《日本民法典》第 85 条也否认了“无体物”属于民法中的“物”,日本民法学界和实务界并不认可虚拟财产具有物权属性。但随着网络虚拟经济的发展,虚拟财产的交易量越来越大,承认虚拟财产的物权属性能更有力地保护虚拟财产权。

在刑法教义学上,德国、日本中对财物的理解有以下几种观点:(1)有体

---

① 参见高艳东、李诗涵:《数字时代财产犯罪中财物的扩张解释:以数据服务为例》,载《吉林大学社会科学学报》2020 年第 5 期。

② 《你最值得继承的虚拟财产是?》,载微博 2020 年 3 月 28 日,https://weibo.com/1644114654/IAJHJlFDP。

③ 参见[古罗马]盖尤斯:《法学阶梯》,黄风译,中国政法大学出版社 1996 年版,第 82 页。

性说认为,即唯有具备实体形态(具体形状)才可以成为财物。该说针对的主要是无体物,由于无体物自身的性质不能被实际占有,因而不能成为财产犯罪的对象。依照此种学说,像光能、热能、技术成果就不能成为财物犯罪的对象。① (2)持有(管理)可能性说认为,所有事实上能够人为管理以及实际控制的物质都是财物,该说以控制、支配可能性为出发点,支配并不局限于以手来"操控",而是一种抽象的控制,例如家具、存折里的存款等不能直接被人携带,但能够被人实际支配。② (3)效用说与经济的财产说相似,认为具备经济价值、用途和效能的物质都属于财物。在德日刑法学界已有这样的观点,认为毁损是指损害财物效用的所有行为。例如在故意毁坏财物的场合如何认定毁坏,采效用说则认为即使物品并未毁损,如若使其效用毁损,则应当视为毁坏财物。在盗窃的场合,只要有经济价值的财物,就可以成为盗窃的对象。③

效用说与持有可能性说都突破了"财物"是有体物的限制,体现出随着社会经济发展,需要对"财物"的外延进行扩大的。但德国囿于语义的限制,有体性说仍是"财物"的主流学说。对于虚拟财产的保护,仅能从立法上进行特别的规定,而不能直接对其以盗窃罪进行评价。

2. 将虚拟财产评价为"财物"并不与我国文化相悖

否定虚拟财产的财物属性的学者对虚拟财产产生了错误的认识,认为虚拟财产的数据性是其最本质层面的特征。但如上文所述,数据性仅是虚拟财产的形式特征,虚拟财产在实质层面表现出客观财物性。

首先,虚拟财产是客观存在的,无论罗马法还是日耳曼法中的物都是客观存在于世界上的。虚拟财产不同于人的意识,是需要使用者付出劳动或者时间才能够得到的。其次,虚拟财产具有效用,不同虚拟财产都具备一定的功能,满足不同使用者的需求。最后,能够被评价为"财物"的虚拟财产都与"物"相似,能够被管理、可转移占有。并非仅有体物能够被支配与控制,虚拟财产同样也具备可支配与控制、可转移占有的性质,这些使得虚拟财产能够被评价为财物。

从我国文化传统来看,物的概念极为广泛。在《诗经》中,"有物有则"意思是任何事情都有其规则,从这个意义上来说"物"具有"事情"的含义。在字典中,物解释为"人以外的具体的东西",而"东西"又可以泛指各种抽象的人、事、物。马克思主义哲学中的唯物论认为,物质是一种客观实在,这

---

① 参见张明楷:《外国刑法纲要》(第3版),法律出版社2020年版,第480页。

② 参见[日]大谷实:《刑法讲义各论》,黎宏译,中国人民大学出版社2008年版,第168页。

③ 参见胡新:《盗窃罪构成的几个问题》,载《法学评论》1983年第21期。

种客观实在能够被人们感知,不依赖于我们的感觉而存在,为我们的感觉所复写、摄影、反映。马克思主义哲学下的"物"同样也并非仅局限于"有体物",甚至马克思主义哲学中的"物"更为宽广,仅要求物体存在的客观性。

将虚拟财产评价为物,在民法教义学上已有先例。在我国民法学界,对于虚拟财产的定性仍然存在很大争议,主要分为"无形财产权说""知识产权说""物权说""债权说""新型财产权说"等几种差别较大的认识。有的学者效仿人格理论,提出了"物格"的概念,以法益保护的重要程度和特殊程度将物格分为三类:第一类是生命物格,即人体器官等;第二类是抽象物格,包括虚拟财产在内;第三类是一般物格。抽象物格的提出解决了虚拟财产"物"的定位,并且扩充了物权的外延,顺应了时代的发展。这是认定虚拟财产具有物权属性方法的一种。还有将虚拟财产归入"无形财产"来肯定其物权属性的方法,这种方法沿袭自罗马法。《法学阶梯》中的无形财产的概念为,凡是有形物以外的所有权都可以认定为无形财产。

3. 计算机数据服务不属于虚拟财产,也不属于财物

有的学者认为数据服务创造了海量的价值,应当值得以"财物"进行认定并保护,"既然法律可以把电力视为财物的一部分,也同样可以把一些具有财产属性的数据服务评价为财物"①。根据该论者的观点,"数据服务是对数据的升级,数据服务是以数据为原材料的产品。互联网企业借助算法分析原始数据形成衍生数据,向用户提供数据服务,表现形式是数据产品"。

笔者认为,"数据服务"是否可以纳入财物范畴,仍值得商榷。数据服务实际上是对大数据信息进行分析而得来的"二次信息",以数据分层的视角对数据服务进行分析会得出,数据服务在形式层面上不一定体现出数据性,因其实质层面为某种有商业价值的信息内容,而信息内容的载体并不一定是数据,也有可能将信息记载在纸上形成大数据分析报告。而数据服务在实质层面上也并未体现出"物"的性质,信息服务有其效用,但这种效用更多体现的是一种信息情报的效用,并不是"仿真"成现实中某个物品的效用,效用的不同是虚拟财产与数据服务的区别。由于信息具有可复制性,这种商业情报并不似虚拟财产一般,由负责管理的运营商对其进行综合管控,从而易于被大量复制。而信息一旦被广泛传播,就失去其价值。综上,笔者认为,将数据服务解释为"财物",超出了一般国民的可预测性,属于类推解释。

该观点还认为,在行为人恶意侵入、破坏"饿了么"平台的数据服务,造

① 高艳东、李诗涵:《数字时代财产犯罪中财物的扩张解释:以数据服务为例》,载《吉林大学社会科学学报》2020 年第 5 期。

成系统瘫痪的场合，如若不以财产犯罪的罪名惩治该行为，则不能保护“饿了么”平台上餐饮商家的个人利益，餐饮商家因为系统瘫痪，订单无法及时处理，大量食材变质，口碑下降等结果得不到刑法上的回应。笔者认为，在这种情况下，仍然不可以以盗窃罪等财产犯罪的罪名对该行为进行认定。对于窃取或者破坏数据服务的行为，如果能够评将其价为侵犯商业秘密罪的，则可以以该罪名对该行为进行认定；如若不可以，则根据情况可以以破坏生产经营罪论处。对于“财物”的概念，应当坚持罪刑法定的立场，不宜肆意扩大化，不宜将所有一切有价值的东西都囊括进来，这样有损国民的预测可能性。

4. 将虚拟财产评价为财物更有利于做到罪刑相适应

虚拟账号网络交易市场上，有的网络虚拟财产的交易价格极高，以5173. com 游戏账号交易平台为例，魔兽世界游戏账号最贵的能够卖到80万元。① 从罪刑相适应视角来看，若该游戏账号被他人盗窃，不以盗窃罪而以其他罪名定罪处罚，难以做到罚当其罪。因为其数额达到特别巨大情形的，盗窃罪规定可以科处十年以上有期徒刑或者无期徒刑。但非法获取计算机信息系统数据罪的法定刑最高仅为七年以下有期徒刑。选择以盗窃罪定罪量刑，而不是其他罪名，更能体现刑法罪责刑相适应原则，使得行为的社会危害性得到充分评价，也能够让虚拟财产的所有者的财产法益得到充分的保护。

（三）比特币等虚拟货币属于刑法意义上的财物

1. 比特币等虚拟货币属于违禁品

2021 年 9 月 15 日，中国人民银行等十部门发布的《关于进一步防范和处置虚拟货币交易炒作风险的通知》中，明确虚拟货币不得作为市场上流通的货币；与虚拟货币相关的金融业务属于非法金融活动；与虚拟财产相关的民事法律行为无效。该通知确定了虚拟货币“流通”的非法性，在现实生活中能够充当一般等价物的“比特币”，是非法虚拟货币的典型代表。

事实上，禁止虚拟货币在现实生活中“流通”并不是针对虚拟货币的特例，凡是在现实生活中能够发挥流通职能的物品都是被禁止的对象。《中华人民共和国中国人民银行法》第 20 条明确规定：“任何单位和个人不得印制、发售代币票券，以代替人民币在市场上流通。”第 45 条规定：“印制、发售代币票券，以代替人民币在市场上流通的，中国人民银行应当责令停止违法行为，并处二十万元以下罚款。”《中华人民共和国人民币管理条例》第 28 条

① 参见《魔兽世界》，载 5173 游戏账号交易网，http://zh. 5173. com/publish/detail/DB081 - 20210304 - 66761708。

规定："任何单位和个人不得印制、发售代币票券，以代替人民币在市场上流通。"从各法的旨趣中能够得出，凡是能够替代履行人民币职能的物品都应当被禁止。早在2001年1月20日，国务院纠风办、国家经贸委、中国人民银行联合发文，严禁发放使用各种代币券卡。① 代金券、购物券、礼品券都被列入禁止使用的物品行列。

在明晰了立法的旨趣后，对于需要禁止的虚拟货币的范围应当作出限定。即并非所有类型的虚拟货币都属于违禁品，仅在游戏世界或互联网服务平台中流通，或者不能流通的虚拟货币（本书第二类与第三类虚拟货币）并不具有违禁品的性质。因为其并不在现实世界中承担货币职能，所以与普通的虚拟财产同样，属于可以合法交易的商品。

以比特币为首的虚拟货币（本书第一类虚拟货币）与上述代币票券同样，在生活中有商品支付的功能，能充当一般等价物，具有价值尺度、流通的能力。笔者不否认其"违禁品"性质，且赞同应当对比特币的流通采取相关禁止措施，以维持网络交易秩序与金融秩序。

2. 比特币等虚拟货币应当禁止流通

（1）允许比特币进行流通会加剧交易的匿名化，影响交易安全

首先，匿名化的交易环境容易滋生犯罪。有的学者认为"允许虚拟货币参与流通，会为洗钱、赌博犯罪提供方便"②，该观点指出了虚拟货币的匿名性的不利因素。以比特币为例，比特币中最重要的特征是去中心化与匿名性。虽然所有比特币上的交易都是公开且永久地存储在网络中的，任何人都可以查看任何一个比特币地址的余额和交易记录，但交易的主体是匿名且不可查的，使用比特币进行交易的场合，双方都不需要身份识别或提供任何其他个人信息。如果放任比特币的流通，容易推进网络交易的匿名化，为洗钱等违法犯罪行为提供便利。暗网（Dark Web）是一种需要通过特殊的软件设置或者授权才能访问的网站，匿名性是暗网的最大特点，网站访问者能够隐藏自身的IP地址等信息。这也为在暗网进行非法交易提供了土壤。2018年查获的暗网倒卖个人信息的犯罪案件多达100余起，其中包括酒店

---

① 参见国务院纠正行业不正之风办公室、中国人民银行等《关于严禁发放使用各种代币券（卡）的紧急通知》，载北大法宝网2001年1月19日，https://www.pkulaw.com/chl/4b95475906d247b6bdfb.html? keyword=%E5%85%B3%E4%BA%8E%E4%B8%A5%E7%A6%81%E5%8F%91%E6%94%BE%E4%BD%BF%E7%94%A8%E5%90%84%E7%A7%8D%E4%BB%A3%E5%B8%81%E5%88%B8%EF%BC%88%E5%8D%A1%EF%BC%89%E7%9A%84%E7%B4%A7%E6%80%A5%E9%80%9A%E7%9F%A5&way=listView。

② 侯国云、么惠君：《虚拟财产的性质与法律规制》，载《中国刑事法杂志》2012年第4期。

信息、身份证信息等,而暗网的交易通常以比特币为其支付方式。

其次,匿名化交易环境不利于网络交易的安全。大卫·弗莱德曼教授提出,网上交易问题的根源在于:一是时间差;二是匿名制。时间差指在网络交易的过程中,交易双方并不是面对面直接交易,而是通过第三方平台与软件进行交易达成与支付。这样必然会造成交货与付款的时间差,这个时间空隙会带来网络欺诈发生的风险。网络交易的匿名性指网络交易时,双方无法直接完全知悉对方的身份,交易双方仅能通过网络平台中的有限的相关信息作为对方身份的判断资料。根据相关学者研究,匿名性对于网络交易者的道德决策过程具有一定的影响力,①由于个人身份在网络交易中得以隐藏,行为人便可认为失序行为更容易不被发现,即使能够发现,追究责任的成本也过高,由此产生的不道德的意图与行为的可能性也过大。因而应当禁止比特币支付这种交易主体信息匿名的交易方式,以降低消费者因网络匿名特性所产生的“自由感”。

(2)比特币等虚拟货币的流通会对经济金融秩序造成破坏

比特币的市值价格起伏大,且比特币总数量有限的特点,引起了投资者们投机的冲动。早在2013年中国人民银行等五部门《关于防范比特币风险的通知》中就已经明确比特币中的投资风险:在国内,由于比特币非法定货币的性质,交易中心难以维护投资者的合法正当的权益。在该通知发布当日,国内交易平台上的比特币交易价格立即暴跌35.15%,从6970元一枚下跌至4520元一枚。2021年9月比特币累计价格下跌约12%,纵容价值不稳定的比特币作为货币在市场上流通会损害国家的经济金融秩序。此外,允许比特币作为货币在市场上流通会损害人民币作为法定货币的地位,削弱国家对经济金融的管控能力,冲击国家的金融体系。

3. 作为违禁品的比特币等虚拟货币仍然可以解释为财物

刑法中违禁品的概念,最早在2008年公安部、商务部等部门《关于进一步加强违禁品网上非法交易活动整治工作的通知》中得以明确,该文件提及违禁品主要是指“国家规定限制或禁止生产、购买、运输、持有的枪支弹药……等物品”,该文件仅明确了违禁品的范围,但未谈及违禁品本身是否具有“财物”的性质。

有的学者一方面认为“比特币”因其违禁品性质而不属于刑法所保护的财物,另一方面又认为盗窃比特币的行为应当是可以处罚的,需要以盗窃罪

① 参见王进、焦泉:《网络交易风险语境下消费者的道德决策研究——以道德强度、道德哲学与匿名性的影响为据》,载《技术经济与管理研究》2010年第1期。

论处。① 笔者认为,这样的认定结论与我国刑法规定不符,我国《刑法》第264条盗窃罪罪状明确规定"盗窃公私财物,数额较大的……处……",即盗窃罪的对象为"公私财物"。基于罪刑法定的要求,如果不将比特币解释为"财物",则无法认定窃取比特币的行为构成盗窃罪,至多只能对该行为以非法获取计算机信息系统数据罪论处。

笔者认为,"比特币"类型的虚拟货币尽管属于违禁品,但仍然可以将其认定为财物,理由如下:

首先,违禁品在性质上属于国有财产。我国《刑法》第91条规定了公共财产的范围,其中第1项为"国有财产",只要对"国有财产"进行恰当解释,就可以得出违禁品属于国有财产的结论。我国《刑法》第64条规定,"违禁品和供犯罪所用的本人财物,应当予以没收"。该条文实际上表明了违禁品在法律上应当被认定为"国有财产"。国家是否没收了违禁品,仅仅具有法律程序上的意义,即使未没收,也不能否定国家对违禁品的所有权。这样的结论既不会超出国民的预测可能性,也不违背我国《刑法》第91条的规定。

其次,如果放任对"比特币"等虚拟货币的盗窃行为,会导致社会秩序的破坏与群体性事件的发生。在域外,日本虽然没有明确表明违禁品的财产性质,但是其具体的判例体现出"即便法律上禁止私人对于违禁品的持有,但是这种事实上的持有也受到刑法的保护,其目的是维护法的秩序"②。无论我国的法律是否保护比特币,只要投资者认为比特币具有经济价值且应当对其进行保护,便存在需要以刑法进行介入以维持社会秩序的空间。因此应当将"比特币"解释为财产犯罪中的"财物",以维护社会秩序。

最后,在我国的司法实践中,盗窃毒品等违禁品的行为也构成盗窃罪。早在2000年刘某昌、徐某军、薛某军盗窃案中,对于盗窃安非他命类MDA毒品的行为,北京市第二中级人民法院认为其构成盗窃罪,这样的判决意味着认定"毒品"也属于财产犯罪中的"财物"。而在2013年最高人民法院、最高人民检察院《关于办理盗窃刑事案件适用法律若干问题的解释》(以下简称两高《关于盗窃的刑事解释》)中明确规定,盗窃毒品等违禁品,应当按照盗窃罪处理的,根据情节轻重量刑。该司法解释显然并不否认"毒品"属于"财物",同理,将比特币等虚拟货币认定为"财物"并不具有任何困难与

① 参见周铭川:《盗窃比特币行为的定性分析》,载《南通大学学报(社会科学版)》2020年第3期。

② 王筱:《论盗窃违禁品的刑法处置》,载《湖南警察学院学报》2018年第1期。

阻碍。

五、构建以“可转移占有”为本质特征的虚拟财产“财物”认定模式

林山田教授认为，“作为盗窃罪构成要件的窃取行为，首先是破坏他人对物的持有支配关系，其次是再建立一个新的持有支配关系”①。盗窃罪中的“财物”应当可以被打破旧占有建立新占有关系。

司法实践中肯定虚拟财产“财物”属性的判决书说理中，不乏提及财物的占有转移性。例如，广东省的法院认为能够评价为“财物”的虚拟财产是“能够转移且使用”“公民能够独占管理、可以转移处置的”②。湖北省的法院认为“虚拟财产亦可通过虚拟空间互相交易，具备财产的占有、使用、处分的主要特征”③。笔者认为，现实生活中的物是可以被转移占有的，要将虚拟财产评价为“财物”的必备条件为虚拟财产具备可转移占有性。

（一）绑定型虚拟财产的刑法评价问题

虚拟财产的交易分为线上交易和线下交易。线上交易是指虚拟财产通过所处的系统进行交易。例如，通过“交易系统”将账号内的虚拟物品流转到他人的账号内。常见的线下交易为虚拟账号的交易。买方在线下核查虚拟账号情况，卖方移交账号密码、密保卡口令等。无论是线上交易还是线下交易，都涉及虚拟财产的转移占有。

但并不是所有的虚拟财产都具有转移占有性，常见的不能直接转移占有的原因包括两种：(1)虚拟财产所属的系统不允许虚拟财产转移占有。例如，已经充值进账户上的Q币，QQ客户端或者腾讯网站没有设置交易功能，因此Q币只能进行消费但是不能赠送他人，或者与他人直接进行交易。再如，论坛账户中的积分，只可以用来消费但是不能赠送他人，在这种系统下并不存在可以进行转移占有的主体。(2)虚拟物品的属性不允许转移占有，这一类虚拟物品所属的系统并非不具有交易系统，只是物品经过绑定后则丧失可以交易的功能。例如，《魔兽世界》游戏中区分拾取绑定的装备、装备绑定的装备、不能绑定的装备。前两者一旦拾取或者装备绑定后便不可以进行交易。笔者称以上两种虚拟财产为“绑定型虚拟财产”，前一种绑定型虚拟财产是一定不具有直接的占有转移可能，但后一种则在部分游戏有

---

① 林山田：《刑法各罪论》(上册)，北京大学出版社2012年版，第211～212页。

② 参见广东省深圳市福田区人民法院刑事判决书，(2020)粤0304刑初2号；广东省佛山市中级人民法院刑事判决书，(2016)粤06刑终1152号。

③ 参见《网络虚拟财产案的定罪与争议》，载文秘帮网2022年5月2日，https://www.wenmi.com/article/pquwuh00modm.html。

“解绑”的可能,例如《QQ 三国》游戏支持装备的解绑。

笔者认为,不能被转移占有的虚拟财产,不具备“财物”性质。绑定型虚拟财产由于缺乏市场价格的调整,在价值认定方面就缺乏普遍性。因为“财产”是可以流转的,作为“财产”概念下的“财物”也是能够流转的,流转即转移占有,但绑定型虚拟财产并不具备可转移占有的特质。账号类虚拟财产只要掌握了账号和密码,并且登录服务器或者修改了密码则可评价为排他占有,不存在不能转移占有的问题;但虚拟物品类与虚拟货币类虚拟财产在不能流转的情况下不应当具备“财物”的属性。

(二)“可转移占有”是虚拟财产评价为“财物”的前提

网络虚拟财产学者费尔菲德(Fairfield)早在 2005 年便提出,虚拟财产是具有独占使用性(rivalrousness)的,独占使用性意味虚拟财产实际上是排他的,只有由其所有的人进行控制。他以电子邮箱为例,世界上不可能存在两个人同时拥有一个电子邮箱的情况。① 但随着网络信息技术的发展,账号类虚拟财产在现实生活中有可能出现共同占有的情况。例如 QQ 账号已经实现移动端和 PC 端同时登录的功能,如果移动端与 PC 端的设备分别属于两个人,则该账号在事实上为两人同时占有。费尔菲德的理论尽管不能完全契合当下的网络技术,但独占使用性实质上揭示出了虚拟财产被评价为“财物”的一个必备特征,便是能够被占有以及可转移占有。基于这种“财物”自身所体现的性质,能够转移占有是将虚拟财产认定为“财物”的前提。

1. “财物”具有可转移占有性

关于“财物”概念的“有体性说”和“管理可能性说”的对立,实际上是关于怎样的“财物”能被占有与占有形态的问题。有体性说坚持了唯有“有体物”才可以被占有,表明了占有的形态必须是物理层面的支配。例如“通过手”的方式。而管理可能性说则认为无体物乃至财产性利益也可以被占有,占有的形态则从物理上的支配变成了一种观念上的支配。从财物到财产性利益,体现了科学技术发展使人类对客观实在的控制与支配力不断增大的事实,但对于二者之间的关系的争议却一直存在,我国对此同样也存在争议。

我国《刑法》总则第 91 条与分则第五章侵犯财产罪采用了“财产”的概念,但在具体条文规定上采用了“公私财物”的概念。有的学者认为鉴于两

---

① See Joshua A. T. Fairfield, *Virtual Property*, Boston University Law Review, October, 2005. 转引自杨志琼:《非法获取计算机信息系统数据罪“口袋化”的实证分析及其处理路径》,载《法学评论》2018 年第 6 期。

者之间概念的差异性较大,因而对于能否将“财产性利益”解释为“财物”这一问题,学界中存在肯定与否定说。随着司法实践中侵犯财产性利益的现象越来越多,倡导将“财产性利益”纳入“财物”范畴的观点越来越多。虽然这种做法解决了实践中难题,但反对者认为这种解释与罪刑法定原则相悖,财产性利益与财物有着本质的区别。

从原因上来看,财产性利益的产生实际上是由于“财物”概念的有限性导致的。① 其产生的渊源可追溯至日本,日本刑法将财物犯罪与财产性利益犯罪予以分别规定,在这种立法例下,无论是积极财产的增加还是消极财产的减少,即便是暂时性的利益,也是日本刑法中的“财产性利益”。② 我国赞成财物包含财产性利益的学者认为“财物”一词可以拆开了看包含“财”与“物”,其中“财”可以指财产性利益。③ 一般认为,财产性利益指财物以外,无形的、具有经济价值的利益,常见的财产性利益为债权。后文中包含“财产性利益”与“无体物”的“财物”的概念,笔者称为“广义的财物”;不包含二者的“财物”概念,笔者称为“狭义的财物”。

笔者认为,无论“财物”的概念采“广义的财物”还是“狭义的财物”,“财物”是可以被占有的,即使是“财产性利益”也存在被占有的解释空间。要论证二者的可转移占有性,应当首先明晰什么是占有。

占有首先是民法中的概念,《中华人民共和国民法典》(以下简称《民法典》)专门以一章的形式对占有作了相关规定。从《民法典》第 458 条可以得出,占有的产生可以是合同约定。但《民法典》也规定了“没有约定或者约定不明确的,依照有关法律规定”,说明占有也可以通过事实产生,占有在对象范围上包含了动产与不动产。有学者认为,动产与不动产是有体物的下位概念。但就字面意思来看,动产指能够移动位置且不会破坏其性质或损害其价值之物,只要在性质上能进行移动的财产都为动产,毫无疑问,动产都是有可转移占有性的。而不动产,也能够通过登记、管理等手段,在法律上或者事实上进行占有。

除了事实上的占有,民法理论中还承认观念上(观念化)的占有。起初,民法学界认为人必须对物存在事实上的支配力才能够成立民法中的占有;随着观念的发展,又认为即使没有事实上的支配力也存在占有或即使有事实上的支配力也不存在占有。不可避免的是,事实上的支配力在占有认定

① 参见陈烨:《财产性利益与罪刑法定问题》,载《上海交通大学学报(哲学社会科学版)》2013 年第 5 期。

② 参见陈烨、李森:《论刑法中的财产性利益》,载《中国刑事法杂志》2012 年第 11 期。

③ 参见张明楷:《论盗窃财产性利益》,载《中外法学》2016 年第 6 期。

中不再处于决定性的地位。但民法与刑法之间的“占有”含义并不完全统一。德国民法中的占有(Gewahrsam)与德国刑法中的占有(Besitz)在语词概念上不同,民法上的占有还包括观念上的间接占有、占有改定等。通常认为刑法上的占有必须是直接的、现实的支配,也有学者认为刑法上的占有,在占有松弛的情况下,可以通过社会观念得以补强,该种观点实际上体现出刑法占有的观念化倾向。

在我国的刑法理论中,占有与控制具有高度的相近性。有的学者认为,“控制和占有是一种事实上的状态,这种状态不仅仅是单纯的、物理的、有形的随身控制和占有。要考虑物的性质、所处的时空等条件,要按照社会上的一般观念决定某物有没有被占有。即使在物理条件或有形的支配达不到的场合,从社会观念上也可以认为被占有”①。在这段话中控制和占有采取了相同的语境,且对占有的判断不单单考量物理上的状态,还包括对社会一般观念的考量。除此之外,一般认为占有还包含主观上的占有意思。德国学者韦尔策尔认为占有包括三个要素:(1)现实上的物理的现实支配要素;(2)规范的、社会的要素,即应根据社会生活的原则判断事实的支配;(3)精神的要素,即主观上具有占有的意思。② 其中要素(1)和(2)体现为对财物的事实上的支配,是一种客观层面的范畴;而要素(3)属于主观层面的范畴。本书中虚拟财产的可转移占有性中的占有仅指客观上的占有,体现为虚拟财产可以被客观上支配控制或者转移支配控制。

“狭义的财物”能够转移占有应当是没有任何争议的。但具有“财物”的“可转移占有性”并不意味着所有财产犯罪都会发生转移占有的情况。大陆法系国家刑法理论在财产的分类上除取得型财产犯罪外也包含毁弃型财产犯罪。③ 学者又将取得型财产犯罪分为占有转移罪与占有不移转罪(侵占罪),前者如盗窃和抢劫、抢夺罪都是在事中将他人占有的财物转移到自己或者第三者的支配之下,因而是占有移转罪;后者如侵占罪是取得自己占有之下的他人财物的行为,属于占有不移转罪。侵占罪中的“占有不移转”并不代表着没有发生“转移占有”的情况,而是事前已经发生了“转移占有”,因而不能以此否定财物的“可转移占有性”。而在“毁弃型财产犯罪”中,因为构成要件行为类型的限制,不会必然发生转移占有的情况,但也不能因此否定被毁坏的财物自身所具有的“可转移占有性”。

“财产性利益”和“无体物”在可转移占有性上存在争议。笔者认为,

---

① 刘宪权、杨兴培:《刑法学专论》,北京大学出版社 2007 年版,第 541 页。

② 参见童伟华:《论日本刑法中的占有》,载《太平洋学报》2007 年第 1 期。

③ 参见刘明祥:《财产罪比较研究》,中国政法大学出版社 2001 年版,第 2 页。

“无体物”也具有可占有转移性,这在司法实践中可以得到验证。我国盗窃罪中占有转移的对象是“财物”,“财物”是否包含电力、煤气、天然气等无体物？司法解释给出了肯定的答案。① “财产性利益”的占有移转仍处于争议之中。主张司法实践中已经承认财产性利益具有“占有转移性”的学者,其依据是2013年两高《关于盗窃的刑事解释》第5条中窃取有价支付凭证、有价证券、有价票证的,可以构成盗窃罪的规定。但笔者认为,这些“财产性利益”存在物理层面的载体,具备“有体物”性质,单纯以此来证明“财产性利益”的“可转移占有性”并不妥当。而从刑法教义学来解释“财产性利益”的“可转移占有性”存在的阻碍是:许多学者对于“占有”持事实判断的立场,如果认定财产性利益可以被转移占有,则逾越了事实性的占有概念边界。② 因而对于财产性利益的可转移占有性,有的学者采取了占有的规范解释路径;③有的学者对“财产性利益”概念进行限缩,认为只有具有管理可能性、转移可能性的财产性利益才能成立财产犯罪;④有的学者否定财产性利益的“占有”的概念,转而从构成要件行为类型的角度提出了新的理论(僭权理论)。⑤ 但无论采取何种观点,都无法避免的是在客观上所支配的财产性利益都会经历移转的事实,即“(广义的)财物”都具有可转移占有性。

2. 非绑定型虚拟财产具备可转移占有性的前提——占有的规范化解释

虚拟财产不同于一般的“无体物”。一般的“无体物”在形式层面与实质层面是统一的,而虚拟财产在形式层面体现为数据,在实质层面才体现出其“财物”的性质。虚拟财产也不同于“财产性利益”。“财产性利益”在实质层面往往没有实体物存在,而虚拟财产在实质层面上往往具有实体的存在,在形式上通过虚拟技术进行体现。综合虚拟财产形式上的数据性与实质上的财物性,笔者认为,虚拟财产属于一种新型的、数字化的“无体物”。虚拟财产(非绑定型虚拟财产)具有的可转移占有性,应当从实质层面进行展开,对虚拟财产的支配并不是对其中数据的支配,而是

---

① 参见两高《关于盗窃的刑事解释》第4条。

② 参见马永强:《盗窃罪中财产性利益占有的规范化解释进路》,载《政治与法律》2020年第3期。

③ 参见马永强:《盗窃罪中财产性利益占有的规范化解释进路》,载《政治与法律》2020年第3期。

④ 参见张明楷:《论盗窃财产性利益》,载《中外法学》2016年第6期;张明楷:《财产性利益是诈骗罪的对象》,载《法律科学(西北政法大学学报)》2005年第3期。

⑤ 参见马寅翔:《限缩与扩张:财产性利益盗窃与诈骗的界分之道》,载《法学》2018年第3期。

对数据之上所体现的实际的“财物”的支配，①但囿于虚拟财产形式上的“数据”特征，对于虚拟财产的“支配”，必然不是事实性的物理上的“支配”。要论证虚拟财产的“占有”“可转移占有”必须从规范性视角进行展开。

针对窃电行为，法国对其以盗窃罪进行认定，在相关裁判说理中，法官认为“电是一种可以占有的动产”②。既然作为无体物的电具有可转移占有性，笔者认为，与电相似，作为无体物的虚拟财产也同样具有可转移占有性。但学界普遍对包括虚拟财产在内的无体物占有质疑：肯定虚拟财产的可占有转移性，会导致占有概念扩张与观念化，会混淆两种不同的转移概念，导致盗窃罪构成要件的口袋化。“虚拟财产在一方账户上增加与另一方虚拟财产减少仅仅是观念财产转移”③，“虚拟财产的转移是代码对双方的数据进行修改的结果”④，这种观点实际上仅仅是从事实层面进行考量。

德日刑法理论中，占有的对象一直局限在“有体物”的范畴中。但当占有涉及“财产性利益”时，占有行为中的“事实控制力”不得不消解，从而必须求诸规范化的占有概念。除纯粹的事实占有论外，还有纯粹的规范化论，该观点认为占有的认定与事实上的支配要素无关，日常生活习惯、社会一般观念是判断占有的影响因素。批判纯粹规范化的占有概念的学者认为，采这种观点终会取消盗窃行为的定型化，在解释论上掏空盗窃罪的构成要件。若是打破他人占有要件，盗窃就被置换或者等同于损害他人的权益，这样一来，除一个权益损害的结果外，盗窃罪的客观构成要件内容再无实质性可言。⑤

笔者认为，纯粹的事实层面或者规范层面的“占有”概念本身就难以存在，占有不仅有事实上的考量，也有规范上的考量。即使是将对象局限于“有体物”，在占有松弛的情况下，以规范化的占有观念进行占有补强的观点，体现出其中的规范性元素，“社会一般观念”本身就是一种规范性的表达。虚拟财产的可转移占有性中，体现的是一种缓和的规范性占有。占有仍须以事实的、物理上的对虚拟财产存在控制、支配为前提，若是没有事实

---

① 虚拟财产的所有者当然掌握控制着虚拟财产对应的数据，但这种支配并没有讨论的意义，数据的移转并不会必然导致虚拟财产的移转，例如某些手游既可以在计算机终端上运行也可以在手机上运行，当切换设备时，服务器会向计算机端和手机端发送代码数据，但所有者对虚拟财产的支配并未发生任何改变。

② ［法］卡斯东・斯特法尼等：《法国刑法总论精义》，罗结珍译，中国政法大学出版社1998年版，第143页。

③ 徐凌波：《虚拟财产犯罪的教义学展开》，载《法学家》2017年第4期。

④ 欧阳本祺：《论虚拟财产的刑法保护》，载《政治与法律》2019年第9期。

⑤ 参见车浩：《占有概念的二重性：事实与规范》，载《中外法学》2014年第5期。

上的相关因素，行为人对虚拟财产不存在占有，或者不发生占有移转；但与事实性占有概念所强调的占有限于物理管控的有体物不同，虚拟财产中的规范性占有体现的是对虚拟财产实质层面的一种抽象的规范上的支配。例如，账号类虚拟财产的占有外观的事实要素包括账号密码、私钥的获知，账号的绑定等，一旦具备以上事实要素，则可以从规范性的视角认为对虚拟财产进行了占有。即使虚拟财产长时间未登录，只要掌握账号密码与绑定相关信息，即可推定其仍然被占有中。在未绑定账号，不能找回且丧失账号、密码的情况下应当认定其脱离占有。而虚拟物品的移转、账号密码的修改也可以规范评价为虚拟财产占有的转移。

3. 判断虚拟财产有无可转移占有性的要素

（1）是否存在可以转移占有的有效主体与对象

首先，运营商或者云服务器商是否也是虚拟财产进行转移占有时的参与主体？虚拟财产的占有转移在数据层面通常表现为：客户端进行操作后传送数据到服务器，服务器审查确认更改，再反馈到客户端。所以占有转移的过程会经过用户、网络服务器（运营商）。在采用云服务器的情况下，除了用户与运营商，云服务器商也会参与对虚拟财产的占有转移（支配）。上述任一主体实际上都在控制并支配着虚拟财产。用户是虚拟财产的所有者，运营商是虚拟财产的管理者，云服务器商虽然自身没有管理虚拟财产的权利，但实际上也在支配虚拟财产，介入了虚拟财产的转移。

笔者对运营商或者云服务器商参与虚拟财产的占有转移的观点持否定态度，因为运营商对用户身份信息仅作“形式审查”。以账号类虚拟财产为例，用户向服务器发出修改密码、解除绑定的请求后，服务器仅在形式上审查账号密码，而不会实质地审查账号密码背后的人与所有者是否为同一人。如果承认运营商或者云服务器在实际有效地支配虚拟财产，则会产生“服务器被骗”的情况。这似乎又回到“机器能否被骗”的老命题，但机器是不能被“骗”的，因为作为数据处理与存储的服务器并未达到“强人工智能”的地步。人工智能是指使机器像人一样去完成某项任务的软硬件技术。① 人工智能还可分为弱人工智能（ANI）、强人工智能（AGI）和超人工智能（ASI）。目前人工智能技术的发展还处于弱人工智能时代，基于服务商的计算机系统技术的限制，计算机仅能依据程序设定进行具体逻辑（弱人工智能）的判

① See Andrew Arruda, *An Ethical Obligation to Use Artificial Intelligence? An Examination of the Use of Artificial Intelligence in Law and the Model Rules of Professional Responsibility*, 40 American Journal of Trial Advocacy 443(2016). 转引自刘宪权：《人工智能时代的“内忧”“外患”与刑事责任》，载《东方法学》2018 年第 1 期。

断,而不具有抽象逻辑的功能,不具备“自主意识”(强人工智能)。虚拟物品、虚拟货币是仅依据预先设定好的系统程序而进行交易,并不会对虚拟财产交易的主体进行实质审查。虽然运营商能够通过后台人为地操作管理数据,但很难认定运营商每时每刻都处于对数据及时、有效支配的状态。

其次,绑定类虚拟财产因为不存在可以进行转移占有的交易系统,因而在事实上不存在发生转移占有的主体与对象。如上文所述,这类游戏中虚拟财产通常属于自我使用类型的虚拟财产,除非拥有管理员权限或者通过侵入修改代码的方式,否则仅能通过游戏内规定的方法获得虚拟财产。

最后,NPC(non-player character)是指游戏内的非玩家角色,仅能同NPC进行交易的虚拟财产也不存在可以转移占有的有效对象,因为NPC是运营商通过预设的程序设定的虚拟的角色,与虚拟角色的交易只是按照预设的程序将物品的代码删除并添加其他虚拟物品,与正常虚拟财产交易中的交换并不一样。

(2)能否进行完整的排他支配

有的学者认为,虚拟财产需要满足“与原占有人人身相分离”的条件才具有可转移性。例如,对于一些明星微博账号、知名UP主的B站账号,这类账号具有强烈的人身依附性,因为这些财产价值的产生是基于这些账号主播的人气,“即使行为人盗取此类账号,也无法获取该账号所具有的财产性利益”①。该学者观点实际上是指,虚拟财产须与原使用者的“身份属性”相分离,才能够进行占有转移。但笔者认为,行为人使用非法手段获取虚拟财产后,因为自己运营手段不佳导致虚拟财产的客观价值下降的行为不能够阻碍认定这类虚拟财产具有的占有转移性。虚拟财产的价值源自其效用,唯有对大众具有效用的虚拟财产才具有价值,从而更易引起图利的人犯罪。对于非法获取虚拟财产的人来说,并不因为账号具有人身性而产生犯意,而是贪图账号的粉丝数量、互动数量、影响力这些赋予账号价值的元素。

笔者认为,虚拟财产具有可转移占有性所需要的条件,不是与原占有人的“身份属性”相分离,而是与原占有人的“人身支配”相分离。即必须能够完全排他支配的虚拟财产才具备可转移占有性。例如,虚拟物品是否完全转移到他人账号内、账号类虚拟财产是否已经清除找回账号的相关信息与密保问题等、比特币的移转记录是否打包进区块(通常需要打包3个以上的

① 史雯:《网络空间中财产犯罪的占有转移》,载《重庆邮电大学学报(社会科学版)》2022年第2期。

区块,交易的对方才承认到账)。随着手机实名制的推进,通常网络账号会被要求绑定手机号码。假设该账号所绑定的手机号码不能换绑,在所有权人控制手机号码的情况下,即使虚拟财产账号密码被修改,也可以通过手机号码找回,此时虚拟账号并不具备“与原占有人的人身支配相分离”的可能,因此不能将该账号评价为“财物”。只有在手机号码丢失或者行为人掌握了申诉解绑手机号码的相关信息时,虚拟账号才具有“与原占有人的人身支配相分离”的可能。虚拟物品或者虚拟货币只要可以通过交易系统进行移转,便具备“与原占有人的人身支配相分离”的特征。

(3)不具有可复制性

虚拟财产的占有转移与单纯的“复制”是不同的。虽然在事实层面,虚拟财产的转移在程序代码的逻辑上体现为:首先在不同账户上复制虚拟财产的代码,其次在原账户数据上进行删除。但交易过程中代码的复制与删除并不是肆意的,虚拟财产自始至终数量、属性没有变化,以代码的复制与删除来否定虚拟财产的可转移占有性将与公众的观念不符。而能够肆意复制的代码,往往因缺乏客观性而不能被认定为虚拟财产。

“Steam”平台是一个专门供玩家购买游戏软件的平台。以该平台为例,在购买完一个游戏后,通常玩家的“库”会显示出一个新的游戏项目,这个游戏项目是不可以复制也不可以转让的。玩家能够通过该“库”的列表,来运行已经购买的游戏。而在运行前,平台会自动下载游戏软件,该游戏软件是可以在不同机器上复制的。除购买游戏使游戏库中增加新的项目外,如果在购买的过程中选择“发送礼物”,则在支付后,购买的游戏会自动生成一个“礼物包”,该“礼物包”可以赠送给他人。

也就是说,在“Steam”平台购买完一个游戏项目后,可能会出现三个需要评价的东西:游戏软件、游戏库中的游戏项目、可以转赠给他人的游戏礼包。第一,游戏软件因其具有可复制性而不具有可转移占有性。现实生活中盗版的游戏软件随处可见,通常以网盘或者CD光盘为载体,网盘和光盘的内容可以随意拷贝复制,因而也不具有稀缺性,不属于虚拟财产。对于盗版复制游戏软件的行为,应当以侵犯知识产权相关的犯罪进行处理。第二,游戏库中的游戏项目,无论玩家在哪个电脑,只要登录账号就可以启动游戏库中的游戏项目,因为其不可肆意复制的特征,所以具备客观性,应当属于虚拟财产。但因其不具有可转移占有性,因而不能将其评价为“财物”。第三,可以转赠的游戏礼包应当属于虚拟财产,也因其具有可转移占有性而能够将其评价为刑法上的“财物”。第一类与后两类的根本区别在于,是否能够进行无限复制。

（三）对不具有“可转移占有性”的虚拟财产的刑法评价分析

1. 间接地以财产犯罪予以保护

故意毁坏不能转移占有的虚拟财产的情况应当如何认定？笔者认为，绑定了的财物因其性质不具有可转移占有性，因而不能直接将其认定为“财物”。但可以通过网络账号对其间接保护。例如，行为人盗窃了他人账号，并将账号中的虚拟物品“销毁”，从而使账号失去了原先应当有的价值。如果损失的价值达到了构成故意毁坏财物罪数额的标准，则可以以该罪对其进行惩罚。但可以解除绑定的虚拟财产仍然可以被评价为“财物”，在某些网络游戏中，绑定装备是为了保证账号中虚拟财物的安全，通常解绑需要等待一定的时间，这并不影响该虚拟物品具有可转移占有性。

生活中存在获取他人账号后，恶意使用外挂或者游戏 bug，导致角色的某种状态丧失，或者账号被官方封禁的情况。对于角色的状态身份的丧失，同样可以将其评价为游戏账号的效用降低，在满足其他条件时，可以故意毁坏财物罪进行认定。

2. 以破坏计算机信息系统罪予以保护

对于非法获取大量他人账号并销毁很多绑定型虚拟财产，但数额又未达到故意毁坏财物罪的入罪起点时，应当以破坏计算机信息系统罪对该行为予以认定。例如，行为人出于降低游戏中敌方公会的排行榜中排名的目的，通过植入木马程序、散播钓鱼网站的方式，获取不特定的大量的账号密码，之后偷偷登录他人账号，故意毁坏具有效用的绑定的虚拟财产。在这种案例中，绑定型虚拟财产仍然有其形式上的数据性，对绑定型虚拟财产的销毁属于对计算机信息系统中存储的相关数据进行删除与修改。此外，侵犯不特定人的虚拟财产的行为也扰乱了公共秩序，以破坏计算机信息系统罪予以认定更为合理。

六、虚拟财产的价值认定

（一）虚拟财产的价值可以被客观证明

与“就让虚拟财产留存在虚拟世界中”的论调不同，现实生活中虚拟财产不可能仅仅停留在虚拟世界中。虚拟财产的所有者是现实世界中的人，虚拟财产与现实世界发生交集是不可避免的客观事实，这样也让虚拟财产的价值能够被客观证明。

1. 虚拟财产交易的广泛性为价值评估提供了参考

如上文所述，虚拟财产的效用性是虚拟财产具有价值的根基，效用决定了虚拟财产在网络交易市场中可以流通。以虚拟账号为例，截至 2021 年，互联网上网络账号交易平台包括二手交易平台已有数十家,其中既有传统的二手交易平台,①也有专门的账号交易平台。② 虚拟财产的流通不仅包括用户私下的交易,也有官方的网络交易平台的参与。例如网易游戏官方的"藏宝阁"平台,在官方平台中玩家可以只转移角色而不转移账号。这样既免去了事后账号找回带来的网络交易安全的风险,也通过官方的介入,让账号中物品、人物属性在交易页面中真实地展示出来,为不同账号比对与估价提供了方便。有的账号交易平台甚至直接集成了账号评估功能。

现实中存在大量的虚拟财产交易的事实与经验,也为虚拟财产价值评估模式的构建提供了基础。一般来说,网络账号类交易网站估价的参考因素包括:(1)账号中的虚拟物品,如"皮肤""装备"。(2)账号的状态、地位,如竞技类网络游戏中的"段位""胜率""历史价值"。③ (3)账号的粉丝数量与质量,如"抖音""快手"等短视频平台中账号的粉丝数以及粉丝与视频账号的互动。影响虚拟物品估价的因素包括:物品的品质、类型和属性等。不同网络游戏、平台价值的评估要素是不同的,但对于同一个游戏、平台所采用的标准是一致的。

个人价值观念或者情感,能否成为影响虚拟财产价值评估的因素?有的学者认为:"将客观上不具有经济价值但对所有人、占有人具有情感价值的特殊物品解释为'财物'是可以考虑的。"④"只有主观上与客观上都完全没有价值的东西,才不是刑法上的财物。"⑤生活中也不乏虚拟账号使用多年而被盗取的案例,而且现实中也存在有人出于"怀旧"心理,专门打造效用不高但有个人感情的虚拟物品。⑥ 如果认可个人情感与价值可以成为虚拟财产价值评估的因素,则会产生新的疑问,如何衡量个人感情的价值?使用时间、投入金钱需要达多少,才能使得市场上价值不高的虚拟财产符合财产犯罪中"数额较大"的要求?笔者认为,价值产生是因为虚拟财产具有效用性,但仅对个人具有效用的虚拟物品并不具有价值,因其所具有的价值并不为社会认可。唯有个人价值成了群体价值的一部分,才可以认定其具有价值性。例如,某一款以现实 NBA 联赛为基础制作的篮球网络游戏,某个退

① 例如闲鱼,闲鱼是一个综合的二手交易平台,不仅仅只交易网络账号。

② 例如 5173 平台、螃蟹交易平台。

③ 参见《LOL 总胜率 94.9% 的账号估价超过 3000》,载新浪网 2019 年 12 月 18 日,https://k.sina.cn/article_6587303734_188a2473600100lzbh.html%3Ffrom%3Dgame。

④ 付立庆:《论刑法介入财产权保护时的考量要点》,载《中国法学》2011 年第 6 期。

⑤ 赵秉志:《外国刑法各论(大陆法系)》,中国人民大学出版社 2006 年版,第 145 页。

⑥ 参见《梦幻西游:梦幻第一情怀玩家,弄到 0 级不磨无损武器,真稀奇》,载搜狐网 2020 年 1 月 10 日,https://www.sohu.com/a/367203698_120099903。

役球员(属于虚拟物品)因为能力值特别低下不具有很高的效用性,网络交易市场鲜有交易的记录,交易金额也很低。此时即使玩家因为个人情感原因为这个角色投入大量的金钱和时间,也不能以此认定该虚拟物品具有价值。但一旦该球员在现实生活中发生事故,该游戏玩家群体为了纪念该球员,而导致球员的游戏角色在交易市场上有了交易量和交易数额,①此时个人价值转变为群体价值,则虚拟财产的价值可以以市场价来客观评估。

2. 虚拟财产"价值"鉴定方式的多样性与评析

实践中,虚拟财产的价值评估存在多种方式。以盗窃罪为例,两高《关于盗窃的刑事解释》中提道,被盗的财物如果有"有效价格"的,依照"有效价格",如果没有"有效价格"的,则应当依照有关规定委托估价机构估价。其中"有效价格"表现为销赃价格、购进价、运营商销售价格、获益数额等。另据最高人民法院、最高人民检察院等部门联合出台的《扣押、追缴、没收物品估价管理办法》的规定,对于价格不明或难以确定的物品,应委托估价机构估价。有的学者对上述鉴定方式进行了分类,依据价格的认定方式不同将委托第三方认定的鉴定方式命名为"间接认定",将法官直接认定数额的方式命名为"直接认定"。② 即对于价格能够确定的物品,法院可以直接作出决定,直接认定模式下法官依据控辩双方提供的证据来确定虚拟财产的数额。价格相对确定的虚拟财产(如固定价格的虚拟货币)通常会采用直接认定的模式。在全国人大常委会《关于司法鉴定管理问题的决定》(2015 年修正)的规定中,仅对法医病理、法医物证等的鉴定明文规定要由司法鉴定部门作出鉴定报告,未规定物价鉴定也需要由司法鉴定部门作出,该规定也为法官采用直接认定的模式提供了依据。

但无论是直接认定模式还是间接认定模式都存在不足。

(1)直接认定模式下的缺点。正如柏拉图所谓,法官是一个法律专家,并非全知全能的"哲学王"。在虚拟财产认定上,法官不一定更了解或者具备相关专业的知识。让法官直接认定数额并不能保证鉴定结果客观与科学。

以销赃变现所得作为虚拟财产的认定数额,是司法实践中较为常见的方法。该方法虽然具有便捷性、效率性,但无法回避行为人所得与被害人损失并不同一的事实。财产犯罪的法益保护的是被害人的财产利益,不应当

---

① 例如,篮球竞技游戏"2konline2"中,作为虚拟物品的"科比"球员角色的市场价格因为科比·布莱恩特突然去世而大幅涨价。

② 参见刘品新、张艺贞:《虚拟财产的价值证明:从传统机制到电子数据鉴定机制》,载《国家检察官学院学报》2017 年第 5 期。

从行为人视角出发,以行为人获得了多大的利益而认定该财物的价值。此外,若是仅按照销赃的数额来认定犯罪的数额,则会造成数额认定的随机性。嫌疑人如果销赃手段高明,销赃所得高,则虚拟财产的价值便增加;如果销赃所得低,则虚拟财产的价值又由此降低,这是不客观也不合理的。而不同行为人的销赃价格也往往不一样,这会造成同一类型的虚拟财产在同一时期却有不同的价值认定,造成同案不同判的现象。

如果法官直接以运营商销售的价格来认定虚拟财产的价值,仍有问题。虽然游戏运营商为了维护游戏的正常运作,都会对虚拟财产以固定的价格标价出售,只要查证游戏运营商的价格就能确定犯罪数额。但是网络虚拟财产的价格是网络运营商追求利润的结果,网络虚拟财产的价格并不受其投入成本的制约,受到成本制约的是网络游戏软件的开发和运营成本,虚拟财产数量的增加或减少仅仅是代码数值的修改而已。因此运营商对虚拟财产的价格认定本身就带有主观性,并不客观、科学。例如,有的道具在游戏中往往要贵上不少,但是在市场上能少花费不少钱就可以购得。① 假设在商家定价与市场价差别过大的情况下,行为人盗窃虚拟财产,依照不同的价格认定,可能会得出有罪或无罪不同的结论,并不合理。

(2)间接认定模式下的缺点。以鉴定价格来认定虚拟财产的价值,缺乏统一的虚拟财产价值认定的证明标准。就国内现存的针对账号类虚拟财产的专门评估公司来说,各个公司的专业评估参数与标准都不一样,评估标准的科学性也不得而知,这也造成了法院对鉴定报告的采信处于谨慎的态度。在《中华人民共和国刑事诉讼法》(以下简称《刑事诉讼法》)上,涉案虚拟财产的价格鉴定属于刑事诉讼证据八大类中的“鉴定意见”。修改后的《刑事诉讼法》将“鉴定结论”修改为“鉴定意见”,意味着鉴定意见在刑事证据体系中的地位被弱化,鉴定意见成为诉讼证据及定案证据,仍然要经过法庭的司法审查。法庭可以对鉴定的结果不予采信。实践中,当鉴定意见和实际销赃的数额有较大差别时,法庭更倾向于否定鉴定报告。

此外,针对“比特币”这种违禁品,不应当直接或者间接认定其数额,而应以情节来量刑。由于国内禁止开展比特币相关的业务,在中国市场上难以找到正当的市场价。目前比特币与人民币之间是通过黑市上第三方货币,以间接的方式兑换,其价格并不具有稳定性。对侵犯“违禁品”的行为以情节来量刑也更符合司法实践中的习惯。

---

① 例如,游戏《魔域》中的魔石,通过官方直接充值的话,100 元人民币只能购买 2760 魔石,但通过市场交易 100 元人民币可以购买 3500 魔石。

综上所述,笔者认为,单一地以某种鉴定方式对虚拟财产进行认定是不合理的。对于虚拟财产的价值认定应当根据具体类型(是否属于违禁物),以鉴定数额为主,情节为辅的双层次模式进行。同时在鉴定环节上,应当类型化、规范化虚拟财产的鉴定方式。韩国是世界网络游戏产业高度发达的国家,在韩国的司法程序中,“虚拟环境管理系统”解决了虚拟财产的价值评估问题。① 我国在虚拟财产鉴定方面也可以借鉴韩国的经验。

(二)虚拟财产的价值鉴定模式

1. 构建类型化的虚拟财产数额鉴定模式

实践中鉴定指标的不统一,使得虚拟财产鉴定看起来似乎并不客观、科学,因而被采信的概率降低,对此应当统一虚拟财产的鉴定标准。虚拟财产的情况较为复杂,不能对其价值认定模式一概而论,笔者试着针对不同获得虚拟财产情况,提出不同的认定办法。

首先,针对运营商明码标价的虚拟财产,如果可以评价为“财物”,应当比对运营商给出的价格与虚拟财产交易市场中的价格。在二者不一致的情况下,应当优先以交易市场中的价格作为参考价格,因为可以转移占有的虚拟财产,会随着市场的调整来让价格达到合适的区位。在虚拟财产的网络交易中,交易平台往往有成熟的交易规则和模式。这种模式所形成的虚拟财产价格,是综合了虚拟财产所处的环境(虚拟财产出现概率、虚拟财产在大众面前的受欢迎程度)以及用户所花费的时间、精力成本得出的,而这个价格又通过了市场供求的调整,基本上可以准确地反映虚拟财产的价值。所以,市场参考价是最接近虚拟财产真实价值的价格标准。虚拟财产价值的认定范围,应以市场价为起点,以运营商规定的价格为终点,在这个价格区间内优先向市场价倾斜。需要注意的是,要区分虚拟财产的市场价与节日促销价格。市场价指平日中虚拟财产的价格,而节假日期间的折扣价,属于商家优惠让利活动,不能准确反映虚拟财产自身的价值。比如,商家在节假日期间,出于对游戏整体的广告效应等考量,可能会降低虚拟财产的价格,这种价格属于特定时段的价格,因而不属于真实的价格。

接着,在找不到市场价格的场合,再考虑玩家所花费的社会必要劳动时间。尽管虚拟财产的价值是来自其效用,但社会必要劳动时间能够衡量物品的稀缺程度,稀缺程度的高低同样也能影响虚拟财产的价值。在理想的模式下,可以通过统计的方法确定出获得虚拟财产所需的社会必要劳动时

① 参见吕辉、陈大鹏:《韩国虚拟财产保护与公证对我国的启示》,载《中国公证》2019 年第 11 期。

间。通过从游戏中选取足量的中等水平的用户，统计并计算他们在游戏中获得某个虚拟财产所需要的时间，接着根据该时间所用的平均上网费和游戏花费（在玩游戏也需花费的情况下），计算出必须支付的费用，将该费用作为该虚拟物品的价值的成本费用；接着再计算获得虚拟财产所耗费的时间所产生的增值部分，将成本费用与增值费用相加，得出虚拟财产的费用。但这种计算模式并不容易实行。其一，对于其中成本费用的计算较为方便，但对于增值费用的计算则仍有疑问。是类似"最低工资标准"式的，以整个游戏产业获得虚拟财产而单位时间所产生的收益为基准，还是以获得某样具体的虚拟财产而单位时间所产生的收益为基准？这需要对效率与公平进行衡量，并统一计算标准。其二，这种计算模式依赖于游戏运营商在其服务器中设定的数据，要实行计算必须得到游戏运营商的协助。因此，除非有法定的、负有监管职责的行政机关的介入，否则游戏运营商并不负有义务给出相关数据以进行虚拟财产价值的统计。

在域外，韩国的"虚拟环境管理者强制协助现实秩序管理"制度规定了网络游戏运营商及游戏设计者的义务，即必须在物价部门的指导下寻找游戏中的中等玩家，并对他们获取某件虚拟财产所耗费的时间进行统计，然后计算出平均时间值，在该游戏中专门公布并报物价部门备案。① 这种方法科学性较高，对虚拟物品价值的计算也更为精确，是比较可取的。我国可以借鉴这种方式来参与鉴定虚拟财产。从目前各主要游戏运营商的游戏运营规则来看，虚拟财产的取得规则都比较固定、统一，因此在一定时空范围内计算出社会必要劳动时间存在实现的可能性。但问题在于，在相关法律法规的规定前，网络游戏运营商并没有义务配合虚拟财产的价值鉴定。除非以法律的形式明确网络游戏运营商具有配合估价的义务和相关公权力机关参与估价的义务，才能够让这套模式运行。

其次，针对运营商明码标价，且不具有可转移占有性的"虚拟财产"，认定虚拟财产的数额则以运营商官方的价格为准。例如，行为人获取他人账号，登录后恶意销毁或者恶意使用虚拟财产的行为，在无市场参与流通的情况下，账号类的虚拟财产的价值处于相对稳定的状态，因此直接以运营商官方价格进行认定，数额最为合理。账号具有人身专属性，不能因为账号可以流转和市场估价，而优先以账号间的价值区间间接推测不可流转的虚拟财产的价值。但被"养号"的账户中的虚拟财产价值认定应当特别对待。现实

① 参见《东莞出台全国首个网络犯罪物品价格认定技术规范》，载腾讯研究院 2013 年 12 月 8 日，https://www.tisi.org/1663。

中存在网络运营商为了吸引玩家而免费发放不可流转的付费道具,有人借此“屯号”“养号”之后出售来谋取利润现象。对于以贩卖营利为目的,大量“屯号”“养号”行为中的虚拟财产的价值则应当以账号的市场价值来认定。

接着是运营商未明码标价,而由交易市场来调整其价值的虚拟财产。针对这种虚拟财产,应以合法交易情形下的市场价来认定。对于其中不可转移占有的“虚拟财产”的数额,应当参考交易市场中有无该“虚拟财产”的账号之间的价值差。当难以找到这种价值差时,应当参考玩家间获得该虚拟物品所投入的精力与时间和“代练、代打工作室”①给出的服务价格,在区间范围内进行认定。此外,由于一些游戏团体对虚拟财产的需求和供应数量相当庞大,因而成为这些工作室最主要的客户。在网络游戏中,有很多游戏者自发组织的战队、同盟、行会等游戏团体,这些游戏团体在初期阶段为了迅速升级,需要消耗大量的虚拟物品,而到了成熟期,他们又是虚拟财产的主要生产者,因此他们成为这些代练工作室大额买单和大额卖单的最主要来源。游戏工作室与下线或者上家,一般通过商业合同的方式出售虚拟财产,拥有一个固定的合同价格,因此,对于此类虚拟财产,可以根据其商业合同的价格确定虚拟财产数额。

最后,用户免费获得后,通过使用而逐渐升值的虚拟财产,最为典型的就是游戏账号。由于各个游戏账号内的情况复杂,很难在实践中找到两个完全一模一样的游戏账号,因此,游戏账号中所拥有的虚拟物品(包括账号状态)的价值是游戏账号价值评估的素材。在不能合理获得其中虚拟财产价值的情况下,应当参照市场上与该账号状态、情况相近的三个以上的虚拟账号的交易价值的平均值来认定游戏账号价值。

2. 构建“数额 + 情节”双层次的虚拟财产数额鉴定

“比特币”类型的虚拟货币属于刑法上的“财物”,但对“比特币”等虚拟货币,应当以情节而不是数额来进行量刑的认定,理由如下:

首先,对于窃取、骗取等侵犯违禁品的行为,司法解释未规定应当以其数额多少来进行量刑,而是以情节来量刑。例如,最高人民法院 2005 年《关于审理抢劫、抢夺刑事案件适用法律若干问题的意见》第 7 条中规定:“以毒品、假币、淫秽物品等违禁品为对象,实施抢劫的,以抢劫罪定罪;抢劫的违禁品数量作为量刑情节予以考虑。”最高人民法院 2008 年《全国部分法院审

① 所谓的“代练、代打工作室”是指因虚拟财产交易的巨大利润产生的、一些精通游戏内获取虚拟物品技巧的游戏工作室、销售代理商。除“代练、代打工作室”外,一些专门经营低买高卖、获取虚拟物品的“游戏工作室”往往拥有成百上千固定的“下线”和“上家”作为虚拟财产的销售对象和采购来源。

理毒品犯罪案件工作座谈会纪要》中规定："盗窃、抢夺、抢劫毒品的，应当分别以盗窃罪、抢夺罪或者抢劫罪定罪，但不计犯罪数额，根据情节轻重予以定罪量刑。"2013 年两高《关于盗窃的刑事解释》第 1 条第 4 款规定："盗窃毒品等违禁品，应当按照盗窃罪处理的，根据情节轻重量刑。"

之所以按照情节不按照数额来进行量刑，一方面是出于避免让公众形成"刑法保护违禁品持有的错误印象，而特意强调只能根据情节轻重量刑"的原因。① 另一方面是因为法律所禁止的虚拟财产，没有一个正常交易的市场。由于违禁品的价格往往差异巨大、黑市交易具有隐蔽性难以进行统计等因素，往往难以确认其数额。② 以我国为例，自从宣布比特币在我国属于违禁品后，比特币的价格立马发生暴跌。而比特币自身的价值也并不稳定，由于去中心化的特征，没有人能够对其币值进行管理。

其次，打击侵犯比特币的行为，是为了稳定社会秩序，而不是为了保护违禁品所有者的财产法益。因此受害者实际损失多少并不是量刑的唯一标准，而仅是衡量侵犯比特币行为的情节轻重的因素之一。

3. 减少虚拟财产价值鉴定结论不予采信的情况——构建多机关参与的鉴定模式

司法实践中法院往往出于各种因素对专业的虚拟财产价值评估公司的评估结论不予采信。在制度上，可以借鉴韩国的行政机关参与的模式，构建以行政机关参与价格指导制度，来确定科学、统一的虚拟财产价格，减少对鉴定结论不予采信以及做到同案同判。同时通过让公证机构参与刑事诉讼的方式来提高虚拟财产价格鉴定的合法性与真实性。

(1) 构建行政机关参与的鉴定模式

韩国所采用"虚拟环境管理系统"，是由网络安全和信息化部门主导的网络运营商参与的鉴定系统。在这种模式下公权力机关主导的鉴定模式给予鉴定结果权威性，网络运营商的参与提高了鉴定结果的科学与合理性。

我国 2010 年施行的《网络游戏管理暂行办法》(已废止)③第 19 条第 4 项曾规定，网络运营商需要"将网络游戏虚拟货币发行种类、价格、总量等情况按规定报送注册地省级文化行政部门备案"。虽然该条文未构建省级文化行政部门直接参与指导或者鉴定虚拟财产价值的制度，但也体现出国家

① 参见周铭川：《盗窃比特币行为的定性分析》，载《南通大学学报(社会科学版)》2020 年第 3 期。

② 参见涂龙科：《犯罪论中数额的地位》，载《法律科学(西北政法大学学报)》2012 年第 4 期。

③ 该规定废止的主要原因是文化和旅游部不再承担网络游戏行业管理职责，目前国内游戏行业监管职能主要由中共中央宣传部负责。

对于虚拟财产需要介入管理的态度。笔者认为，可以在立法上加强文化行政部门参与对虚拟财产的管理，通过立法设定文化行政部门对虚拟财产价格的指导权，以规范交易平台中的市场价格。同时规定，虚拟财产的运营商负有义务配合文化行政部门对其运营的虚拟财产开展价值鉴定工作，以向公众公示其指导价。

在具体的价值评估工作上，广东省东莞市 2013 年制定的《网络犯罪物品价格认定技术规范(试行)》第 4 条提出了成本法计算的方法。即以游戏开发商、运营商根据同样游戏水平的游戏者，获得此游戏装备所付出的劳动时间乘以单位时间的劳动价值来计算虚拟财产价值。劳动价值取该地区政府公布的最低劳动工资额。

笔者认为，直接以最低劳动工资额作为单位时间产生的劳动价值仍有些不妥。其一，这种做法忽视了虚拟财产产生的特殊性。虚拟财产并非在现实生活中产生，而是在虚拟世界中产生，虚拟财产的稀缺性及其价值受制于运营商的设定与玩家的游戏水平，因而应当至少统计出该虚拟财产类型的单位时间的劳动价值数额，才更为合理；其二，虚拟财产的鉴定并不是一个一劳永逸的过程，仅以该区域最低劳动工资额作为衡量的因素之一并不能动态地适配虚拟财产价格的变化。随着游戏环境的发展，虚拟财产的效用在游戏中也发生变化。虚拟财产价值的鉴定，一定是一个有固定周期且动态调整的过程，需要行政机关定期进行一次指导价格的颁布。笔者认为，行政机关参与鉴定的模式，不失为无法寻得市场价后的一个不错的评价方法。

(2)构建公证机构参与的鉴定模式

笔者认为，公证机构的参与能够更有利地减少我国司法实践中对虚拟财产价格鉴定不予采信的问题。

首先，虚拟财产的价值可以进行司法鉴定。从《全国人民代表大会常务委员会关于司法鉴定管理问题的决定》①中第 2 条第 3 项可以得出“声像资料”属于鉴定范围。根据司法部《声像资料司法鉴定执业分类规定》，声像资料司法鉴定包括录音鉴定、图像鉴定、电子数据鉴定三个领域。虚拟财产的价值认定是对虚拟财产信息内容层的价值评估，属于“电子数据功能性鉴定”的范畴，这是虚拟财产价值可以进行司法鉴定的法律依据。

其次，公证参与刑事诉讼在《中华人民共和国公证法》(以下简称《公证

---

① 参见《全国人民代表大会常务委员会关于司法鉴定管理问题的决定》，载中国人大网 2015 年 4 月 24 日，http://www.npc.gov.cn/npc/c198/200502/34c55f7ae9914a6995bac46554bf91b3.shtml。

法》)上具有可能性。《公证法》第2条规定:“公证是公证机构根据自然人、法人或者其他组织的申请,依照法定程序对民事法律行为、有法律意义的事实和文书的真实性、合法性予以证明的活动。”其中有法律意义的事实和文书并没有被局限于民事诉讼中,这是公证机关能够参与刑事鉴定的依据。公证机构对于虚拟财产价值予以公证的标准采用上述规定的类型化模式进行,发挥了公证员对证据进行监督的作用。

最后,公证的作用是能够加强证据的效力。公证书的主要作用是证明意思表示的真实性,任何公证事项经过依法证明,制作了公证书,确认了公证事项的真实性、合法性,就产生相应的证明效果。日本的证据理论上,将公证证明效力的发生机理归于推定,而没有将其认定为事实上的推定。① 二者的区别在于,若是将公正事实认定为事实推定,那么依据事实推定的要求,法官就可以根据自由心证,依据经验法则判定该推定成立与否。而在公证证明的场合,这种自由心证是受到限制的,法官没有依据经验法则加以判断的余地,推定应当直接成立。只有在反证成立的情况下,该推定才能被推翻。理论上这种观点被称为“法定证据法则说”,公证书效力的推定并非基于法定证据法则,而是基于法律上的推定,直接推定公证书所证明的事实为真。若是一方主张公证证明的事实不真实的,便发生证明责任的转换,其不能证明不真实的,便不能推翻该推定。当公证机构对虚拟财产的价值作出了公证后,除了公证程序、材料有重大瑕疵或者错误,法院原则上仍然应当采信该鉴定意见。

① 参见张卫平:《公证证明效力研究》,载《法学研究》2011年第1期。

第三章　网络犯罪中的义务犯

一、义务

（一）规范与义务

“法规范要么是禁止规范，要么是命令规范。通过禁止规范，特定的行为被法律所禁止；实施被禁止的行为，就构成违反法律。通过命令规范命令为特定的行为，则当事人不为应当为的行为，同样构成违反法律。所有不作为犯均是违反了命令规范的行为。”①一般而言，作为犯违反了禁止规范，不作为犯违反了命令规范。但是作为犯的构成要件并不能适用于不真正不作为犯，那么处罚不真正不作为犯的依据在哪，是否和罪刑法定原则相冲突？所以有学者指出不作为不仅违反了命令行规范，也违反了禁止性规范。②我国有学者进一步地指出了禁止规范和命令规范都依附于具体的情势。在此理论下，“不准杀人”可以通过作为的方式表现为行为人用绳子勒死了被害人，这违反了禁止规范；同时“不准杀人”也可以通过不作为的方式表现为母亲不给刚出生的婴儿喂奶，这违反了命令规范。不真正不作为犯违反的是禁止规范和命令规范背后的抽象裁判规范。这个理论揭示了行为规范的多样性、变异性，但是却忽略了裁判规范的可转换性，未能够真正揭露不作为犯和义务犯之间的灰色地带。

有部分学者认为刑法中所有的刑事犯罪都是建立在违反了一定的法律义务基础之上的，所以规范可以包含义务，所以将义务犯归为单独的犯罪类型没有必要。例如奥托（Otto）认为，“在刑法上，不论是作为犯还是不作为犯，又或是身份犯和非身份犯，根本上来说，这个行为最终违反的是隐藏在规范背后的抽象的共同法律义务，所有犯罪本质上都是对该义务的违反，并不是只有义务犯的不法本质才是对义务的违反”③。齐普夫（Zipf）和格赛尔（Gössel）也提出了类似的看法，他们认为所有的犯罪行为都侵害了一个前置于法规和构成要件的义务，事实上都是对某一个抽象义务的违反，刑罚

① ［德］耶赛克·魏根特：《德国刑法教科书》，徐久生译，中国法制出版社2001年版，第722页。

② 参见［日］大塚仁：《刑法概说（总论）》，冯军译，中国人民大学出版社2003年版，第135页；高铭暄、马克昌主编：《刑法学》（第3版），北京大学出版社2007年版，第76页。

③ Vgl. Otto, Grundkurs Strafrecht Allgemeine Strafrechtlehre, 7. Aufl, 2004, 5/10ff.

法规所规定的行为规范背后存在一个规范接收者必须遵从的义务——重视被规范所保护的法益,对这个义务的违反,无一例外地存在于支配犯和义务犯中,所以本质上义务犯和支配犯没有什么不同。①

我国学者何庆仁认为上述论者们关于否定义务犯存在的分析有一定合理之处。在具体情况下,刑法中的法规表现为对某种行为的规范,其中重要的是义务背后隐藏的禁令或命令,对于义务进行作为和不作为的区分并不重要,最终都是为了避免法益之侵害,映射到现代自由主义国家,根本性义务即回归到"不得伤害他人"的原则上。但是问题在于刑法中并不是只有"不得伤害他人"义务。义务犯中的特别义务和不得伤害他人义务是两种不同类型的义务,要严格加以区分。不得伤害他人的义务是因为行为人在自己领域内活动时侵犯到其他人的权益,必须要避免危害结果的发生;而义务犯中所违反的义务应当是积极避免一个即使与自己领域无关的义务,所以它是一项不同于"不得伤害他人"的根本性义务的义务。② 何庆仁教授对于义务和规范的关系给出了自己更深刻的理解,他认为刑法规范,无论是行为规范还是裁判规范都来自义务,或者说是在确认义务。作为和不作为义务不是规范背后的义务,而是规范的表现形式,消极义务和积极义务才是规范背后的义务。只有规范才能进行形式上的逻辑转换,而规范背后的义务不能进行互相转换,积极义务比消极义务的内涵更加广泛,两者不可能成为对方。③

(二)义务的来源

只有明确构成要件中义务要素的来源和前提,才能判定违反了该义务的人是否构成正犯。罗克辛(Roxin)教授认为义务犯违反的特别义务并不是直接来源于刑法规范的义务,刑法中的每一个罪名都是因行为人违反了相应的义务,教唆犯和帮助犯也同样如此,如果参与者的不作为规范也包含在义务效应内,即与它们的可罚性相违背。决定正犯的特别义务只有涉及体现正犯特别不法的义务以及涉及立法者角度上对行为人的限制这两种类型。④ 这种特别义务是刑法之外的,构成要件之前的义务,罗克辛教授模糊地指出例如民法、公法以及行业规范标准都可以构成义务犯中的义务。但是"刑法之外的义务"的观点引起了很多学者的批评,认为这样是倒退回了形式法律义务理论时期,例如我国台湾地区学者陈志辉和其老师许乃曼

---

① Vgl. Maurach/ Gössel/Zipf Strafrecht Allgemeiner Teil,Band,2,7. Aufl,1989,47/91.

② 参见何庆仁:《义务犯研究》,中国人民大学出版社 2010 年版,第 93 ~ 94 页。

③ 参见何庆仁:《义务犯研究》,中国人民大学出版社 2010 年版,第 155 页。

④ Vgl. Roxin,Täterschaft und Tatherrschaft,8 Aufl. ,2006,S. 354.

(Schnüemann)担忧这样会直接将其他部分法中的义务嫁接到刑法中,因为"并非任何一个公法上的行为义务都会造成刑法上的保证人地位"。何庆仁学者对此作出客观解释,公法上的行为义务只有跟刑法中的构成要件相结合时,才会构成义务犯中的义务,刑法不可避免地会和其他部门法产生重合,但是交叉部分的重点仍然是刑法的立场,不能简单地说刑法中的义务来源于其他的法律。①

后来,雅各布斯(Jakobs)教授在同样坚持机能主义刑法观的基础上,提出了规范的责任体系,行为人受到处罚的责任并不来自行为人本身,而是来自外部赋予的社会需要,"社会应该被理解为在框架之内规范性相互理解的世界,只有当创设了人格体的规范指导着交往时,社会才是现实的。"②根据雅各布斯的义务犯理论,决定义务犯的正犯性的根据是行为人违反了制度管辖层面上的团结义务。团结义务并不直接来源于其他部门法中具体的规范,更多的是,源自抽象的、法哲学意义上的制度,它源自群体在建设共同体实践中历史的、社会的要求。雅各布斯教授将义务犯中的义务限缩为不取决于私人情感,而是根据制度要求必须团结在一起的义务,克服了罗克辛教授关于"刑法之外的,构成要件之前"的抽象的说法可能导致的"退回形式法律主义时期"的弊端,从制度管辖层面上确定了义务犯中的义务。

二、义务犯与支配犯

(一)支配犯的例外:义务犯

义务犯这一概念最早由德国的刑法学者罗克辛教授1963年在《正犯与犯罪支配》(Täterschaftund Tatherrschaft)一文中提出。罗克辛教授认为犯罪支配的适用范围有限,不能涵括所有的正犯类型,突破了传统的正犯理论,认为正犯指"具体行为事件的核心人物"。根据构成要件的不同结构,可以将正犯分成支配犯、义务犯、亲手犯。犯罪支配理论并不适用于身份犯和不作为犯领域,所以不作为犯全部是义务犯。在某一类犯罪类型中,其构成要件排除支配犯正犯的判断准则的适用,行为人行为的外部特征对于立法者来说并不重要,制裁的根据在于行为人违反了立法者希望单独将他们视为符合行为事件的核心角色而设定的义务。行为人损害了其前行为构成性义务,且以作为或者是不作为的方式对结果作出了贡献,构成义务犯。例如,一个没有身份的行为人强迫具有身份的警察实施了刑讯逼供行为,没有

---

① 参见何庆仁:《义务犯研究》,中国人民大学出版社2010年版,第95~96页。

② 何庆仁:《特别认知者的刑法归责》,载《中外法学》2015年第4期。

身份的行为人在犯罪中起到了实质的犯罪支配作用，但《德国刑法典》第343条的规定只针对有身份的行为人，所以没有身份的行为人根据支配犯理论，并不能构成直接正犯或间接正犯。因此，罗克辛教授认为在这种以及类似情形下，决定行为人正犯核心的是特别义务，而不是犯罪支配，只要行为人违反了构成要件之前的义务，不论有无身份，即构成支配犯。

罗克辛教授义务犯理论体系中的"特别义务"以及"不作为犯均是义务犯"的观点受到了最多的抨击。后来，雅各布斯教授继承了罗克辛教授对于义务犯的研究思路，并在此基础上进行体系性思考和批判，形成了自己的义务犯理论体系。雅各布斯教授不认同罗克辛教授将不作为犯全部视为义务犯的理论观点，他提出了作为和不作为有着同样的归责基础，需要依靠组织管辖和制度管辖的标准加以判断。支配犯中决定正犯性的管辖，和组织范围拥有者的组织行为相连接，通过该组织行为是否支配了犯罪事件来判定是正犯行为还是参与行为。① 即支配犯的正犯在整个犯罪行为的因果流程中占据了支配地位，参与犯则不具有支配地位。而义务犯则是违反了具有制度关联性的积极义务的身份犯。"某些犯罪中，行为人虽然并未支配犯罪的因果流程，但是由于行为人负有特定的义务，其违反了特定义务侵害了法益，成为犯罪的核心，亦可成立正犯"②。两者的区别就在于义务犯的正犯所违反的义务不是组织范围确定的，而是制度之内所承担的社会角色的履行性要求。从中可以看出，雅各布斯教授强调了规范——管辖所确定的制度以及制度确定的规范是正犯的核心乃至整个犯罪论的核心。

（二）积极义务与消极义务

消极义务即不得伤害他人的义务（neminemlaede），在公元6世纪中叶以前就在罗马法中确立，并且成了一项传统制度，对后世的学者和法律制度产生了深远的影响。支配犯中的正犯来源于行为自由而导致的结果责任（组织管辖）的二元范畴。拥有广泛行为自由的人，组织了活动，应当对自己的自由行为所产生的结果承担责任，其中责任就产生于"法的命令是：成为一个人，并且尊敬他人为人"③，也就是黑格尔意义上的每一自由意志的人格也应互相承认并尊重他人也是一个自为的存在自由意志的人格，并承担避免破坏他人组织的消极义务。

相反，义务犯中的正犯责任性是源自自由制度要求的积极义务，即生活

① 参见何庆仁：《德国刑法学中的义务犯理论》，载陈兴良主编：《刑事法评论》第24卷，北京大学出版社2009年版，第25页。

② 孙立红：《论共同犯罪中的不作为参与》，载《法学家》2013年第1期。

③ ［德］黑格尔：《法哲学原理》，范扬、张企泰译，商务印书馆1996年版，第46页。

在紧密共同体中的人们应当相互奉献,“建设一个共同的世界”的义务。一旦进入了某个特定的制度,就因此对特定法益负有特别义务,只要违反了特别义务,即使结果的发生并不是因为行为人的行为产生的,也需要承担责任(制度管辖)。积极义务远远超出“不得伤害他人”的消极义务的约束范围。人们要根据“自然的亲密关系”“帮助他人”“对他人做一些良好的、对的事情”等承担让人团结在一起的义务。例如父母对子女的积极义务,不仅是因为父母的组织行为(给予子女生命)形成的,婴儿出生后父母由于组织行为产生的积极义务就消失了。后续保护义务是因为父母子女关系制度性形成的,这种积极保护义务的来源完全不同于“不得伤害他人”的义务。积极义务的范围是国家和社会自发形成的,而不是法律确定的。

消极义务并不等同于作为犯的不作为义务,同样积极义务也不等同于不作为犯的作为义务,消极和积极义务关乎于刑法的归属原理,而作为和不作为只是刑法规范的不同表现形式。因此本书更赞同雅各布斯教授的义务犯理论体系。雅各布斯教授对义务犯理论完善的最大贡献之一在于他提出了“和他人共同建设一个共同的世界”的团结义务。“团结义务与个人的情感无关,而是制度的要求,这里的作为义务是一种因为进入了一定的制度,所以对特定的法益负有专属的、特别的、积极的义务(因为共谋而进入),由此,即使结果不是行为人的行为造成的,也必须基于制度管辖为此负责。”① 雅各布斯教授超越了罗克辛理论中的特别义务仅决定犯罪的正犯性,认为违反了团结义务不仅决定了犯罪的正犯性,也决定了该犯罪行为的可罚性。

一般来说,积极义务是绝对的和无条件的。但是刑法中的义务犯是“特别义务犯”,即通过立法和解释将积极义务个别化,让“共同建设一个世界”中的某个特别的义务落实到某一类或者几类特殊主体身上,例如司法工作人员、消防员、军人,等等,并不是所有的人都对这个特别义务负有责任,而承担了相应角色的人是在某个时间段才对这个特别积极义务负有责任。

(三)义务犯与支配犯的竞合

义务犯和支配犯可能存在交叉竞合,某一犯罪行为可能违反了特别义务,同时又体现出犯罪支配的特征。例如父母溺死刚出生的婴儿,此时,父母溺死婴儿的行为外在地看,违反了父母对婴儿的积极保护义务,并且父母在这个过程中也直接支配了犯罪的因果流程。对于义务犯和支配犯的竞合处理充满学说争议。一种观点是想象竞合说,父母溺死婴儿的行为不仅是积极伤害他人的行为,也是消极的不作为行为,两个行为属于想象竞合的关

---

① 何庆仁:《义务犯研究》,中国人民大学出版社 2010 年版,第 257 页。

系。我国学者未明确论述过这一观点,但张明楷教授在探讨有身份者和无身份者共同犯罪时曾提出:“投保人为了骗保与保险工作人员结合时,一方面在保险诈骗罪的范围内成立共犯,另一方面在职务侵占罪或贪污罪的范围内成立共犯,需要比较两者法定刑的轻重”①,这实际上承认了想象竞合的处理规则。

另一种观点是法条竞合说,持该观点的学者认为,违反特别义务的行为本身就会产生包容关系,这是由积极制度和消极制度决定的,和他人共同建立一个世界本身包括了不得伤害他人的要求。我国也有学者赞同这种说法,认为“分别具备特别身份和一般身份的共犯人构成之罪的行为特征相同或类似,其触犯的法条属于特殊法条和一般法条的关系。例如国家机关工作人员与军人勾结共同故意泄露国家秘密,虽然两者同时具备了对方的主体资格,但应按照特殊法条优于一般法条的原则,以泄露军事秘密罪对两个主体定罪”②。何庆仁教授指出义务犯和支配犯的竞合是义务犯以支配意义上的行为违反义务而产生的竞合,而不是行为人触犯的不同罪名之间是法条竞合还是想象竞合的关系,且应当先判断法条之间是否竞合。③ 笔者赞同这一观点,正如前文所述,积极制度本身就包容了消极制度的“不得伤害他人”的消极义务,违反义务犯中特别义务的行为不应当在支配犯意义上再被评价。正如父母将刀递给杀害自己婴儿凶手的行为本身就违反了父母对婴儿的积极保护义务,是义务犯的正犯行为,该行为不能在支配犯意义上再被评价一次,否则任何一个义务犯的作为行为都是作为与不作为的想象竞合。只要行为人的行为同时满足同一罪名内部行为的支配侧面与义务侧面,并且具有法条上的关系,应当承认其构成竞合。

三、义务犯与身份犯及不作为犯的关系

(一)义务犯与身份犯的一般关系

义务犯与身份犯有着密切的联系,但是两者到底是什么样的关系,学者们各执己见。有学者将义务犯等同于身份犯,认为“由于此特别犯资格,是存在于刑法以外之义务地位的,实应将此特别犯概念称为义务犯,较为妥适”;也有学者认为身份犯属于义务犯的上位概念,“身份犯之‘行为主体资格限制’范围之较义务犯之‘特别义务’为大,且系得将其完全涵括在内,义务犯之概念应当作为身份犯之下位观,不宜以单独立场来看”;还有学者认

---

① 张明楷:《刑法的基本立场》,中国法制出版社2002年版,第281页。

② 王作富、庄劲:《共同犯罪与构成身份新论》,载《人民检察》2003年第11期。

③ 参见何庆仁:《义务犯研究》,中国人民大学出版社2010年版,第307～308页。

为身份犯才是下位概念，义务犯属于上位概念，“在义务犯的犯罪类型中，有可能同时存在身份犯与己手犯之性质，甚至是一种不可分离之性质”①。

在罗克辛的义务犯理论中，身份犯都属于义务犯，只要违反了特别义务，原则上都构成义务犯的特别正犯。因为义务犯中的特别义务和可罚性基础并没有关系，只是和判断正犯准则有关。但是，雅各布斯教授认为义务违反同样也是可罚性基础和归属原理，身份犯和义务犯之间不能直接画上等号，两者之间有一条明确的界线。身份犯仅仅涉及正犯范围的外在限制，而义务犯则涉及内在的整个制度支撑。以制度管辖为基础的狭义的身份犯才是义务犯，这时身份犯背后的义务是积极义务，例如遗弃罪。以组织管辖为基础的广义的身份犯属于支配犯，这时其他身份犯违反的实质是“不得伤害他人”的消极义务，例如强奸（男人）罪等。笔者赞同雅各布斯教授观点，义务犯和身份是两个不同的属性概念，彼此都不是对方的上下位概念，身份犯（包括纯正身份犯和不纯正身份犯）可以是义务犯，也可以是支配犯。

（二）不作为犯是否全是义务犯？

义务犯理论的提出在某一程度上消减了不作为犯的理论地位，义务犯的提出者罗克辛教授将全部不作为犯都视为义务犯，因此同义务犯的判断准则一样，不作为犯正犯准则也是义务违反。后续雅各布斯教授对此进行反驳，认为义务犯和不作为犯是相互交叉关系，作为和不作为只是行为的外在表现形式而已，其现象上的差异并不能确定该犯罪是支配犯还是义务犯，两者具有同样的归责基础，作为或不作为的方式都有可能构成支配犯或义务犯。对于义务犯而言，只要违反了积极义务就是义务犯的核心人物，不论是否支配了法益侵害的因果流程，也不论是以作为的方式或是以不作为的方式违反的。

如果行为人的不作为行为违反的是积极义务，应当适用义务犯的正犯准则；如果行为人的不作为行为违反的是消极义务，应当适用支配犯的正犯准则。支配了犯罪因果流程的成立不作为的正犯，未起到支配作用的则成立不作为的教唆犯或者帮助犯。例如父亲在看到凶手杀害自己年幼的智障儿子时，能够救助却不救助的，成立义务犯的正犯，虽然该父亲没有直接支配案件的因果流程，只是以不作为的方式促进了他人支配犯罪的实现，这看似是参与行为，实际上该父亲的不作为直接违反了制度要求的父母对未成年子女的积极保护义务。因此，不论他是否支配了犯罪因果流程，都构成义务犯的正犯。

① 何庆仁：《义务犯研究》，中国人民大学出版社2010年版，第287页。

主张义务犯理论的学者们否认义务犯正犯具有减轻刑罚的可能性，认为不必在刑法总则中作出从轻处罚的特定规定，直接按照刑法分则的规定处罚即可。因为违反积极义务和违反消极义务涉及的是两种平行的归属原理，不应当在处罚轻重上有所区别，甚至在特殊情况下，义务犯的处罚应当重于支配犯，所以不作为的义务犯正犯也不应当减轻处罚。而支配犯中的不作为犯，在各国往往倾向于从轻或减轻处罚的原则，我国的司法案例中对于不作为犯也大多倾向于从轻处罚。

四、关于我国刑法中义务犯理论借鉴的可行性思考

自从何庆仁教授首次系统性地在我国刑法学界提出了义务犯理论之后，引起了学者们广泛的争论，对于义务犯理论在我国刑法学体系是否有研究价值各执一词，但义务犯规范的、机能的刑法思维方法的确是有益于传统的刑法学思维方法的改进。

（一）我国的犯罪参与体系为借鉴义务犯理论提供了前提和基础

理论界对于我国的犯罪参与体系是单一制还是区分制颇有争议，从现有的刑法规范条文①来看，既有按照作用分类的主、从犯，也有按照分工分类的教唆犯、组织犯。赞同单一制的学者们认为现行的刑法规范中并无区分正犯和参与犯的必要，我国的刑法条文中也没有正犯的相关概念。对共同犯罪人的处罚是按照犯罪人在犯罪中起到的作用大小来决定的，并不是按照犯罪人的参与形态确定的，且就算被教唆者没有犯被教唆的罪，而是犯了其他罪，教唆者也会受到处罚。坚持区分制的学者们则认为教唆犯的规定为正犯和狭义的共犯提供了依据，刑法分则对于正犯具体构成要件的规定，逻辑上并未包含教唆等共犯行为，共犯要从属于正犯，需按照刑法总则的规定定罪。② 并且规范条文中包括了组织犯和帮助犯，只是未明确使用相关概念。③ 我国犯罪参与形式为区分制的观点占刑法学界主流，虽然我现行的刑法条文中并未明确使用正犯与共犯的概念，但正如陈兴良教授指出的那样，刑法总则中对于共同故意犯罪的规定是按照分工分类的方法，实际上承认了区分制；刑法分则的体系是“单独犯的既遂”④模式，即正犯的具体构成要件规定，共犯需要按图索骥找到刑法总则的规定，因此我国现行的

---

① 参见《中华人民共和国刑法》总则部分第 26 条、第 27 条、第 28 条、第 29 条。

② 参见陈兴良：《刑法教义学》，中国人民大学出版社 2010 年版，第 638 ~ 639 页。

③ 参见陈兴良：《共同犯罪论》（第 2 版），中国人民大学出版社 2006 年版，第 169 页。

④ 钱叶六：《中国犯罪参与体系的性质及特色——一个比较法的分析》，载《法律科学（西北政法大学学报）》2013 年第 6 期。

刑法体系为区分制提供了一定的法律依据。

(二)现有刑法条文的规定为借鉴义务犯理论提供了实质性依据

刑法学学者布罗伊(Bloy)总结了义务犯在德国刑法典中的三种表现形式:(1)法条明确规定了义务犯作为构成要件要素,但违反义务的方式是不固定的、开放的;(2)行为人的特别地位可以推导出专属义务,且正犯行为包括未支配犯罪的行为;(3)义务人的特别地位可以指向义务违反,但法条明确列举了犯罪支配行为的实施方式。① 上述三种表现形式都可以在我国刑法中找到相应的条文,例如我国《刑法》第169条之一对应第一种表现方式,将上市公司董监高违反忠实义务明确规定为构成要件要素,对违反的方式却不限制;第248条对应了第二种表现方式,法条规定了监狱、看守所等监管机构的人员的特别地位,从中可以推导出他们的特别义务,且将“指使”等价于支配行为;与第三种表现形式对应的有第399条、第410条规定的司法工作人员和国家机关工作人员的职务犯罪,从他们的特殊地位中可以推导出其应承担的积极义务,同时立法者又限制性地将几种支配犯罪的行为规定为正犯,如徇私枉法、徇情枉法等。相关的法律依据远远不止上文提到的几条,可以看出我国刑法中存在大量的关于身份犯和不作为犯的法律条文,这为义务犯理论在我国的刑法学上的研究提供了广阔空间。

任何理论的适用都不是一蹴而就的,在发源地德国,义务犯理论也是逐渐才被学者们接受的。虽然我国在制定刑法时没有以义务犯理论作为指导思想,但义务犯理论对我国未来的刑法学体系的发展和完善具有重要意义。当今,随着信息网络技术的高速发展,社会生活更加复杂,犯罪类型也随之复杂,我国进入“以刑治网”的时代,网络安全对国家安全提出了挑战,不可否认的是传统的犯罪支配理论是无法解决现在出现的所有犯罪问题,尤其是在大量出现的不作为和共同犯罪的网络犯罪中,仅靠事实支配理论很难为这些犯罪提供正当化惩罚依据,例如“快播案”等案件的发生带来的巨大争议。传统罪名对于违法信息在网络空间的大肆传播难以进行有效规制,若行为人利用网服务提供者或者网络服务提供者自己主动在网上传播违法信息,但该违法信息并不属于虚假信息,则无法适用编造、故意传播虚假信息罪或其他传统罪名对该类社会危害性严重行为进行有效规制。甚者,在“互联网+时代”,传统支配犯理论下的罪名根本无法对网络用户的隐私信息加以全面保护,简单禁止网络服务提供者非法出售和提供公民信息显然无法打击网络服务提供者泄露的行为,因此义务犯理论的合理借鉴和适用

① 参见何庆仁:《义务犯研究》,中国人民大学出版社2010年版,第120页。

对我国当下更加复杂化、偏向网络化的刑法犯罪治理与维护网络安全,有着不可小觑的作用。

互联网3.0时代的背景下,纯正的和不纯正的网络犯罪都爆发式增长,对传统犯罪理论发出了巨大挑战。信息网络使用革命性的连接方式对人类社会的组织形式产生了巨大的变革,主体从消极地收发信息转变成了积极地信息交互,创造了网络空间结构中的巨大信息流动量。在信息流动过程中,网络服务提供者相当于中介,承担了主体之间连接和交互的基本功能,是治理该类网络犯罪的关键。因此,现代刑法为其设置了法定的义务。2016年我国第一部《网络安全法》发布,其中第三章、第四章、第五章分别为网络运营者和网络服务提供者设定了网络运行安全和信息安全的保护义务以及不作为行为相应的法律责任。而后,《刑法修正案(九)》突破传统的加害与被害二元结构,明确为网络服务提供者设置了信息网络安全管理义务,将整个网络服务提供者纳入归责体系。

五、义务主体的类型化思考

(一)网络犯罪的新型主体:网络平台

在网络进入3.0的时代背景下,明显区别于计算机犯罪,网络犯罪是指违反国家法律、行政法规,发生在虚拟的网络社会空间,且是以人工智能和大数据为特征的智能化网络科技犯罪。① 不同于传统犯罪中"自然人—单位"的"二元"犯罪主体格局,独立于传统的物理社会空间的网络社会空间被犯罪人利用,成为犯罪的高发场所,且网络远程犯罪的多对多、一对多的离散性特点使得网络平台成为网络犯罪中的新型重要主体,构建了"对象型、工具型、空间型"②三维结构的网络犯罪格局。在集中阶段的互联网时代,网络平台具有较强的集中性,对平台上的信息具有相对较强的掌控能力,便于管理,例如线上的大型新闻媒体网站与线下的报纸、电视在功能上和责任承担上基本相同。法律的追责模式从线下的"直接取下"模式发展为"通知取下模式"③,例如《民法典》第1194条规定的侵权责任和《刑法修正案(九)》中规定的刑事责任。但是随着互联网的进一步革命,网络架构呈现分散趋势,网络世界的参与者获得了前所未有的信息直接沟通交流的平等程度,每个参与者都能以较低的成本介入网络,"点对点"(P2P)的技术模式使得网络媒介逐渐"去中心化",个体之间的沟通可以省去一系列冗杂环节,变得更加简

---

① 参见刘艳红:《网络犯罪的刑法教义学研究》,中国人民大学出版社2021年版,第98页。

② 姜瀛:《"以网管网"背景下网络平台的刑法境遇》,载《国家检察官学院学报》2017年第5期。

③ 刘艳红:《网络犯罪的法教义学研究》,中国人民大学出版社2021年版,第139页。

单直接。在P2P环节中,平台实际上成了关联个体的“第三方”,“第三方”的定位决定了平台根据法律规范应当负有的第三方义务,从而导致了集中趋势下的“通知取下”模式也在不断遭受挑战。从集中到分散的网络架构中,网络平台的管理和控制能力是呈递减趋势的,中立地位越发明显。而在转变过程中,网络平台的义务也应当随着网络架构的分散化而限缩。

有学者试图将网络平台划分为“自供自给”型和“引导交换”型两大类。“自供自给”型的特征在于平台承担收集和提供资源的功能,例如新浪门户网站等;而“引导交换”型的平台自己并不承担供给的功能,只引导个体之间的交换,如闲鱼网、淘宝网等。① 但实际上,“自供自给”型不具备“点对点”的基本属性,就是集中阶段的互联网平台,属于传统的大型网站范畴,与线下平台的责任承担能力和地位相类似。而互联网3.0的时代,网络架构分散化,网络平台更接近于“引导交换”型的功能,包括淘宝、闲鱼、京东、支付宝等网络交易平台;百度网盘等资源共享平台;百度、谷歌等搜索引擎平台;抖音、快手、小红书等自媒体、直播综合平台;世纪佳缘、百合网等交友平台;微信、微博等言论平台以及其他网络平台。随着不同平台功能的分化和细化,很多平台的部分功能趋于重合,例如抖音、微信的自媒体视频推荐功能。国内的第一电商平台——阿里巴巴,其创造的阿里“商业帝国”,拥有堪比中小型国家拥有的巨大资本量,内部的企业运营构造复杂,拥有制定规则、实施惩罚的权力,其综合化的网状功能在经济生活中占据重要地位。阿里巴巴的商业平台对在其平台上存在过的交易信息更是具有绝对的掌控能力。

在网络社会空间中,平台成为网络犯罪最重要的承载体,不仅是违法平台的出现,合法的平台也有潜在的犯罪风险。互联网3.0时代的飞速发展,颠覆了传统的现实物理社会,彻底动摇了传统犯罪的行为范式,几乎所有的刑法传统犯罪都出现了网络化的特征。鉴于网络本身的隐蔽性和易伪装性,犯罪人将原来在物理空间的犯罪行为全部或部分转移到网络空间,网络的工具属性被发挥到极致。平台甚至会异化成犯罪人的帮手,从“无意识的工具”转变为“有意识的主体”。这些无不表明在互联网变革中,平台成了独立的、全新的“犯罪主体”。网络犯罪通常是以平台向外辐射,相较于传统犯罪,其犯罪范围和危害程度更难估测和控制,所以平台的作用越发凸显,随之而来的是,平台在网络犯罪治理中的责任也应当增加。尽管有部分学者基于平台的义务履行能力、履行成本、市场营利主体的局限性等因素质疑

① 参见谢君泽:《网络平台的法律责任界定——兼评“快播”案与百度贴吧事件》,载《中国信息安全》2016年第2期。

平台监管责任的“超强度性”，但不可否认的是，网络平台与政府已经在事实上成为并行于网络空间和社会中的“共治主体”。无论是基于强化第三人责任以控制违法犯罪行为的功能主义论，还是基于犯罪评价的社会危害性论，都将网络平台的信息网络安全管理义务推向网络空间治理的前台。① 通过具有技术优势和控制地位的网络服务提供者来遏制网络犯罪，成了全世界普遍的刑事政策选择。② 例如欧盟2013年发布的网络安全战略中提出主要的互联网企业及公共管理机构需要评估风险并采取适当措施，以及发生重大安全事件后的报告义务。土耳其2007年通过的《互联网法》规定行为人在网络发布某类违法内容，要受到刑事处罚，同样，互联网服务商若是拒绝封堵违法内容，其管理者或所有者可能被判处监禁六个月到二年。韩国《青少年保护法》、《推进信息与通信网络利用与信息保护法》修正案规定互联网服务商有责任使不当的内容不能在其平台上被访问，网站如果不阻止“欺诈”或“诽谤”类帖子的传播，可能会被罚款，最高可达3000万韩元，网站可能被关闭，如果网站在这个过程中还涉及不当操纵搜索结果，可以被判处一年以下的监禁和1000万韩元以下的罚金。③

同样，我国也在众多法律、行政法规中对互联网平台进行了规定，其中最全面、最强化规定互联网平台监管职责的当属《刑法修正案（九）》。《刑法修正案（九）》增加了三个关于网络犯罪的罪名，分别是拒不履行信息网络安全管理义务罪、非法利用信息网络罪、帮助信息网络犯罪活动罪。《刑法修正案（九）》的修改完善了惩治网络犯罪的规范，回应了我国当前对网络安全加强刑法配套的强烈需求。拒不履行信息网络安全管理义务罪第一次在立法层面上将信息网络安全管理义务正犯化，是我国典型的义务犯。④ 网络平台是网络服务提供的主要主体，也是特殊主体，其承担了庞杂的法定监管义务，在特定情况下，对于其所建立或管理网络平台内出现的危害后果需要直接承担刑事责任。

但是信息网络安全管理义务却不完全等同于《网络安全法》规定的网络安全保护义务。对于“信息网络安全管理义务”的内涵，法条却没有进一步明确规定，相关司法解释等规范性文件中也未对此作出详细解释，信息网络安全管理义务内涵和外延不明确可能导致义务范围内容被无限扩大，被滥

① 参见于冲：《网络平台刑事合规的基础、功能与路径》，载《中国刑事法杂志》2019年第6期。
② 参见涂龙科：《网络内容管理义务与网络服务提供者的刑事责任》，载《法学评论》2016年第3期。
③ 参见周汉华：《论互联网法》，载《中国法学》2015年第3期。
④ 参见陈兴良：《网络犯罪的类型及其司法认定》，载《法治研究》2021年第3期。

用的可能性增加。学者在刑法教义学的规范上认为可以将其限缩理解为网络信息安全的保护。① 也有观点认为信息网络安全管理义务的内涵是“法律和行政法规规定的、主动监管信息网络安全的义务”②。根据罪刑法定原则的要求,刑法规范应当具有明确性。我国的刑法体系语境下,信息网络安全管理义务从法律和行政法规中的“信息内容管理”扩张为“信息传播治理”,而且义务主体仅限于网络服务提供者。我国《刑法修正案(九)》中将“经监管部门责令采取改正措施而拒不改正”作为对网络服务提供者的归责条件,意味着只要网络服务提供者经监管部门责令采取改正措施而改正即可免责,这其实排除了信息网络安全管理义务中对于犯罪风险的主动监测,将义务限缩在了网络信息安全保护的范畴,也就是说拒不履行信息网络安全管理义务罪中创设的是网络服务提供者刑事作为义务的“网络信息安全保护义务”③。

(二)网络服务提供者分类

当下,我国互联网领域的立法仍亟待完善,现有的法律条文中并未对信息网络安全管理义务的主体进行相应界定。《信息网络传播权保护条例》《刑法修正案(九)》等一系列法律规范中使用了“网络服务提供者”(internet service providers,ISP)这一概念,但可惜的是,这些法律规范没有对其具体的内涵进行解释,而《网络安全法》中也只是笼统地提出了“网络运营者”的概念,理论界也没有一个统一的权威解释。目前,学界大致存在广义和狭义两种角度的界定,广义的网络服务提供者是指专门为社会公众提供网络信息通信服务,并保存所有经过自己构建的网络空间的用户留下来的信息轨迹的“守门人”④,具体包括但不限于网络接入服务提供者、网络空间提供者、搜索引擎提供者、传输通道服务提供等媒介双方当事人的主体以及内容服务提供者。⑤ 狭义的网络服务提供者和广义网络服务提供者的主要分歧在于内容服务提供者是否包含在网络服务提供者概念之中。持狭义说观点的认为网络服务提供者与内容服务提供者不是包含与被包含的关系,而是处于同一层级的法律概念。⑥

---

① 参见敬力嘉:《信息网络安全管理义务的刑法教义学展开》,载《东方法学》2017 年第 5 期。

② 王文华:《拒不履行信息网络安全管理义务罪适用分析》,载《人民检察》2016 年第 6 期。

③ 敬力嘉:《信息网络安全管理义务的刑法教义学展开》,载《东方法学》2017 年第 5 期。

④ Christoph Demont-Heinrich, *Central Points of Control and Surveillance on a“Decentralized”Net*, INFO, Iss. 4, 2002, at 32, 33.

⑤ 参见王胜明:《中华人民共和国侵权责任法解读》,中国法制出版社 2010 年版,第 180 页。

⑥ 参见郭泽强、张曼:《网络服务提供者刑事责任初论——以中立帮助行为的处罚为中心》,载《预防青少年犯罪研究》2016 年第 2 期。

本书赞同广义的概念界定,随着网络服务的复合型发展,互联网服务商不仅提供一种或两种服务,而是趋向于提供多种复合型服务,例如新浪网、腾讯公司,同时提供搜索、信息内容服务在内的多种服务,内容服务提供者应当属于网络服务提供者的下位概念。但是本书主要探讨的是网络服务提供者的监管义务,并非网络服务提供者自己发布违法信息。内容服务提供者若成为违法信息的制造者、犯罪活动的直接实施者,刑法为其配置了独立的刑事责任条款,其刑事责任依照传统的犯罪支配理论可以定罪处罚。所以本书主要在狭义的观点上讨论网络服务提供者的刑事责任,书中所指的网络服务提供者不包括参与内容制作的网络中介服务者。不同类型的网络服务提供者在网络中提供的服务不同,享有的地位不同,监管和控制的能力也不相同,其业务活动可能造成的社会危害结果更不相同,不同类型的网络服务提供者有着不同的法定义务,因此需要在对网络服务提供者进行类型化的基础上为不同的网络服务提供者设定法定义务。

1. 现有的理论争议

基于不同的分类依据,学者们对网络服务提供者的划分大不相同。

传统的分类根据避风港原则,以"内容管理"为核心,以对信息内容的介入积极性为标准,进行划分,类型化的框架下分别明确各自是否应当承担内容管理义务。① 例如,德国和欧盟法律中的内容提供者、缓存服务提供者、存储服务提供者、网络接入服务提供者的四分法以及美国《数字千年版权法》中网络信息内容提供者(自己组织信息通过网络向公众传播的主体)、网络服务提供者(为传播网络信息提供中介服务的主体)的两分法。我国也有很多学者赞同这种以技术功能为基础的分类方式,例如根据信息网络传播服务行为的五个环节:信息发布/上传——网络存储——系统缓存——网络接入——信息定位,将网络服务提供者分为网络内容服务提供者(internet content provider,ICP),网络存储服务提供者,系统缓存服务提供者,网络接入服务提供者,信息定位服务者五类。② 内容服务提供者广义上包括个人用户在内,以发布网络信息为主;存储服务提供者主要是为网络信息提供存储空间;缓存服务提供者将频繁传输的网络信息暂时存储于服务器上,节省下次用户访问时的数据传输时间;接入服务者提供宽带类网络接入服务;信息定位服务者为用户提供搜索引擎服务。再如,按照提供服务的内容,将网络服务提供者划分为"网络接入服务提供者,网络内容及产品服务提供者,

---

① 参见敬力嘉:《信息网络安全管理义务的刑法教义学展开》,载《东方法学》2017 年第 5 期。

② 参见王莹:《网络信息犯罪归责模式研究》,载《中外法学》2018 年第 5 期;陈洪兵:《论拒不履行信息网络安全管理义务罪的适用空间》,载《政治与法律》2017 年第 12 期。

网络平台服务提供者"①。又如根据"大概的技术纯度",将网络服务提供者分为技术服务提供商与内容服务提供商。技术服务提供商又可以进一步分为基础网络设施建设及维护者、信息存储空间服务提供者、网络信息中转指引服务提供者。② 或者从广狭义的角度出发,将网络服务提供者分为一切提供网络服务的个体和组织的广义网络服务提供者,以及仅仅是网络技术服务提供者的狭义网络服务提供者。③ 以此来讨论上述主体的刑事责任时,大多认为内容服务及平台服务提供者应当对自己发布的内容信息负责,可能承担相应的刑事责任。信息定位服务提供者在特定的情况下也可能承担刑事责任,而接入服务提供者不应当承担刑事责任。但是根据内容来进行划分的弊端是,随着网络服务提供者服务的内容和种类范围不断扩大,会陷入无限列举的泥潭中。

而后随着网络服务提供者功能和业务范围的不断拓展,网络服务提供者的类型进一步分化,网络服务提供者更多的是作为信息交互平台的管理者而不只是作为单纯的内容展示者,网络服务的功能也远不止于技术保障,其逐渐脱离了中立性、工具性、被动性的特质。德国联邦最高法院通过《德国民法典》第1004条和第823条"妨害人责任"的类推适用,打破了"避风港原则"的基本限制,网站有排除正在发生的侵权事件的义务和审查控制未来可能会发生的妨害事件的义务,这使得原来被视为"中立技术通道"的网络接入服务提供者也需要负担一定限度的风险审查的义务。学者们在综合考虑多种功能的基础上,又根据网络提供者距离信息终端远近距离的不同而导致的对信息终端的支配和控制能力不同,将网络服务提供者划分为"没有支配控制能力、可能具有支配控制能力以及具有绝对支配控制能力"三种类型。④ 有的学者将网络服务提供者分成网络基础服务提供者和网络增值服务提供者两大类。其中,网络增值服务提供者又分为网络内容服务提供者、网络平台服务提供者与网络技术服务提供者或网络接入服务提供者三小类。⑤ 在这个基础上,有学者将接入服务提供者和平台服务提供者统一归类于网络中介服务者,形成了网络中介服务提供者和网络内容服务提供者两分架构,在两分架构之下,中介服务者又可以分为接入服务提供者(internet

---

① 谢望原:《论拒不履行信息网络安全管理义务罪》,载《中国法学》2017年第2期。

② 参见马一德:《网络服务商提供搜索链接行为之侵权责任》,载《法学评论》2017年第3期。

③ 参见丛立先:《论网络服务提供者的版权侵权责任》,载《时代法学》2008年第1期。

④ 参见童德华、马嘉阳:《拒不履行信息网络安全管理义务罪之"义务"的合理性论证及类型化分析》,载《法律适用》2020年第21期。

⑤ 参见李永升、袁汉兴:《信息网络安全管理义务及其正当化根据》,载《现代传播(中国传媒大学学报)》2017年第39期。

access provider, IAP）和平台提供者（internet presence provider, IPP）。① 还有学者在中介服务和内容服务提供者的两分架构上，又引进网络平台提供者，形成了中介服务提供者、内容服务提供者和平台提供者的三分架构。② 有学者对上述的分类作出批评，认为内容分类和功能分类都不清晰，应当根据网络空间的特点，从维护网络空间秩序法益的角度出发，将网络服务提供者划分为网络虚拟空间的开辟者、运行者、维护者，以实现不同责任的归属。③

2. 新型网络犯罪解释的类型化分类

有学者指出，造成网络服务提供者刑事责任边界不确定的重要原因之一在于我国立法和理论中类型化的缺失。④ 上述的讨论分类几乎都是在技术层面进行的，并未在刑法理论层面进行展开，难以实现网络犯罪立法中的前瞻性理念，也难以为网络犯罪提供一般的、规范的刑事责任判断指引。2019 年颁布实行的《关于办理非法利用信息网络、帮助信息网络犯罪活动等刑事案件适用法律若干问题的解释》第 1 条将网络服务提供者分成三类，分别是信息网络接入、计算、存储、传输服务的技术类服务提供者；搜索引擎、网络支付、网络购物、网络游戏、网络直播等信息网络应用服务的应用类服务提供者；利用信息网络提供的电子政务、通信、教育、医疗等公共服务的公共类服务提供者。上述分类是基本双层类型的划分，既包括第一层次中基于网络服务不同种类而划分的技术类与应用类网络服务提供者，也包括第二层次中基于立体视角划分的技术类和应用类的直接网络服务提供者，以及公共服务类的间接网络服务提供者。⑤ 有观点认为虽然上述司法解释对网络服务提供者进行了双层类型化，但是还应当进一步进行同一层次的、一般的、理论的类型化，可以将网络服务提供者划分为：技术类网络服务提供者，即只涉及技术服务不涉及具体功能实现的主体；功能类网络服务提供者，即提供具体功能服务的主体；平台类网络服务提供者，即提供网络交互服务的主体。⑥

笔者认为在网络社会空间发展扁平化的同时，网络节点也随之立体化。

① 参见姜瀛：《“以网管网”背景下网络平台的刑法境遇》，载《国家检察官学院学报》2017 年第 5 期。

② 参见皮勇：《论网络服务提供者的管理义务及刑事责任》，载《法商研究》2017 年第 5 期。

③ 参见李世阳：《拒不履行网络安全管理义务罪的适用困境与解释出路》，载《当代法学》2018 年第 5 期。

④ 参见王华伟：《网络服务提供者的刑法责任比较研究》，载《环球法律评论》2016 年第 4 期。

⑤ 参见王肃之：《网络犯罪原理》，人民法院出版社 2019 年版，第 356 页。

⑥ 参见王肃之：《网络犯罪原理》，人民法院出版社 2019 年版，第 357 ~ 360 页。

网络服务提供者的功能从单一化逐渐走向综合性、多元化,例如现在的网络平台已经脱离了单纯的“技术通道”,不再局限于作为传播信息的媒介,而是成为多种网络信息和网络服务交互的综合平台,承担了多种角色,在网络活动中有着更积极的参与度,在社会经济生活中发挥着越来越重要的作用。单纯的只提供平台的网络服务提供者已经罕见。例如我国最大的互联网平台之一——腾讯,既提供内容服务,自己和网络用户都可以在平台上发布信息,也提供存储服务,以及提供网络充值、支付,文件传输、接收、购物等一系列服务。例如腾讯QQ,不仅可以发送消息、语音通话,还具有支付、社交等多种功能。腾讯公司不仅对设备终端享有所有权,提供了技术服务支持,同时掌控了网络接入、缓存、发布、删除乃至整个网络平台运行。可以预见,在今后的网络技术发展中,平台的多功能化会进一步强化,平台会成为社会经济生活的组织者、管理者、协调者,拥有监管网络社会空间的“软权力”,就像“无形的手”紧紧控制着网络空间内的信息流动。而上述的分类在小类别上或多或少有重叠,所以仅以技术或者功能对网络服务提供者进行机械化分类是不可取的,可以以承担义务的形式将网络服务提供者划分为技术类服务提供者和平台类网络服务提供者,避免对网络服务提供者进行列举式划分的弊端。

功能类网络服务提供者的功能实际上已经被迅速发展的平台类服务提供者的功能吞食,正如前文所提及的包括但不限于网络交易平台、直播平台、资源共享平台,等等。从另一个角度看,技术类服务提供者只涉及自身的行为,主要为网络用户提供光缆、路由器、交换机等基础设施以及提供无线网接入或邮件账号,例如中国移动公司、中国联通公司以及中国电信公司,该类型的网络服务提供者承担的是形式上的义务,例如隔离或屏蔽连接、终止服务等,只需要对自己的行为负责。而平台类服务提供者不仅涉及自身的行为,还涉及网络用户的行为,如在自己平台上为用户提供聊天等社交功能、信息资料搜索功能、文件传输功能、信息交换功能,以及支付功能等。该类型的服务提供者承担的是实质义务,例如审核违法信息,删除违法信息等,对自己和用户的行为都需要负责。

(三)网络服务提供者的入罪依据

1. 传统的“中立帮助行为说”及其他学说

网络服务提供者提供的网络服务是网络犯罪实施的必不可少的条件,因此网络服务提供者的归责问题成为网络犯罪的重要议题,但是对作为网络信息传输的连接者或来源者的网络服务提供者入罪化的理论依据,学者们有着不同的看法。主流观点是将“中立帮助行为正犯化”①作为理论根据，传统的共犯理论认为只要行为人在客观上帮助了犯罪行为，且主观上有认知，就应当按照帮助犯受到刑事处罚。平台被犯罪分子利用时就产生了客观上的帮助行为，如果网络平台拒绝主管部门责令的要求，放任不法行为的发生，可以确定其主观状态。在《刑法修正案（九）》出台之前，我国的一些司法解释就将作出帮助行为的网络服务提供者认定为共犯加以处罚，例如最高人民法院、最高人民检察院 2004 年颁布的《关于办理利用互联网、移动通讯终端、声讯台制作、复制、出版、贩卖、传播淫秽电子信息刑事案件具体应用法律若干问题的解释》（以下简称《关于淫秽电子信息刑事案件的解释》）第 7 条规定了明知他人实施淫秽电子信息犯罪，仍为其提供互联网接入等帮助的，直接负责的主管人员和其他直接责任人员，以共犯论处。

但这一学说存在诸多限制，对于中立帮助行为怎么界定，能否予以处罚存在较大的争议，且一般认为“中立帮助行为”具有“帮助”故意的特殊性——不确定知道也不是确定的不知道他人一定会实施犯罪。而网络服务提供者基于单向的意思联络，为扩大自己的收益，明知道他人实施犯罪而提供技术支持、推广等一系列服务的，不一定成立共同犯罪。对于意思联络薄弱这一问题，有反对意见指出虽然司法解释中未直接规定帮助行为和实行行为之间不需要有意思联络，但现有的司法解释规定中存在“明知他人实施特定犯罪 + 依然提供特定网络信息技术支持行为 + 具备特定的严重情节 = 成立共同犯罪”的特定网络犯罪帮助行为成立片面共犯规定模式。且不论司法解释的此种突破是否违背了罪刑法定原则，反对者提及的片面共犯规定模式只是通过司法解释针对特定的网络犯罪，是专门的扩张化的司法解释规定，并不能涵盖所有的网络犯罪类型，不属于法律的提示性规定，其评价范围过于狭窄。再者该学说中对于网络服务提供者的主体不加区别的做法，也难以根据提供的服务不同，区分追究网络主体的刑事责任。

也有观点认为网络服务提供者的入罪依据是基于网络服务提供者的“保证人地位”，②法令网络服务提供者享有保证人地位，网络平台的处罚依据在于它对自己管理的网络空间中的违法行为具有监管义务，而不在于他人在平台实施的违法行为或者平台客观上提供的实施空间；还有观点认为

① 郭泽强、张曼：《网络服务提供者刑事责任初论——以中立帮助行为的处罚为中心》，载《预防青少年犯罪研究》2016 年第 2 期。

② 参见齐文远、杨柳：《网络平台提供者的刑法规制》，载《法律科学》2017 年第 5 期。

网络服务提供者的入罪依据是“网络监督过失说”，①网络服务提供者在有预见危害结果发生和回避危害结果发生可能性的前提下，没有履行或者没有完全履行监督义务，其不作为行为与在其监管下的网络用户引起危害结果发生的行为具有因果关系，故其应当承担刑事责任。由此可见，这一问题目前难以在学者中达成共识，但就《刑法修正案（九）》增设的“拒不履行信息网络安全管理义务罪”来看，“监督过失说”无法适用，网络服务提供者只有在接收到“通知”之后，仍不履行网络安全管理义务，才能构成本罪，所以在收到相关主管部门的通知后，其主观心态不可能是“过失”，只能是“故意”。

2.“功能二分法下”的“保证人地位说”

从我国《刑法》第286条之一条文中可以看出立法考虑到了不作为犯罪中的保证人地位，正是因为网络服务提供者在网络空间中占据了主导性地位，所以其应当承担相应的责任，阻止网络空间中风险的发生。保证人地位说的巨大优势在于网络服务提供者在网络空间中的地位和作用能够呼应主体的保证人地位和特定的保证义务，从而在网络服务分类的基础上合理界定不同网络服务提供者的刑事责任范围。② 拒不履行信息网络安全管理义务罪的行为主体是网络服务提供者，则该罪名是真正的身份犯。正如罗克辛教授所言，“身份本身就是一种保证人地位，行为人要么基于对危险源的监督控制，要么基于特定法益的保护而具备了成立身份犯的行为人资格”③。身份的范围并不是一成不变的，而是会随着互联网技术的革新不断扩张，因此更需要从网络服务提供者的功能地位来探析其承担网络安全管理义务的合理化依据。

根据不作为犯理论，拥有保证人地位的网络服务提供者应当对他人发布的网络信息造成的危害后果承担责任。形式法律主义理论认为保证人的保证地位来源于合同、法律、事务管理及习惯、先行行为等，但以此为基础简单认为网络服务提供者有网络安全管理义务，从而享有保证人地位是站不住脚的。根据《关于维护互联网安全的决定》第7条的规定，从事互联网业务的单位发现互联网上出现违法犯罪行为和有害信息时，要采取措施，停止传输有害信息，并及时向有关机关报告；《关于加强网络信息保护的决定》第

① 参见陆旭：《网络服务提供者的刑事责任及展开——兼评〈刑法修正案（九）〉的相关规定》，载《法治研究》2015年第6期。

② 参见于冲：《“二分法”视野下网络服务提供者不作为的刑事责任划界》，载《当代法学》2019年第5期。

③ 许玉秀：《当代刑法思潮》，中国民主法制出版社2005年版，第590页。

5条规定网络服务提供者有停止传输有害信息，并向主管部门报告的义务；《互联网信息服务管理办法》第15条、第16条规定，互联网信息服务提供者不得制作、复制、发布、传播含有侮辱或诽谤他人的信息，发现网站传输的信息明显属于上述信息的，应停止传输并及时报告，还有《网络安全法》第47条规定，网络运营者应当加强对用户发布的信息的管理，发现属于禁止发布或传输的信息的，应当立即采取措施并保存记录后向主管部门报告。但这些法律、行政法规的规范条文仅仅是民法或行政法上的义务来源，并不构成刑法上的义务。《刑法修正案（九）》规定的拒不履行信息网络安全管理义务罪将上述行为设定为本罪的实行行为，将违反行政法上的义务作为“刑事不法”的前提，形成了递进式的网络犯罪规制格局。

传统早期形式因其天然的内在逻辑缺陷而逐渐被抛弃，现在的通说认为“功能二分法”的框架之下，保证人的地位可以源自：（1）基于法令；（2）基于自愿承担的保护义务；（3）基于密切的生活关系；（4）基于危险共同体；（5）基于危险源的监控义务；（6）基于危险前行为六种情形。① 根据不同义务之间内容与功能上的区别将来源分为源于保护保证人地位的作为义务和监管保证人地位的作为义务，②即基于自愿承担和密切的生活关系而产生的保护保证人义务和基于危险前行为形成的监管保证人义务。保护保证人是根据制度在保护人和被害人之间形成的信赖关系，譬如父母和未成年子女的关系，除此之外，在德国刑法中也可以因自愿而成为保护保证人，但是无论是基于制度信赖还是自愿产生，网络服务提供者都不可能成为保护保证人。首先，网络服务提供者和网络用户之间并不存在制度化的信赖关系。其次，即使是针对特定弱势用户群体的网络平台也不能认定其因自愿而产生保护保证人地位，例如针对小学生的线上学习网站。因自愿而成立的保护保证人也应当类似于因制度形成的保护保证人，在某一特定时间段存在一种相对稳固的信赖保护关系，例如登山领队带队员外出登山，在登山的路程中，领队对队员有保护义务。因为在这个过程中，领队相对于队员具有专业性和经验性的优势，可以用其优势帮助队员避免损害结果的发生。

因自愿可以产生保护保证人的地位。而网络服务提供者面对的服务对象则是不固定的，网络的匿名性、虚拟性和远程性使得网络服务提供者与网络用户之间很难建立起相对稳固的关系，因此不可以因自愿而拟制制度赋

---

① 参见齐文远、杨柳：《网络平台提供者的刑法规制》，载《法律科学（西北政法大学学报）》2017年第3期。

② 参见王莹：《网络信息犯罪归责模式研究》，载《中外法学》2018年第5期。

予保证人与被害人的信赖保护关系。监管保证人的保护义务是由行为人的先行行为引起的，罗克辛教授引用了客观归责理论认为先行行为必须是创设了法所不容许的行为或者是使得一个业已存在的风险升高的行为。① 一般而言，网络服务提供者提供网络服务的行为是为社会所许可的正当行为，并未创设法不容许的危险也并未导致风险的升高，犯罪人利用网络服务者提供的网络服务进行非法网络信息的传输，违法的是犯罪人的行为，而不是服务本身。“技术本来就是把双刃剑”，互联网技术诞生之初就有被滥用的风险，但是其带来的社会发展和进步远超过了被滥用的风险，因而依照监管保证人理论，普通商业模式中的网络服务提供者并不具有监管保证人的地位。

显然，网络服务提供者和网络运营商之间并不构成危险共同体，那接下来要讨论的就是网络服务提供者是否因危险源的监控而享有保证人地位。“在自己管辖的支配领域内占有或持有一定危险源的人具有采取不至于使他人从该危险源受到法益侵害的安全措施或者进行监视的保证人地位。”② 首先可以明确的是，用户发布、上传、下载的先行行为虽然对结果的发生有重要的影响，但是其行为本身不能被视为危险源，而如前文所讨论的，网络技术存在被滥用的可能，可以视为不法信息的危险源。那么网络服务提供者是否对危险源有监控职责？对此需要进一步分析。肯定论者认为“网络服务提供者负有阻止第三方滥用其提供的基础服务的义务，典型案例为设置链接的网络服务提供者对链接内容有监管的保证义务”③，网络违法信息可能导致的法益侵害风险是互联网产品的自然衍生物，且互联网服务提供者对网络数据信息的发布、存储、运输的终端设备享有所有权和支配权，因此网络服务提供者应当承担刑事责任。而否定论者则认为互联网服务提供者不负有监控的职责，互联网服务商提供的技术服务不能直接也并不必然会导致违法信息的出现或传播，用户的违法行为是其自由意志的结果，如果将海量文件和数据信息的审查义务附加给互联网服务提供者，会导致互联网服务提供者的负担过重。

不同于保护保证人，危险源监管保证人仅仅对危险源可能引起的特有的风险承担防御职责，而不是对一切有可能导致法益侵害的风险承担防御职责。所以在网络犯罪中，网络服务提供者只需要对网络信息的传输可能

① 参见王莹：《先行行为作为义务之理论谱系归整及其界定》，载《中外法学》2013 年第 2 期。

② ［韩］金日秀、［韩］徐辅鹤：《韩国刑法总论》，郑军男译，武汉大学出版社 2008 年版，第 481 页。

③ ［德］乌尔里希·齐白：《网络服务提供者的刑法责任》，王华伟译，载《刑法论丛》2016 年第 4 卷。

导致的风险进行管控，超出网络社会空间的现实世界中的风险，不在网络服务提供者的监管能力与范围之内。技术类网络服务提供者只为用户提供网络接入、维护等单纯的技术服务，不具有对网络信息的监控能力，很难在浩如烟海的实时变动的信息数据中识别违法网络信息的存在，并且就算发现了，也没有直接的支配权限对违法犯罪信息直接删除，尤其当涉及第三方服务器时，其只能通过隔离或者屏蔽接入链接等封锁通道的方式来阻断信息的继续传输。因此具有被动性、单纯技术性特征的技术类网络服务提供者无法对高速传输的网络信息进行监管，不具有危险源监管的保证人地位，不应承担刑事责任。①

平台类服务提供者一般可以提供存储、缓存、搜索等服务，从技术角度而言，对数据的存储、发布、删除能够实现技术上的控制与支配，例如微博平台在奥会员期间直接封闭了发布煽动性、违背史实言论的博主账号，承担了不造成法益侵害的职责。虽然网络空间也有一定的封闭性和排他性，但是鉴于网络信息的庞杂和网络的拥塞，且我国目前对文本内容过滤、图像过滤、URL 过滤等方面均存在很大的技术限制，要求平台类网络服务提供者对网络用户发布的所有的不法信息进行审查和过滤是不现实的。但这并不意味着网络平台服务提供者对于危险源的监管应当是被动的而不是主动的，平台类服务提供者对于危险源的主动监管并不等同于承担刑事责任，为了维护网络空间的安全，拥有技术、资金、人才方面绝对优势的平台类网络服务提供者应当承担主动的监管义务，一旦明知网络违法信息的存在，便应及时承担删除和阻止等义务，但是只有经责令改正仍然拒不履行，平台才承担不作为的刑事责任。

六、信息网络安全管理义务的形式与内容

（一）信息网络安全管理义务的形式

要使信息网络安全管理义务成为具有明确内涵的法律概念，不仅要明确类型，更需要对义务的形式和内容进行具体界定。综观现有的理论研究，多数为碎片化、零散化的研究，缺乏体系化研究。对于信息网络安全管理义务是积极义务还是消极义务，国内学者大致形成了两种观点，认为信息网络

① 对于接入服务提供者不应承担刑事责任的观点可参见王华伟：《网络服务提供者刑事责任的认定路径——兼评快播案的相关争议》，载《国家检察院学报》2017 年第 5 期；王莹：《网络信息犯罪归责模式研究》，载《中外法学》2018 年第 5 期；齐文远、杨柳：《网络平台提供者的刑法规制》，载《法律科学》2017 年第 3 期；敬力嘉：《信息网络安全管理义务的刑法教义学展开》，载《东方法学》2017 年第 5 期。

安全管理义务只属于消极义务的以及赞同信息网络安全管理义务兼具积极和消极义务性质的。

认为信息网络安全管理义务只属于消极义务的学者认为，网络服务提供者不宜承担主动的事前预先的审查以及事中的实时监控义务，而只有被动的事后的报告、删除义务，如果对网络服务提供者设置预先审查和实时监控义务，会妨碍网络运营商的经营自由，导致其负担过重而束缚其发展空间。① 国外的司法案例也多数否认网络服务提供者有预先审查和实时监控的义务，例如欧盟法院在 2011 年 Scarletv. SA-BAM 的判决中明确了在兼顾公民的基本权利和网络运营商的经营自由的考虑下，网络服务提供者没有对非法信息内容进行过滤、监控等一般性的审查义务。同样，美国《数字千年版权法》中确立的"搜寻侵权信息及通知服务提供者的责任由版权人承担"的原则，也排除了网络服务提供者的监控义务。②

持信息网络安全管理义务兼具消极义务和积极义务的性质观点的学者认为，网络安全管理义务既包括主动审查的积极义务，也包括配合的消极义务。具体而言，根据《网络安全法》第三章和第四章的规定，关键信息基础设施运营者有能力也有义务承担在其服务范围内的法益侵害风险，应当承担显著的风险审查与报告义务（如网络运营安全风险定期检测和报告的义务）以及配合义务；其他网络服务提供者（单纯的硬件软件接入服务提供者）只承担自我管理以及对用户和主管部门报告的义务与相关犯罪风险的配合义务，不承担对风险的积极审查义务。③ 另有学者也认为义务主体类型中，技术网络服务提供者，功能类网络服务提供者均是"提供者—用户"的模式，其首先应对自己的行为进行管理，从正常业务需求来看，不应实施违反法律规定的行为，因此义务内容具有消极模式；其次则对他人的义务进行管理，不仅要求自身不实施违法行为，还需要规制用户的行为，具有积极性。④

笔者认为信息网络安全管理义务不仅仅是配合消极义务，也同样涉及主动进行风险审查的积极义务。网络的革命性变革使得人人都处于巨量信

① 参见涂龙科：《网络内容管理义务与网络服务提供者的刑事责任》，载《法学评论》2016 年第 3 期；苏青：《网络谣言的刑法规制：基于〈刑法修正案（九）〉的解读》，载《当代法学》2017 年第 1 期；陈洪兵：《论拒不履行网络安全管理义务罪的适用空间》，载《政治与法律》2017 年第 12 期。

② 参见涂龙科：《网络内容管理义务与网络服务提供者的刑事责任》，载《法学评论》2016 年第 3 期。

③ 参见敬力嘉：《论拒不履行网络安全管理义务罪——以网络中介服务者的刑事责任为中心展开》，载《政治与法律》2017 年第 1 期；敬力嘉：《信息网络安全管理义务的刑法教义学展开》，载《东方法学》2017 年第 5 期。

④ 参见王肃之：《网络犯罪原理》，人民法院出版社 2019 年版，第 362 页。

息流动的网络空间中,网络实现了每个人从被动的信息接收主体到积极的信息交互主体的身份转变,而这一过程中最重要的是网络与用户的连接,网络服务提供者承担了连接的功能,是网络信息有着实现法益侵害风险的巨大风险关键。在传统的刑法犯罪中,犯罪人是惩罚犯罪的重点,通过对犯罪人行为的不法责任认定才能实现犯罪治理。但是在网络犯罪中,网络的技术性、巨大流量性、隐蔽性、庞大的用户群体等特征使得犯罪相对更简单、更高发,犯罪人在网络上的载体变成了一个个匿名或实名的网络账号,而躲在设备后的犯罪人给司法机关带来了查处难度。而且网络犯罪中可能没有明显的被害人,或者被害人的分布范围很广泛,每个人只是受到了轻微伤害,不像传统犯罪那样可以通过被害人来进行犯罪行为认定。同时,对于司法机关来说,由于技术和设备的限制,司法机关对于网络空间中犯罪人的信息活动轨迹的搜查取证存在一定的难度,所以只有牢牢抓住用户与网络的关键连接点——网络服务提供商,对其设置相应的法定义务,才能更加高效地治理网络犯罪。

毋庸置疑,网络服务提供者有被动的配合义务。配合义务是指网络服务提供者配合经过法律授权的个人或者国家机关将特定的网络信息进行存储、删除、提供、公开等义务。从美国的《数字千年版权法》第 512 节及 Zeran 案①中对美国《传播净化法案》第 230 条的解释,为网络服务提供者确立了避风港原则,若是网络服务提供者并没有积极介入网络信息且主观状态为不知情,并且履行了"通知—取下"的配合义务,即可免责。避风港原则被世界大多数国家普遍接受。我国《民法典》第 1197 条规定,"网络服务提供者知道或者应当知道网络用户利用其网络服务侵害他人民事权益,未采取必要措施的,与该网络用户承担连带责任"。此条对网络服务提供者的"通知—取下"义务予以了肯定。在互联网领域的专门性立法《网络安全法》第三章第一节中,为网络运营者设置了包括安全保护义务在内的一系列广泛的配合义务。

美国《数字千年版权法》中确立的避风港原则排除网络服务提供者对风险信息主动审查的义务,认为这会束缚互联网的发展。然而随着今天科技的不断进步,网络服务提供者的功能进一步进化,不仅仅局限在单纯的"技术通道",其应当承担的义务也应当随之变化。积极义务要求在互联网紧密共同体中人们应当互相奉献、互相团结,共同致力于建设一个共同的、良好的网络社会。而不是仅承担消极义务,即在松散的社会里,人们之间是相互

---

① See Zeran v. American Online, Inc. 129 F. 3d 327, US Court of Appeals, Fourth Circuit.

排斥的关系，只要不主动触及他人的领域，社会就得以存在的。在互联网空间中占据优势掌控地位的网络平台对网络犯罪治理有着得天独厚的优势，例如国内的网络平台巨头阿里巴巴，其研发的大数据监测以及商品大脑、假货甄别模型、图像识别算法、语义识别算法、商品知识库、实时拦截体系、生物实人认证、大数据抽检模型、政企数据协同平台九大打假数据技术协助全国各地的司法机关破获无数起网络犯罪案件。2017年，阿里巴巴就累计向全国执法机关推送涉假线索1910条，协助抓捕涉案人员1606名，捣毁窝点数1328个，涉案金额约43亿元。① 由此可见，网络平台的技术优势和掌控地位使其有能力也有义务来防控在其支配范围内的网络风险信息侵权的风险，网络平台应当肩负起企业的责任与担当。可以预见的是，在未来，网络平台的服务集成范围会不断扩展，云服务的发展更是证明了这一趋势，作为主要的网络服务提供者——网络平台，应当在限度内承担主动进行风险审查的义务，而单纯的技术服务提供者对网络信息的控制能力薄弱，只承担配合义务。《网络安全法》也贯彻了"代理式监管"的立法思路，通过互联网企业对海量的信息数据进行监管、审查，来协助国家对网络安全的监管，例如第38条为关键信息基础设施运营者设置了显著的风险审查义务，每年要进行至少一次的风险评估，并报送至相关负责部门。

（二）信息网络安全管理义务的理论化思考

1. 义务的来源

根据罗克辛教授的义务犯理论，义务犯的正犯是违反特别义务的人，特别义务是来源于"构成要件之前""刑法之外"的。很多学者质疑罗克辛教授提出的"刑法之外"的义务，德国学者许乃曼认为这样会使义务犯理论倒退回形式法律主义义务。② 然而义务犯中的实在法痕迹并不应是被质疑的地方，而应当是被肯定之处。"构成要件之前"并不是说在构成要件之外确定义务犯的正犯，而是说当需要解释刑法的构成要件时，若是直接从刑法条文中无法看出构成要件中的义务要素时，需要继续探究立法者在设置该罪名时考虑的义务来源和前提，即在"构成要件之外"解释，但是对于正犯的判断，仍然是在构成要件之内通过违反义务的"核心人物"进行判断。"刑法之外"也不会如一些学者所批评的那样，导致"形式法律主义的复活"。来

① 参见席小雨：《2017阿里打假年报发布：24万个淘宝侵权店铺已被关闭》，载搜狐网2018年1月10日，https://www.sohu.com/a/215827673_220095。

② 参见［德］许乃曼：《在莱比锡和维也纳刑法注释书中所呈现出来刑法修正后的德语区刑法学》，载许玉秀、陈志辉编：《不移不惑献身法与正义——许乃曼教授刑事法论文选辑》，台北，新学林出版股份有限公司2000年版，第395页。

源于其他法的领域的义务只有和刑法中的构成要件相结合，才能形成义务犯中的行为义务，即使是其他法律领域内的义务与刑法重合，刑法也是在自己的立场上独立判断行为的属性。

网络犯罪中的义务来源可以是法律、行政法规，原则上，所有的法律和行政法规上的义务都可以转化为刑法上的义务。随着我国网络领域内的法律法规日渐完善，全国人民代表大会常务委员会通过的《关于加强网络信息保护的决定》《反恐怖主义法》《网络安全法》《数据安全法》等法律，以及国务院及其各部委制定的《互联网信息服务管理办法》《信息网络传播权保护条例》《计算机信息网络国际联网安全保护管理办法》《电信和互联网用户个人信息保护规定》《互联网直播服务管理规定》《互联网信息搜索服务管理规定》《移动互联网应用程序信息服务管理规定》《网络表演经营活动管理办法》等行政法规和部门规章都或多或少、直接或间接涉及信息网络安全管理义务的规定，部分还对网络服务提供者进行了简单化的分类，总体上这些规定进一步扩张了网络主体的责任和义务，并且网络主体承担安全管理义务变得更加明确、具体，其中《网络安全法》和《数据安全法》更加详细地规定了互联网企业在网络运行过程中应当承担的义务，上述这些规范性条文成为拒不履行网络安全管理义务罪的义务来源。

这些法律和行政法规中规定的互联网企业的义务能否全部转化为《刑法修正案（九）》中拒不履行网络安全管理义务罪中的义务？部分学者持怀疑态度，认为“虽然理论通说中将‘法律义务’作为不作为犯的义务来源，但并不是所有的法律义务都可以转化成为刑法上的义务，将层次较低的义务上升为刑法上的义务，是对不作为义务问题在法理上的重大‘突破’”①。“因为刑法作为其他法律的保障法和最严厉的刑罚，必然要求更高的义务，将其他部门法的规定直接当作刑法上的义务来源，势必意味着所有的法律均为刑法上的义务，过于限制相对人的自由，违反了刑罚的谦抑性原则。”②信息网络安全管理义务的来源只能是全国人大及其常委会制定的法律和国务院制定的行政法规。全国人大及其常委会制定的决定及国务院规定的行政措施、发布的决定和命令等，以及各部门和地方性政府制定的部门规章及地方性法律、法规中设立的义务均不是该罪中的法律义务。③ 上述学者的

① 毛玲玲：《传播淫秽物品罪中“传播”行为的性质认定——“快播案”相关问题的刑事法理评析》，载《东方法学》2016 年第 2 期。

② 齐文远、杨柳：《网络平台提供者的刑法规制》，载《法律科学（西北政法大学学报）》2017 年第 3 期。

③ 参见葛立刚：《网络服务商不作为刑事责任的边界》，载《西南政法大学学报》2016 年第 6 期。

论点都潜在认为刑法的义务层级高于法律、行政法规的义务层，法律、行政法规的义务层级又高于其他法律规范的义务层，若是以此决定义务的层级，那么到底哪一层级的法律规范不可以转化成刑法上的义务？各个部门法律的义务又是否有层级高低之分？或基本法律中的义务层级是否高于行政法规？这些都无从解释，且某一部法律内的法律条文的层级应当是相同的，这就意味着某一部法律、行政法规中规定的义务都不可以成为刑法上的义务，这显然不合理。

同时，对于“拒不履行信息网络安全管理义务罪中的前刑法规范中的义务并不都完全重要，有些义务即使不履行也不会发生严重的后果，例如《网络安全法》第25条规定的制定应急预案义务，所以这些义务不能上升为刑法上的义务”这一考虑也是不合理的。法律法规规定的义务必须能引起我国《刑法》第286条之一规定的“违法信息大量传播”“用户信息泄露”“刑事案件证据灭失”或与之相当的危害结果，否则不具有危险性，不属于信息网络安全管理义务。① 哪些义务重要或不重要，这些属于人为的经验判断，人的认知具有局限性，经验判断也不具有百分之百的正确性。网络迅速发展所导致的网络社会空间的复杂化使人们并不确定某些现在看似“不重要”的义务以后是否会造成严重后果，从而也就不能以不会造成现实的危害后果将之排除出刑法的义务之外。

对于行为主体的“义务”来源，功能性规范论视角下的义务犯理论所关注的重点并不在于“义务”本身，而在于行为人的不法行为对社会整体秩序或者说是社会系统功能的破坏，因为“每个人都有建设共同世界”的义务。刑法中的特别义务与各个部门法中的义务其实都是来自整体法秩序中的抽象制度，又或者说是某个具有重要角色内容的制度被整体法秩序吸收，并体现在各个部门法之中。从功能主义的视角来看，义务犯中的身份本来就是主体间的概念，通过法益的保护目的和社会功能来对不作为犯的保证人地位予以双重确认，即通过考察角色以及社会功能的对象，对保证人的社会角色进行评价。② 所以义务犯的强调重点在于行为人的不法行为对社会功能造成了怎样的损害，而不在于义务源于哪一层级的法律规范。立法者基于整体法秩序的考量，通过刑法条文规定将某个法律、行政法规中的义务作为刑法上的义务来源，该义务就上升为刑法的义务，当行为人不履行法律、行政法规中的义务，且满足构成要件中的其他要件时，就负有刑法责任。

① 参见皮勇：《论中国网络空间犯罪立法的本土化与国际化》，载《比较法研究》2020年第1期。
② 参见许玉秀：《当代刑法思潮》，中国民主法制出版社2005年版，第737～738页。

2. 义务的内容

对于信息网络安全管理义务的内容，我国学者们的讨论多从不同的层面进行。

一是从技术形式的层面，将信息网络安全管理义务具化为各种具体的网络执行操作，如屏蔽、断开连接、通知后移除等。① 以具体形式概括信息网络安全管理义务，缺乏理论上的一般化归纳和指导，并未对信息网络安全管理义务的实质内涵作出阐述，存在明显的不足。

二是根据履行时间的不同，将信息网络安全管理义务表述为事前审查以及事后管理义务。② 从时间节点进行分割，破坏了义务的完整性，从《刑法修正案（九）》新增设的三个关于网络犯罪的罪名的形态设置来看，立法者越来越倾向于对网络信息犯罪进行整体评价。根据全国人民代表大会常务委员会法制工作委员会的解释，“实践中，犯罪人往往利用网线、网络跨地域、跨领域地整合信息和资源实施犯罪，某些犯罪因为利益脉络逐渐形成了完整的产业链”③。对网络服务提供者的刑事评价应当从整体出发，否则，违背事前审查义务却未违反事后管理义务，或者未违反事前义务仅违反了事后义务如何依照拒不履行信息网络安全管理义务罪进行评价存在困难。

三是根据范围的不同，认为信息网络安全管理义务从内容管理义务扩张到了传播治理义务，关键信息基础设施的运营者不仅要对信息内容进行事后管理，还应当对犯罪风险进行主动审查和评估；其他网络服务提供者仅承担事后配合义务。④ 有学者质疑，认为“关键信息基础设施运营者”并不属于网络服务提供者，《网络安全法》第 31 条规定“关键信息基础设施”运营者运营的是有关国家安全、国计民生、公共利益的关键信息基础设施，并非对网络用户提供服务的主体，应当根据第 76 条第 3 项的规定，网络所有者、管理者和服务提供者共同构成网络运营者，关键信息基础设施的运营者应当属于网络管理者。⑤ 在反驳第三种观点的基础上，学者以《网络安全法》第四章，将网络信息安全管理义务归纳为对网络安全管理义务和信息安

---

① 参见陈洪兵：《论拒不履行信息网络安全管理义务罪的适用空间》，载《政治与法律》2017 年第 12 期。

② 参见李世阳：《拒不履行网络安全管理义务罪的适用困境与解释出路》，载《当代法学》2018 年第 5 期。

③ 全国人民代表大会常务委员会法制工作委员会：《〈中华人民共和国刑法〉释义》，法律出版社 2015 年版，第 504 页。

④ 参见敬力嘉：《信息网络安全管理义务的刑法教义学展开》，载《东方法学》2017 年第 5 期。

⑤ 参见王肃之：《网络犯罪原理》，人民法院出版社 2019 年版，第 363 页。

全管理义务。① 技术类网络服务提供者承担网络安全管理义务；功能类网络服务提供者平台类网络服务提供者承担信息安全管理义务或是“内容管理义务、用户信息保护义务、信息备份留存义务”②，又或者总结为“技术支持与协助、数据留存、保护个人信息、管理发现的违法信息、主动审查含有恐怖主义和极端主义内容信息、真实身份验证、对不提供实名认证者拒绝服务”七类。③

“关键信息基础设施运营者”（critical information infrastructures operators，CIIO）并不属于网络服务提供者的观点有待商榷。根据《网络安全法》第 31 条中“关键信息基础设施”运营者运营的是面向公众提供网络信息服务或支撑能源、交通、水利、电子政务、金融、公共事业等重要行业运行的信息系统或工业控制系统，这些服务、系统、网络和基础设施可能独立提供商品或服务，也可能共同构成其他关键基础设施。它们之所以被视为关键信息基础设施（critical information infrastructures，CII），是因为一旦被中断或破坏将对国计民生产生严重影响，所以优先和重点保护，CIIO 并未被排除出网络服务提供者的范畴。在 2017 年 6 月 1 日《网络安全法》实施后，7 月 12 日国家互联网信息办公室公布了《关键信息基础设施安全保护条例（征求意见稿）》（以下简称《安全保护条例》），以下位规范形式对《网络安全法》的数据安全进行具象化规定。《安全保护条例》第 18 条规定，关键信息基础设施运营者可能涉及如下单位：“（一）政府机关和能源、金融、交通、水利、卫生医疗、教育、社保、环境保护、公用事业等行业领域的单位；（二）电信网、广播电视网、互联网等信息网络，以及提供云计算、大数据和其他大型公共信息网络服务的单位；（三）国防科工、大型装备、化工、食品药品等行业领域科研生产单位；（四）广播电台、电视台、通讯社等新闻单位；（五）其他重点单位。”从条文规定可以得知，关键信息基础设施运营者不仅包括政府机关和能源、公用事业等重要行业领域的单位，也包括提供云计算、大数据和其他大型公共信息网络服务的单位，更涉及电视台等新闻单位。

对于金融、公共通信等敏感领域的企业及政务部门，是否拥有或运营了存储敏感信息的服务器，决定其是否属于 CII 范畴，运营及维护该网络的运营者即 CIIO。以金融为例，阿里巴巴平台旗下的支付宝不仅提供支付功能，还提供余额宝存款、蚂蚁金服贷款、基金股票购买功能，是一个比较全面的金融软件，且涉及的用户范围极广，2019 年 6 月在全球范围内已经有超过

---

① 参见王肃之：《网络犯罪原理》，人民法院出版社 2019 年版，第 363 ~ 364 页。

② 王华伟：《避风港原则的刑法教义学理论建构》，载《中外法学》2019 年第 6 期

③ 参见皮勇：《论网络服务提供者的管理义务及刑事责任》，载《法商研究》2017 年第 5 期。

12 亿的用户，①一旦发生网络安全事故，势必会对社会的稳定发展造成严重影响，对人民财产安全造成损失。可以预见，信息交互的网络平台在今后的发展中部分功能会涉及更多的关键信息基础设施，显然也是网络服务提供者应当承担一定的法定义务。只能说《网络安全法》中提出的"关键信息基础设施运营者"运营的是国家重要行业和领域，对国家的网络安全保护和公众数据保护具有更加特殊的意义，所以相关法律对其作出了更加详尽的规定。他们不同于一般的网络服务提供者，需要承担更多的义务，不仅要遵守行业领域、安全要求、保密义务等限制条件，同时要肩负网络信息安全的监督责任。

根据我国的《网络安全法》第三章、第四章，《数据安全法》及其他相关法律的条文规范，可以总结出，网络服务提供者主要有对用户的管理义务，包括对用户信息的收集和保存，对用户发布信息的管理及特定情形下停止传输等处置措施，其中关键信息基础设施的运营者还应当履行包括风险评估在内的安全保护义务。在此基础上，信息网络安全管理义务可以归纳为网络安全管理义务和内容信息管理义务两部分核心内容。

网络安全管理义务的主体是单纯的技术服务提供者，技术服务提供者应当提供技术服务和支持，对自己提供的技术服务和支持承担责任，但对于网络用户发布的信息和内容并不承担责任。如果明知他人从事危害网络安全的活动时，不得为其提供技术服务与支持。若是技术服务提供者未履行法律或行政法规规定的义务，且网络用户利用其提供的技术服务实施侵害行为的，应当经监管部门责令后改正并且采取屏蔽、断开连接等方式消除侵害。

内容信息管理义务的承担主体是平台服务提供者。平台服务提供者对于自己发布的内容和网络用户在其平台上发布的网络信息具有监管责任，未尽到法律、行政法规规定的监管义务时，应当在监管部门责令后予以改正并采取相应的措施。网络平台的内容信息管理义务可以分为风险审查配合义务和对信息内容的管理义务两个侧面。第一，风险审查的配合义务指网络平台应当利用自己的技术优势协助国家司法机关侦查犯罪线索，通过技术手段获取违法数据信息的内容和流动轨迹以及相关的终端设备来配合侦查。第二，信息内容的管理义务又可以细分为对合法信息的管理和对非法信息的管理。对合法信息的管理主要是对用户的信息进行管理和保护，网

① 参见陈鹏：《蚂蚁金服，支付宝及本地钱包合作伙伴全球用户已超 12 亿》，载百度网 2019 年 9 月 24 日，https://baijiahao.baidu.com/s?id=1645549897191805310&wfr=spider&for=pc。

络服务提供者在提供网络服务时，应当建立网络安全保障制度，要求用户提供真实的个人身份信息，对不提供真实信息的用户拒绝提供服务，并照法律、行政法规及与用户的约定采取数据信息的保存和保护措施，防止信息被泄露、篡改或窃取。当可能发生或已经发生了安全事故，及时采取补救措施，并及时向主管部门报告。对违法信息的管理是网络平台有义务在其管理的网络空间内防止不法信息给社会利益带来侵害。网络平台应当对主动审查，发现有违反法律、行政法规禁止发布或传输的信息时，采取一定的措施阻断违法信息的进一步传播，禁止其他网络用户访问该违法信息，并保存相关记录，及时向有关主管部门报告。

我国现在已经成为世界互联网经济的巨头，拥有着世界上最大的互联网市场，根据《数字中国建设发展报告(2020 年)》发布的数据来看，我国的数字经济总量跃居世界第二，成为驱动经济高质量发展的核心力量。2020 年，我国数字经济核心产业增加值占 GDP 比重达到 7.8%。我国的网络发展进入飞速时代，但是网络的凝聚力、连接力给人们的生活带来巨大便利的同时，也为违法犯罪行为提供了新的空间和工具。网络服务提供者在更大范围内成为网络犯罪的工具、帮助者，从而以不作为方式构成网络犯罪的可能性显著提高。《刑法修正案(九)》中将网络服务提供者作为义务主体设定了网络安全管理义务，首次将网络服务提供者不作为的帮助行为作为义务犯予以惩罚。

七、正犯判断标准

(一)不法义务的违反

义务犯的提出者——德国罗克辛教授认为义务犯的实质在于“义务的违反”，行为人行为的不法是通过不履行社会角色和规范义务所要求的积极义务表现出来的。所以在义务犯的正犯判断标准中，行为是否事实上支配了犯罪并不重要，只要违反了义务，其就成为“具体行为事件的核心人物”。而前文所述罗克辛教授对特别义务的具体分类，也并不意味着两者的正犯判断标准不同，实际上只要违反了特别义务，就构成正犯，但只有违反了第一种特别义务才能适用德国刑法第 28 条第 1 项中对于无特定资格参加者可以减轻刑罚的规定，而违反了第二种特别义务则不能适用第 28 条第 1 款。① 同时，作为和不作为都只是行为的外在形式，与法益风险有关，与正犯归属原理无关，即作为和不作为都可能构成义务犯。作为是存在论意义

① Vgl. Roxin, Strafrecht Allgemeiner Teil, Band Ⅱ, 2003, 25/273.

上的不法判断，涉及的是原本就不应该的事实行动支配；不作为是规范论意义上的不法评价，仅关乎于规范对什么都没有做的行为人的评价。①

对于网络服务提供者来说，除了自己发布违法信息外，并没有在犯罪流程中对犯罪产生物理上的、现实的支配，对于网络用户上传、发布或下载违法信息行为，网络服务提供者可能会以不作为的方式违反了监管义务，而不可能支配网络用户的犯罪流程，因此传统的犯罪支配理论无法适用于该行为。若是强行以犯罪支配理论来解释网络服务提供者的违反义务行为，可能存在以下问题：(1)导致侵害发生的直接行为是网络用户的上传或发布行为，而不是网络服务提供者的不作为行为。如果将网络服务提供者不删除或阻断他人访问违法信息的行为视为导致侵害结果发生的行为，就会产生责任的不当追溯。毕竟网络服务提供者提供的只是技术性的服务，例如行为人利用手机的通信功能实施电信诈骗，不能将犯罪行为的发生归责于移动或联通通信公司提供了通信服务，没有及时切断诈骗人的通信功能。我国拥有 14 亿人口，手机已经成了家用的通信工具，如果让通信公司承担每一通电话或者短信的内容监测义务，显然不切实际。所以最后侵害结果的发生并不能不当追溯到网络服务提供者的不作为行为中。(2)支配理论中的不作为犯对于犯罪结果的发生有排他性的支配，网络服务提供者只是在假定的条件下对避免结果的发生具有“可能性”而已。因为网络服务提供者支配了犯罪结果的发生，事实上网络服务提供者如果作为，只是可以制止违法信息的传播，避免危害结果的发生，有“支配可能性”而已，但实际上网络服务提供者只是什么都没有做而已。如日本学者西田典之指出“如果认为作为是指向结果的因果设定，而不作为便属于对因果过程的放任，为此，不作为要与作为具有构成要件等价值性，不作为者就必须将正在发生的因果流程控制在自己的手中，即获得基于意思的排他性支配”②。支配理论的不作为犯立足点在于不作为者排他性地控制了可能改善受害法益的全部条件，通过支配，将不作为与结果的发生紧密地联系在一起。网络服务提供者没有排他性地控制了改善受害法益的全部条件，发布或上传违法信息的网络用户也可以通过自己的作为，避免结果的发生。

在对不作为正犯的多元理解理论中，德国的雅各布斯教授在规范论角度上建立的正犯概念和体系颇具代表性。通过管辖来确定正犯归属原理，组织管辖与组织者的组织行为相联系，正犯性需要通过该组织行为是否支

---

① 参见周光权：《拒不履行信息网络安全管理义务罪的司法适用》，载《人民检察》2018 年第 9 期。

② [日]西田典之：《刑法总论》，刘明祥、王昭武译，中国人民大学出版社 2009 年版，第 94 页。

配了事件的进行来判断，制度管辖与制度要求的社会角色履行性要求相连接，正犯性需要通过该行为是否违反了具有制度关联性的积极义务来判断。根据雅各布斯教授的正犯体系，不作为犯的正犯判断也从组织管辖和制度管辖两个方面进行，组织管辖范畴内的不作为犯的正犯性是通过是否支配了犯罪事实加以判断；制度管辖范畴内的不作为犯的正犯性则是通过是否违反了团结义务进行判断。不作为只是行为的一种外在表现形式，不是区分支配犯和义务犯的根据。不作为的方式既可能构成支配犯的正犯，也可能构成义务犯的正犯，若要进一步判断到底属于支配犯还是义务犯，则需要依据不作为的方式所违反的义务的性质进行判断。对于身份犯、不作为犯来说，特别的社会地位塑造了特定主体的特别义务，而不是构成保护性支配的前提。具有特别社会地位的行为人应当在介入特定领域内时按照社会角色的期待和赋予的职责义务行事，只要行为人违反了该特别义务，无论是否支配了犯罪，也无论是以作为还是不作为的方式违反义务，他就排他性地侵害了该领域内的某种法益，就构成正犯。所以在拒不履行网络安全管理义务罪中，刑事惩罚的根据在于网络服务提供者违反了应当承担的社会角色和规范义务，且网络服务提供者是以不作为的方式，即不积极履行规范义务表现出来的。因此，他成为该罪的“核心人物”。

（二）不法行为的表现形式

我国《刑法》第286条之一规定“网络服务提供者不履行法律、行政法规规定的信息网络安全管理义务，经监管部门责令采取改正措施而拒不改正，有下列情形之一的，处三年以下有期徒刑、拘役或者管制，并处或者单处罚金：（一）致使违法信息大量传播的；（二）致使用户信息泄露，造成严重后果的；（三）致使刑事案件证据灭失，情节严重的；（四）有其他严重情节的”①。条文采取了概括的罪名模式，使罪名适用范围过大，在司法实践适用中引起了不少争议，因此首先需要厘清网络服务提供者违反网络安全管理义务的行为性质，通过良性释法把握本罪名在司法实践中的正确适用，避免其成为网络罪名中的“口袋化”罪名。

1.“快播案”的行为表现形式争议

（1）“快播案”的基本案情

被告单位深圳市快播科技有限公司（以下简称快播公司）自2007年成立以来，基于流媒体播放技术，向国内和国际用户免费提供QSI软件（QVOD资源服务器安装程序）和QVODPlayer软件（快播播放器软件）。

---

① 2020年《中华人民共和国刑法》第286条之一。

每个快播的用户(快播公司称其为“站长”)都可以通过QSI软件发布视频及下载视频,快播公司为提高视频下载速度,在全国设置1000余台缓存服务器,在某个视频达到一定点播次数后,缓存服务器就会自动抓取、存储该视频,当该用户再次点播时,就会提供最佳路径,通过缓存服务器调取,提高用户的下载速度。其间,部分淫秽视频因高点击、高下载被服务器自动缓存,加速了这些淫秽视频的传播与下载,而被告快播公司及其负责人明知QSI软件和QVODPlayer软件被网络用户用于搜索、发布、传输、播放、下载淫秽视频,出于牟利目的,其未履行监管职责,仍放任该违法情况发生,导致了大量淫秽视频在国际互联网上传播。①

2013年11月18号,海淀区文化委员会在辖区内的北京网联光通公司中查获了快播公司托管的4台服务器,后北京市公安局从其中的三台中提取出29,841个视频文件进行鉴定,21,251个视频被认定为淫秽视频。2015年2月6日,北京市海淀区人民检察院以传播淫秽物品牟利罪向北京市海淀区人民法院提起公诉。

(2)“快播案”的司法认定

法院认定被告人构成传播淫秽物品罪。首先,快播公司及各被告人明知系统内存在大量淫秽视频,出于牟利目的,放任视频传播活动。本案中,对于“明知”,快播公司及各被告人分别在2012年8月和2013年8月收到深圳市公安局公安信息网络安全监察分局(以下简称深圳网监)和南山广电局的行政处罚警告和行政处罚决定,且两次处罚都是指向淫秽视频的传播事实。在第一次处罚和整改后,若是说快播公司的管理层对之前服务系统介入淫秽视频传播并造成了大量传播结果不知情有可能性,但是在间隔1年之后,快播公司就因同样的事由受到行政处罚,再称不知情,没有可信性。② 对于“牟利目的”,司法实践中的认定既包括通过淫秽物品直接获取对价,也包括获取流量等从而间接获得利益。快播公司明知自己的软件和网站被用于传播淫秽视频却放任不管,甚至客观上推波助澜,利用缓存服务加快了淫秽视频的传播速度,自己也因此扩大了播放器的用户群体,增加了软件的下载量,获得更大的收益。主观上,快播公司明知传播淫秽视频的行为直接导致了公司利润的增加,仍持放任态度,应当认定为具有非法牟利的目的。其次,客观上,快播公司也实际传播了淫秽视频。快播公司对上述查

① 参见《快播案一审宣判:王欣被判3年6个月 罚款100万》,载观察者网,https://www.guancha.cn/society/2016_09_13_374263_s.shtml。

② 参见范君:《快播案犯罪构成及相关审判问题 技术判断行为的进路》,载《中外法学》2017年第1期。

获的4台服务器,具有远程控制权,服务器缓存的视频实际上处于快播公司的实际占有之下,用户发布或播放视频时,快播公司控制的缓存服务器和调度服务器参与其中并起到重要作用。所以快播公司构建的P2P网络平台和缓存加速服务都让其成为技术的使用者,同时是网络视频信息服务的提供者。①

(3)对“快播案”行为表现形式的理论争议

作为2016年的开年大案,“快播案”最终以二审维持一审判决,快播公司及其4位负责人构成传播淫秽物品牟利罪落下帷幕。但是案件结束不代表着争议的结束,“快播案”引发了学术界对“网络技术是否中立?”“中立帮助行为是否有必要予以处罚?”“快播公司行为是不作为还是作为,或者两者的结合?”等一系列问题展开了激烈的讨论,也有学者直接质疑“快播案”判决的合理性。② 本书主要基于快播案对于网络服务提供者归责多元化的重要意义,对快播公司的行为形式争议进行分析。对于快播案的行为形式,学者们主要提出了以下四种观点:

一是不作为说。法院的裁判理由中可以看出法院是将快播公司的行为性质认定为不作为,判决书中的“被告单位快播公司通过网络系统中的大量缓存服务器介入淫秽视频传播而拒不履行安全管理义务”的表述实际上就是将快播公司的行为性质认定为传播淫秽物品牟利罪的不作为的实行行为。③ 持不作为说的学者们认为快播公司的行为难以被认定为作为行为,快播公司没有制作淫秽视频,也没有“传播”淫秽视频,只是提供了传播淫秽物品的软件(技术)或者平台,客观上存在缓存淫秽视频的行为仅仅是播放行为的附属行为而已,简而言之,快播公司只是提供了一款播放淫秽视频的软件而已,其自身并未制造、传播淫秽物品。④ 快播公司之所以要承担相应的法律责任,是因为快播公司提供网络视频软件和管理视频内容的经营模式决定了快播公司的监管义务,且刑法规定违反义务的不作为行为能够构成传播淫秽物品牟利罪的不纯正不作为犯,快播公司拒不履行监管义务,对淫秽视频传播的结果持放任故意,具有因果关系,构成了不作为的传播淫秽

① 参见深圳市快播科技有限公司等制作、复制、出版、贩卖、传播淫秽物品牟利案,北京市海淀区人民法院(2015)海刑初字第512号刑事判决书。

② 参见刘艳红:《无罪的快播与有罪的思维——“快播案”有罪论之反思与批判》,载《政治与法律》2016年第12期。

③ 参见陈兴良:《快播案一审判决的刑法教义学评判》,载《中外法学》2017年第1期。

④ 参见齐文远、杨柳:《网络平台提供者的刑法规制》,载《法律科学(西北政法大学学报)》2017年第3期。

物品牟利罪。①

二是作为说。有学者认为传播淫秽物品罪中的“传播”属于立法抽象出来的构成要件行为，并不是仅限于“播放”或“帮助播放”的单一、具体动作，即使被告快播公司自己没有提供原始视频，也应当阻止其用户播放、观看，快播公司的网络服务实现了多数受众分享（共享）信息，其行为性质符合“传播”行为的本义。② 周光权教授也认为快播公司实施了提供播放器的行为和缓存淫秽视频的行为，前者可能违反了监管义务，有不作为的可能，但是缓存淫秽视频的行为则是积极地支配了犯罪的因果流程，属于作为行为。③

三是不作为与作为相结合说。一个犯罪行为能否同时存在作为和不作为，有学者持肯定意见。张明楷教授认为存在引起作为义务的先行行为，例如故意犯罪，如果行为人用刀砍杀他人就对被害人产生了救助义务，行为人继续砍杀的作为行为与不救助的不作为行为，共同构成一个故意杀人行为。④ 同理，快播公司同时存在作为行为与不作为行为。其缓存淫秽视频并向用户提供缓存服务器里的淫秽视频，如同展览厅的管理者，属于以陈列方式传播淫秽物品的行为；快播公司在缓存淫秽视频之后，有义务阻止其他网络用户观看该视频却未阻止，还同时向更多的用户提供缓存服务器中的淫秽视频，其行为属于作为与不作为的结合。

四是犯罪行为否定说。即认为快播公司的行为本质上是无罪的。支持该观点的学者主要认为快播公司不具有预先审查和实时监控义务，不应对淫秽视频的内容负责，快播软件作为一个技术性软件，并不是只播放淫秽视频，过重的义务会导致网络服务提供者不堪重负，最终将阻碍我国信息网络的良性化发展。⑤ 对快播公司定罪，而不对使用快播软件传播淫秽视频的用户定罪处罚，背离了个人责任原则和实质正义，会造成互联网秩序的进一步恶化。⑥ 上述学者对于快播公司行为性质的争议主要在于快播公司缓存行为的性质、快播公司的义务来源及传播淫秽物品牟利罪能否以不作为方

① 参见陈兴良：《快播案一审判决的刑法教义学评判》，载《中外法学》2017 年第 1 期。

② 参见毛玲玲：《传播淫秽物品罪中“传播”行为的性质认定——“快播案”相关问题的刑事法理评析》，载《东方法学》2016 年第 2 期。

③ 参见周光权：《犯罪支配还是义务违反：快播案定罪理由之探究》，载《中外法学》2017 年第 1 期。

④ 参见张明楷：《快播案定罪量刑的简要分析》，载《人民法院报》2016 年 9 月 14 日，第 3 版。

⑤ 参见刘艳红：《无罪的快播与有罪的思维——“快播案”有罪论之反思与批判》，载《政治与法律》2016 年第 12 期。

⑥ 参见李婕：《技术中立与网络技术提供行为的刑法归责》，载《安徽大学学报（哲学社会科学版）》2017 年第 5 期。

式构成这三个方面。

首先,对于快播公司缓存行为的性质,网络技术的缓存功能是建立一个临时的数据库,使用户在播放时不用重新调取数据以提高数据信息的传输速度,这种行为在技术的角度属于存储,在功能的角度属于传输。① 功能性的角度属于传输是指在用户的请求下信息的传输更加迅捷,快播软件在用户观看视频时,自动对视频进行缓存,即在观看的同时同步缓存视频,以保证用户在观看过程中的流畅性,不卡顿,这是行业的通行做法。欧盟《关于内部市场中与电子商务有关的若干法律问题的指令》第 13 条"关于存储的责任"也规定,存储服务提供者在一定条件下,只要履行删除或封锁信息通道义务,对传输信息进行自动、临时性和过渡性的存储仍然可以免除责任。"快播案"一审判决认为快播公司介入缓存服务器的视频点播服务和"缓存"技术归责,决定了其实质介入了淫秽视频的传播行为。从案件事实来看,快播公司的缓存的确对于淫秽视频的传播起到了一定的技术帮助作用,使淫秽视频在网络更大范围内、更加快捷地传播。但是这种行为并不能单独地评价为作为行为。上传淫秽视频的行为主体是站长,播放淫秽视频的行为主体是快播的网络用户,快播公司在其中起到的作用就是提供缓存技术服务,其服务加快了淫秽视频的传输和播放。"传播"一词可以理解成实施具体传播的行为,也可以在广泛层面上理解为传播的过程和结果,如果将传播行为理解为对传播的过程和状态有有利影响的行为,会不当扩大传播淫秽物品(牟利)罪的惩罚范围。

快播公司缓存的行为仍然属于快播公司对于播放量高的视频的技术处理,其目的在于建立一种"临时的数据调取库",在用户播放视频时不用重新调取数据,从而使视频播放更加流畅,这与缓存本身的技术原理是相契合的。快播公司并未主动缓存淫秽视频,主动向用户提供淫秽视频,只是对"用户播放量高"的视频自动存储,另外,点击量高的视频并不等同于淫秽视频,用户的行为才决定了缓存视频的"种类"。正如一审判决中提到的"缓存服务器介入没有直接提供链接,只有当用户点击淫秽网站上的链接后,快播公司的服务器才会调度服务器的指挥、提供加速服务,其技术介入的非直观性特征明显"②。网络用户播放淫秽视频的行为及站长上传淫秽视频的行为是否构成传播淫秽物品罪或传播淫秽物品牟利罪则是另外的话题,就快播公司提供的缓存

---

① 参见[德]乌尔里希·齐白:《比较法视野下网络服务提供者的责任》,王华伟、吴舟译,北京大学出版社 2016 年版,第 202 页。

② 范君:《快播案犯罪构成及相关审判问题技术判断行为的进路》,载《中外法学》2017 年第 1 期。

服务而言，它仍然属于对淫秽视频的技术处理，是播放行为的附属行为，快播公司并不是通过积极作为的方式进行淫秽视频的传播。

从教义学层面来说，不应当肯定一个犯罪行为中同时存在作为与不作为的行为，对一个犯罪只能作出唯一的、确定的评价，而不能作出多个模糊的评价，否则违反刑法中的罪刑责相适应的基本原则，如果承认作为与不作为同时存在，将会陷入“由作为犯构成的犯罪，原则上也可以由不作为方式构成”的逻辑怪圈，这样会扩大不纯正不作为犯的惩罚范围，导致刑法滥用的可能。对于快播公司的一个行为只能作出唯一的评价，快播公司对视频进行缓存的行为实质上并不是自己制作淫秽视频，只是在缓存视频后再次提供给网络用户时未尽到必要的监管的义务，其行为应当属于不作为的性质。

其次，刑法上的不作为犯，是指行为人应当实施却没有实施刑法期待的行为。因此要认定某个行为是否构成了刑法上的不作为，首先需要确定行为人有刑法规定的作为义务。① 所以，并不是所有“法律”义务都可以成为刑法中构成要件中的义务，《刑法修正案（九）》的拒不履行信息网络安全管理义务罪中将法律、行政法规中设定的网络服务提供者的义务规定为刑法的义务，并提高了要求，只有在网络服务提供者违反一般法律规定，经责令改正后拒不改正才追究刑事责任，明显区别于一般法律中的不作为犯。快播公司的不作为行为具有刑事可罚性，从案件事实出发，快播公司在提供QSI 和 QVODPlayer 软件时，故意违反网络安全管理义务，明知快播用户利用其提供的网络服务从事违法犯活动，却放任淫秽视频的传播，且经相关主管部门两次责令改正后拒不改正，造成了严重的危害后果。尽管该案件发生于《刑法修正案（九）》之前，因而不构成拒不履行信息网络安全管理义务罪，但不能就此否认快播公司承担刑事责任的实质根据为不作为犯罪。

最后，传播淫秽物品罪能否以不作为方式构成，这一问题也争议颇大，有支持理论上存在不作为形式的传播淫秽物品牟利行为的观点，认为“以往的教科书鲜有对传播淫秽物品牟利罪的‘传播’的行为方式进行明示的，司法解释中对此也没有明确的规定，此前的审判实践中也未出现过类似案件，因此不作为形式的传播更多是理论上的存在”②。但是质疑之声也不断存在，例如高艳东教授认为“不履行管理义务不等于传播，对于类似于传播淫秽物品牟利罪可判处无期徒刑的重罪，应当严格限制其行为方式，排除不作

---

① 参见齐文远、杨柳：《网络平台提供者的刑法规制》，载《法律科学（西北政法大学学报）》2017年第3期。

② 陈洪兵：《中立行为的帮助》，法律出版社2010年版，第232～233页。

为,否定不纯正不作为犯"①。在高艳东教授的举例中,传播淫秽物品罪最高刑是2年,属于轻罪,解释上可以宽松,能以不作为方式构成,但传播淫秽物品牟利罪是重罪,解释上就必须严格,排除不作为方式,这样直接以法定刑的高低来决定罪名的行为方式,失之偏颇。

笔者认为传播淫秽物品罪和传播淫秽物品牟利罪在构成要件上的主要区别在于行为人有无牟利目的,而不是行为方式的区别,两罪的行为方式应当是一致的,如果仅以最高法定刑的高低来决定,明显违背罪刑法定原则。传播是指在一定范围内扩散,通常都是以作为形式构成。但如果具有阻止扩散义务的人不予阻止,这就是不作为的传播。② 司法解释中也对不作为方式传播淫秽物品罪或传播淫秽物品牟利罪的情形持肯定态度,如2004年最高人民法院、最高人民检察院《关于办理利用互联网、移动通讯终端、声讯台制作、复制、出版、贩卖、传播淫秽电子信息刑事案件具体应用法律若干问题的解释(一)》(以下简称《淫秽电子信息若干解释(一)》)第6条规定明知却在自己所有、管理或使用的网页上提供关于具体描绘未成年性行为的电子信息,按传播淫秽物品(牟利)罪从重处罚。2010年最高人民法院、最高人民检察院《关于办理利用互联网、移动通讯终端、声讯台制作、复制、出版、贩卖、传播淫秽电子信息刑事案件具体应用法律若干问题的解释(二)》(以下简称《淫秽电子信息若干解释(二)》)第4条和第5条规定网站管理者等出于牟利目的,明知淫秽电子信息,却放任其在自己控制的网站、网页上发布的,符合构罪标准的,以传播淫秽物品牟利罪或传播淫秽物品罪定罪处罚。上述的司法解释条文中明显肯定了不作为方式可以构成传播淫秽物品(牟利)罪,实际上创制了传播淫秽物品(牟利)罪的"共犯正犯化"规则。

不作为与牟利目的并不冲突,一般而言,牟利目的是直接获取利益,但"快播案"中对牟利目的做了一个广泛意义上的理解。张明楷教授认为牟利目的不仅限于通过淫秽物品的对价实现。利用网络传播淫秽物品的,通过广告、流量等获利的,也属于牟利目的。③ 在普通的传播淫秽物品牟利罪案件中,行为人用淫秽物品作为对价,直接获取财产性利益。但在"快播案"中,快播公司并没直接出售淫秽视频文件来获得利益,用户在快播公司的软件上播放观看淫秽视频是免费的,而是通过特定的经营模式,例如广告软性植入、会员收费等间接牟利。正如一审判决中认定的"快播公司通过提供缓存技术等方法改善用户体验,增加用户数量和扩大市场占有率,进而提升快

---

① 高艳东:《不纯正不作为犯的中国命运:从快播案说起》,载《中外法学》2017年第1期。

② 参见陈兴良:《网络犯罪的类型及其司法认定》,载《法治研究》2021年第3期。

③ 参见张明楷:《刑法学》(下),法律出版社2016年版,第1168页。

播资讯广告或捆绑推广软件的盈利能力增加收入”①。

“快播案”之后，学界对于网络服务提供者的归责路径走向多元化。有学者从共犯的角度出发的，认为表象上，网络社会空间中发生的这类行为属于帮助犯，但实质上实践中已经突破了原有的认定，不再依靠共同犯罪理论对具有独立性的技术帮助行为实现评价和制裁，而是直接将其扩张解释为实行犯，直接可以通过分则的具体构成要件予以规制，有效地解决了在共同犯罪理论中难以有效评价的技术性。或认为“依法审理快播案或将成为打击网络片面共同犯罪（技术帮助犯）的一个缩影，既肯定司法解释确立的司法导向，也呼应刑法的最新修改意图，更可能为今后追究网络片面共犯刑事责任确立极具标杆意义的指导性个案”②。也有从不作为犯的角度出发的，认为“快播公司等网络服务商有法定的监管义务，并且刑法将这种不履行监管义务的行为涵盖在传播淫秽物品牟利罪的不纯正的不作为犯之下，所以快播公司的行为完全可以认定为传播淫秽物品牟利罪的不作为犯”③。基于此，由“快播案”引发的行为形式的争议，引起了理论上对于网络服务提供者刑事责任的正犯与共犯、作为犯与不作为犯的重点研究。

2. 拒不履行信息网络安全管理行为的性质争议

对于我国网络犯罪立法中的唯一一个义务犯罪名——拒不履行信息网络安全管理义务罪，其行为性质并未得到学界的统一认知。对于拒不履行信息网络安全管理的行为是正犯行为还是共犯行为？是不作为行为还是作为行为？若是正犯行为，则共犯责任完全被排除？义务犯和支配犯的归责路径之间有何种关系？这些问题仍然颇有争议。

（1）正犯还是共犯？

众多学者都在共犯视角下，将拒不履行的行为与帮助信息网络活动的行为都认为成帮助行为，典型的观点如认为我国构建了共犯责任、正犯责任、平台责任三类责任为核心的网络帮助行为的刑法评价和制裁体系。第一类为共犯责任，通过司法解释将部分网络帮助行为认定为片面共犯，如最高人民法院、最高人民检察院 2005 年颁布的《关于办理赌博刑事案件具体应用法律若干问题的解释》及 2011 年颁布的《关于办理诈骗刑事案件具体应用法律若干问题的解释》中把共犯成立主观方面要求的意思联络剥离，确认片面共犯，将不需要双方意思联络为赌博和诈骗提供帮助的行为按照共同犯罪处罚；2011 年颁布的《关于办理危害计算机信息系统安全刑事案件

---

① 陈兴良：《快播案一审判决的刑法教义学评判》，载《中外法学》2017 年第 1 期。

② 孙道萃：《网络片面共同犯罪制裁边界：兼议“快播案”》，载《浙江工商大学学报》2016 年第 4 期。

③ 陈兴良：《快播案一审判决的刑法教义学评判》，载《中外法学》2017 年第 1 期。

应用法律若干问题的解释》将共犯成立共同行为剥离，明知他人实施网络违法行为仍然提供帮助的，认定为共同犯罪，即就算帮助的违法行为不能成立刑法意义上的帮助犯，司法解释中仍然可以按照共同犯罪处罚；最高人民法院、最高人民检察院、公安部2010年联合颁布的《关于办理网络赌博犯罪案件适用法律若干问题的意见》作出了更大的突破，将主观共同故意和客观共同行为全面剥离，只要行为人明知是赌博网站，不要求有行为人之间具有意思联络，只要继续为对方提供网络技术支持的，不要求帮助行为成立犯罪，即可直接视为开设赌场罪的帮助犯。第二类是正犯责任，司法解释和立法修正使得帮助犯正犯化，如2010年《关于办理利用互联网、移动通讯终端、声讯台制作、复制、出版、贩卖、传播淫秽电子信息刑事案件具体应用法律若干问题的解释（二）》中将网站建立者和管理者在明知的情况下，允许或放任淫秽电子信息传播发布的帮助性行为直接以正犯传播淫秽物品罪定罪处罚；《刑法修正案（九）》中增设帮助信息网络犯罪活动罪，作为网络共同犯罪行为的兜底型罪名。第三类是平台责任，对正犯责任进一步延伸，将网络平台作为特殊主体，特殊情况下，直接追究网络服务提供者的刑事责任，拒不履行信息网络安全管理义务罪就是基于网络服务提供者在网络空间中的主导地位而设立的更加严格的刑事责任。类似将拒不履行信息网络安全管理义务罪与帮助信息网络犯罪活动罪两罪名进行对比的观点不免陷入机械性的泥沼，纵然两罪存在一些共性之处，但更多的是，两罪的行为主体、行为方式、义务内容等犯罪构成要件存在明显差异。

也有观点认识到互联网中的这类犯罪行为在适用共犯理论上存在一定的障碍，“典型的中立帮助行为中帮助者都不同程度地知晓正犯的犯罪计划和行为，形式上通常是符合帮助犯的基本构成要件。但是网络服务提供者服务的是无数个匿名的服务接受者，在多数情况下对于服务接受者的犯罪计划与犯罪行为并不知情，不符合帮助犯的基本构成要件”①。类似观点主张在共犯理论之外，从正犯角度分析，实际上是承认了“另外的正犯行为”的存在，在“另外的正犯”存在的前提下，网络服务提供者的帮助行为不构成共犯。

拒不履行信息网络安全管理义务罪属于义务犯的罪名，那么义务犯正犯原理中，有义务者与无义务者是否能构成共同正犯？义务犯正犯原理明确提出，谁通过分工和另一个人共同实现了一个义务犯的构成要件，并不必然因此就是共同正犯。罗克辛教授认为有义务者与无义务者的共同正犯和

① 王华伟：《网络服务提供者刑事责任的认定路径——兼评快播案的相关争议》，载《国家检察官学院学报》2017年第5期。

单独的直接正犯一样，应当完全排除犯罪支配理论，行为的意义一开始就因对义务的违反确定了，外在实行中是否具有共同性并不会使行为的意义发生质的变化。① 若是要求义务犯的正犯中除了义务违反还需要有犯罪支配，那么行为人就会被割裂成不负有义务的犯罪支配者和不具有犯罪支配的积极义务者，这就导致无义务者不负有积极义务而实施行为；有义务者待在无义务者身后，根本就不会构成义务犯的正犯，正如网络用户是无法构成拒不履行信息网络安全管理义务罪的正犯的。在雅各布斯教授的理论中。积极义务可以覆盖消极义务。纵使这样，有义务者和无义务者共同实施了某一犯罪行为，无义务者只能是基于组织管辖违反消极义务而负责，有义务者则是基于制度管辖违反积极义务而负责，两者不具有相同的归属原理和可罚性基础，同样不能构成义务犯中的共同正犯，只能是同时犯。

所以拒不履行信息网络安全管理义务的行为只能是正犯行为，而不可能成为共犯行为。我国《刑法》第 268 条之一规制的是网络服务提供者这一特殊主体不履行信息网络安全管理义务，经监管部门责令采取改正措施而拒不改正的行为，而不是其他主体。在支配犯的“正犯行为”不能成立时，该行为仍然可以成立义务犯的正犯。例如快播案如果在《刑法修正案（九）》颁布后发生，快播公司不履行法律、行政法规规定的信息网络安全管理义务，经监管部门两次责令改正后，仍然不采取措施阻止淫秽视频在快播平台上的传播，导致了淫秽视频在国际互联网范围内被大量传播的严重后果，应当按照拒不履行信息网络安全管理义务罪定罪处罚。但是在快播案件中，实际上犯罪实施者是网络用户，快播用户通过快播平台播放、下载淫秽视频是无法构成传播淫秽物品（牟利）罪中的“传播”行为的，在共犯语境下，除了帮助者要有自身的帮助故意和帮助行为，帮助犯的刑事责任是依托于正犯责任的。所以在网络用户难以成立正犯的情况下，再对“帮助的共犯行为”予以处罚，显然违背了共同犯罪的基本原理。拒不履行信息网络安全管理义务罪和帮助信息网络犯罪活动罪在主体上也存在明显的差异，前者的行为主体限于特殊主体——网络服务提供者，后者则是一般主体。根据涉及的罪名和行为主体的不同，网络空间中提供帮助行为的人既可能作为共同犯罪中的帮助犯被刑法评价，也可能作为正犯被评价。但是对于网络服务提供者拒不履行信息网络安全管理义务这一行为，有机契合的就是拒不履行信息网络安全管理义务罪。网络服务提供者的作为帮助行为才可能承担帮助信息网络犯罪活动罪的正犯责任。

---

① 参见何庆仁：《义务犯研究》，中国人民大学出版社 2010 年版，第 202 页。

(2)作为犯还是不作为犯?

在将拒不履行信息网络安全管理义务行为视为共犯行为的研究进路下,学者们又对拒不履行网络安全管理义务的行为形式是作为还是不作为产生了意见的分歧。一类观点将其认为不作为行为,从该罪的罪状分析中可知其是典型的不作为的帮助行为,帮助信息网络犯罪活动罪的实行行为是作为,拒不履行信息网络安全管理义务行为与帮助信息网络犯罪活动行为的实质其实是相同的,两种行为本质上都是为网络用户利用信息网络实施犯罪活动提供技术支持或帮助,只是两者在行为的具体类型上存在区别:一个是通过不履行信息网络安全管理义务的消极不作为方式提供技术支持、帮助;另一个是通过提供信息网络服务的积极作为方式进行技术支持、帮助。① 甚至,有学者直接批评《刑法修正案(九)》基于传统的入罪思维,将拒不履行网络安全管理义务的行为与帮助信息网络犯罪活动的全面入罪化,是将网络中立帮助行为的入罪化推向极端,最终必然阻碍我国网络技术的创新发展,对社会产生不利影响。②

还有一类观点认为无法区分拒不履行信息网络安全管理的行为是作为还是不作为,"网络服务商违反特定义务的不作为与实施法律禁止行为的作为具有等价性,都与法益侵害结果或危险的发生建立了刑法上的因果联系,网络服务商在提供服务过程中明知用户利用该服务实施犯罪却不予阻止,与明知用户欲实施犯罪而为其提供网络服务在法益侵害的本质上并无差别"③;"即便当初行为人不明知他人利用其提供的网络技术支持等帮助实施犯罪活动,但当行为人发现他人利用其帮助实施犯罪而不予阻止时,不能排除帮助信息网络犯罪活动罪的成立,这说明,帮助信息网络犯罪活动罪虽然通常由作为构成,但也不能排除不作为成立该罪的可能性,故仅从作为与不作为的行为方式上,难以区分二罪"④。

本书认为,应当在义务犯的正犯理论体系下讨论拒不履行信息网络安全管理义务行为的表现形式。义务犯理论对支配犯的基础——等价理论作出了批判:"在义务犯理论,同等地位的问题一开始就迥异于作为犯。这也就是说,若当事人违反基于其接受的社会角色而产生义务,而这个义务又能使构成要

---

① 参见刘宪权:《论信息网络技术滥用行为的刑事责任——〈刑法修正案(九)〉相关条款的理解与适用》,载《政法论坛》2015 年第 6 期。

② 参见刘艳红:《网络中立帮助行为可罚性的流变及批判——以德日的理论和实务为比较基准》,载《法学评论》2016 年第 5 期。

③ 葛立刚:《网络服务商不作为刑事责任的边界》,载《西南政法大学学报》2016 年第 6 期。

④ 陈洪兵:《论拒不履行信息网络安全管理义务罪的适用空间》,载《政治与法律》2017 年第 2 期。

件得以确定，那么，从罪刑法定原则的角度来讲，这个对义务的违反是通过作为方式实现的，还是通过不作为方式实现的，就变得并不重要了。”①根据雅各布斯教授的义务犯理论，不作为和作为在外在表现形式上的差异对于行为人的归责来说并不重要，重要的是应当为这个事件负责的“核心人物”。在支配犯的组织管辖中，行为人负有“不得伤害他人”的“消极义务”；在义务犯的制度管辖中，行为人则负有的是“和他人共同建设一个世界”的“积极义务”；因此，如果行为人通过组织行为伤害他人，违反了消极义务，即构成支配犯，相反，若是行为人通过制度行为违反了制度管辖义务，即构成义务犯。两者的行为都可以是作为，也可以是不作为。不论是作为还是不作为都是造成了法益侵害风险，作为是通过积极制造法益风险的方式支配了犯罪的因果流程，造成了法益侵害的最终结果；不作为则是违背了本应作为的义务，使本来可以被避免的法益侵害没有被避免，原本可以不发生的结果发生了。快播案件中快播公司并未主动上传淫秽视频，也未主动下载淫秽视频，只是提供一个播放软件供用户播放，并未支配犯罪流程，仅仅是违反了监管义务。

《刑法修正案(九)》指明拒不履行信息网络安全管理义务罪中网络服务提供者的义务来源于法律、行政法规，早在2010年最高人民法院、最高人民检察院《关于办理利用互联网、移动通讯终端、声讯台制作、复制、出版、贩卖、传播淫秽电子信息刑事案件具体应用法律若干问题的解释(二)》第4条和第5条规定了网络服务商的不履行法定阻止义务构成了实质的“传播”，以牟利为目的，网站建立者、直接负责的管理者明知他人制作、复制、出版、贩卖、传播的是淫秽电子信息，允许或者放任他人在自己所有、管理的网站或者网页上发布，具有法定情形之一的，以传播淫秽物品牟利罪定罪处罚。网站建立者、直接负责的管理者明知他人制作、复制、出版、贩卖、传播的是淫秽电子信息，允许或者放任他人在自己所有、管理的网站或者网页上发布，具有法定情形之一的，以传播淫秽物品罪定罪处罚。对此，最高人民检察院法律政策研究室作出的解释中说明“考虑到上述行为是主要通过不作为方式实施的，与直接传播淫秽物品的行为存在一定区别，并且网站或网页的信息容量较大，因此将犯罪主体限制为网站建立者和直接负责的管理者，在定罪量刑标准上较直接制作、传播者适当提高”②。随后，网络服务提供

① [德]克劳斯·罗克辛：《刑事政策与刑法体系》，蔡桂生译，中国人民大学出版社2011年版，第24页。

② 陈国庆、韩耀元、吴峤滨：《关于办理利用互联网、移动通讯终端、声讯台制作、复制、出版、贩卖、传播淫秽电子信息刑事案件具体应用法律若干问题的解释(二)》，载《人民检察》2010年第5期。

者的刑事责任条款通过《刑法修正案(九)》正式在刑法层面被确定,网络服务提供者不履行信息网络安全管理义务,且拒不改正,具有严重情节的,应当承担刑事责任。从网络服务提供义务的发展过程来看,网络服务提供者只能以不作为方式构成拒不履行信息网络安全管理义务罪。

八、拒不履行信息网络安全管理义务罪的具体展开

(一)拒不履行信息网络安全管理义务罪的司法适用

为了结合实务案例,更加深入地了解拒不履行信息网络安全管理义务罪的适用情况,笔者在北大法宝上,以"拒不履行信息网络安全管理义务罪"为关键词,"刑事"为案由,进行搜索,截至2021年9月,共检索出5份刑事判决书。① 从裁判年份上看,2018年有4份,2020年有1份。而且都是一审的刑事判决,其中"许某拒不履行信息网络安全管理义务罪案"二审裁定驳回上诉。从上述的司法案例中,可以得知本罪的实践适用率极低,从2015年增加该罪后,迄今为止已有6年时间,但能够公开检索到的刑事判决书仅有6份,不免让人怀疑该条款是否会异化为"僵尸条款"(见表3-1)。

表3-1 拒不履行信息网络安全管理义务判例

案件/案号	不履行信息网络安全管理义务	监管部门责令改正	拒不改正	严重结果	罪名	量刑
李某全拒不履行信息网络安全管理义务案/(2020)云0103刑初1206号	将回收的电话卡进行制卡和发卡,卖给昆明黑兔子工作室,用于盗取回收卡上绑定的用户微信账号	辽宁省通信管理局、工业和信息化部网络安全管理局、工业和信息化部办公厅先后三次作出处罚,要求被告人对违法实名制问题进行整改	没有改正	将大量带有公民个人信息的回收卡交给亚飞达信息科技股份有限公司,违反用户实名制进行挑卡,造成严重后果	拒不履行信息网络安全管理义务罪	有期徒刑1年3个月,并处罚金5000元

① 参见北大法宝,http://www.pkulaw.cn。

续表

案件/案号	不履行信息网络安全管理义务	监管部门责令改正	拒不改正	严重结果	罪名	量刑
何某某、李某某开设赌场案/（2018）赣0102刑初585号	利用盘古公司辰龙游戏平台的“捕鱼”“五子棋”游戏供人赌博，并通过“银商”将游戏币兑换为人民币	金华市公安局网络警察支队、文化行政综合执法支队市场监督管理局网络经营监管处下发《责令限期改正通知书》，责令盘古公司限期整改辰龙游戏中心网站	没有改正	非法牟利数额较大	同时触犯开设赌场罪、拒不履行信息网络安全管理义务罪、帮助信息网络犯罪活动罪，择一重罪处罚	有期徒刑3年，缓刑3年，并处罚金人民币2百万元
朱某非法获取计算机信息系统数据、非法控制计算机信息系统案/（2018）鄂1003刑初150号	通过自建网站销售其代理的VPN软件，并建立自己的VPN平台，为用户提供通道访问国内不能访问的境外互联网网站	荆州市公安局通知被告人关停VPN业务	没有改正	连接境外IP记录的会员账号数量为478个，支付宝交易记录收入共计40,350元。至案发，支付宝交易记录收入人民币1,741,620元	拒不履行信息网络安全管理义务罪	有期徒刑1年4个月，并处罚金8万元
许某拒不履行信息网络安全管理义务罪案/（2018）川0502刑初176号	单独管理的网站发表大量违法文章	泸州市江阳区网信办要求被告人删除有害信息	为逃避监管，授意杨某某联系租赁国外服务器，再次开通网站	拒绝签收限期整改通知书，拒不删除相关文章，致使违法信息大量传播，截至案发，违法信息浏览阅读量累计达153,838次	拒不履行信息网络安全管理义务罪	判处罚金

续表

案件/案号	不履行信息网络安全管理义务	监管部门责令改正	拒不改正	严重结果	罪名	量刑
胡某拒不履行信息网络安全管理义务案/(2018)沪0115刑初2974号	为非法牟利,租用国内、国外服务器,自行制作并出租“土行孙”“四十二”翻墙软件	上海市浦东分局先后两次约谈被告人,要求其停止联网服务。后来,又作出责令停止联网警告,并处罚款人民币15,000元,没收违法所得人民币40,445.06元的行政处罚	继续出租“土行孙”翻墙软件	为境内2000余名网络用户非法提供境外互联网接入服务;违法所得共计人民币236,167元	拒不履行信息网络安全管理义务罪	拘役6个月,缓刑6个月,罚金人民币3万元

一方面,实践中对于被告人的行为认定存在较多争议,对行为触犯罪名的认识并不统一。在“何某某、李某某开设赌场”案中,被告人在网站上开设赌场的行为,法院认为同时触犯开设赌场罪、拒不履行信息网络安全管理义务罪、帮助信息网络犯罪活动罪,择一重罪处罚;在“朱某案”中,被告人被羁押时、逮捕时,起诉时和判决时的罪名完全不同,在公安机关羁押时是非法经营罪,在提请检察院批准逮捕时适用的罪名是破坏计算机信息系统罪,而在检察院向法院提起公诉时则适用的是提供侵入、非法控制计算机信息系统程序、工具罪,最后案件经过审理,法院最终判决被告人构成拒不履行信息网络安全管理义务罪。另一方面,不同法院之间的判决差异较大,“朱某案”和“胡某案”都是被告人制作服务器,翻墙获取非法收益,较为接近,甚至胡某的服务用户数量和违法收入都高于朱某,但是最后的刑罚却远轻于朱某。由此可见,实践中对于网络服务提供者承担的义务内容、不同类型的网络服务提供者承担的义务的区别、网络服务提供者的帮助行为构罪是否需要依赖被帮助者成立犯罪等问题缺乏统一的理解。为了避免本罪被裁判者“束之高阁”,造成立法资源的巨大浪费,有必要对拒不履行信息网络安全管理义务罪的构成要素进行解释,以便正确适用本罪。

(二)拒不履行信息网络安全管理义务罪的理论思考

1. 拒不履行行为的主观状态

就拒不履行信息网络安全管理义务罪的主观状态是故意还是过失,理论界也未能达成一致意见,主要有以下几种观点。

一是故意。持这一观点的学者认为根据构成要件“经监管部门责令采取改正措施而拒不改正”,本罪不可能由过失或者间接故意(单纯的放任)行为构成,“拒不改正”反映了行为人对危害结果的发生是持积极追求或者希望的态度,若是行为人工作失误未采取改正措施的,即使造成了危害结果也不构成本罪。① “本罪的责任形式是故意,行为人误以为信息不违法而没有采取改正措施时,属于事实认识错误,阻却故意的成立。”②

二是过失。有学者认为虽然从最高法、最高检最终确定的罪名名称以及我国《刑法》第287条之二故意型的犯罪“帮助信息网络犯罪活动罪”来看,立法者的意图是将该罪设定为故意犯罪,但是这样理解,会造成该罪与帮助信息网络犯罪活动罪在功能上产生部分重合。造成处罚上的不周延,因此应当重新解读其为过失犯罪。“相关部门的整改要求是行为人‘拒不’履行的对象,并不是构成要件中的结果,换而言之,‘拒不’本身就是一个具有积极性的表征行为,但不能因此认定为本罪中行为人的主观状态就是故意,其实行为人对于结果并非持故意心态,只是因为未履行义务过失造成了严重后果,所以本罪应当是过失犯罪,类似于交通肇事中行为人拒不履行道路法规定的安全行车义务。”③也有研究者在比较的视角下认为帮助信息网络犯罪活动罪的主观状态是一种放任的间接故意,拒不履行信息网络安全管理义务罪的主观状态是过失。④

三是复合罪过的行为。有的学者主张,拒不履行罪的设置一定程度上打破了传统犯罪理论中对于故意和过失明确的区分界线,引入了类似于英美法系中的“过于自信”和“间接故意”复合的“轻率”主观罪过。也有学者提出类似的“模糊罪过”,认为法定犯时代,故意和过失的非难可能性差异不明显,没有必要严格区分。“对于‘拒不履行’网络服务提供者持故意的态度,但是对于该行为所可能造成‘违法信息大量传播’的严重后果,网络服务提供者既可能持故意(包括直接故意和间接故意),也可能持过失的主观心

---

① 参见谢望原:《论拒不履行信息网络安全管理义务罪》,载《中国法学》2017年第2期。

② 李本灿:《拒不履行信息网络安全管理义务罪的两面性解读》,载《法学论坛》2017年第3期。

③ 李本灿:《拒不履行信息网络安全管理义务罪的两面性解读》,载《法学论坛》2017年第3期。

④ 参见陆旭:《网络服务提供者的刑事责任及展开:兼评〈刑法修正案(九)〉的相关规定》,载《法治研究》2015年第6期。

理,但是不论行为人的主观状态如何,只要行为人具有预见可能性,就成立本罪。”①

本书赞同刑法理论通说,帮助信息网络犯罪活动罪与拒不履行信息网络安全管理义务罪在罪过形式上没有区别,都为故意犯罪。② 本罪不宜和“交通肇事罪”中的交通肇事者违反交通运输法规和“消防责任事故罪”中的违反消防管理法规进行比较,“交通肇事罪”的刑法评价重点在于肇事者的“肇事行为”造成了严重的危害结果,如“发生重大事故,致人重伤、死亡或者使公私财产遭受重大损失”,而不是肇事者违反交通运输管理法规。而“消防责任事故罪”的条文表述中虽然存在“经消防监督机构通知采取改正措施而拒绝执行,造成严重后果的”行为,但消防责任事故罪中,行为人并未预见到自己违反消防法规的行为会造成严重后果,或者轻信自己能够避免结果的发生,对结果缺乏必要的预见可能性。但是拒不履行信息网络安全管理义务罪中网络服务提供者对于危害结果的发生是可以预见的,甚至明知会发生什么样的危害结果,为了经济利益,故意导致危害结果的发生。行为人明知其行为一定或很大概率上可能会导致危害结果发生,仍不采取制止措施的,则认定其具有追求结果发生的故意。③

2. 真正不作为犯

如前所述,拒不履行信息网络安全管理义务的行为是不作为的行为。不作为犯又可以划分成真正不作为犯与不真正不作为犯。真正不作为犯是在刑法条文中明确将不作为行为规定为犯罪的构成要件,是以行为人不履行特定义务而构成的犯罪,如遗弃罪等;不真正不作为犯是刑法条文中并没有明示不作为是构成要件要素,但是以不作为的方式能够实现通常作为方式实施的犯罪,例如以不作为的方式实施的交通肇事后逃逸发生的间接故意杀人等。④ 不作为行为需要同时具备四个要件:行为人具有特定的法律义务;行为人具有履行可能性;行为人没有履行特定法律义务;⑤行为人还要具备结果回避的可能性。⑥

---

① 陈洪兵:《论拒不履行信息网络安全管理义务罪的适用空间》,载《政治与法律》2017 年第 12 期。

② 参见高铭暄、马克昌:《刑法学》(第 7 版),北京大学出版社、高等教育出版社 2016 年版,第 535 页;周光权:《刑法各论》(第 3 版),中国人民大学出版社 2016 年版,第 355 页。

③ 参见[德]乌尔斯·金德霍伊泽尔:《刑法总论教科书》(第 6 版),蔡桂生译,北京大学出版社 2015 年版,第 264 页。

④ 参见[日]山口厚:《刑法总论》,付立庆译,中国人民大学出版社 2018 年版,第 74 页。

⑤ 参见高铭暄、马克昌:《刑法学》,北京大学出版社、高等教育出版社 2016 年版,第 67 页。

⑥ 参见[日]前田雅英:《刑法总论讲义》(第 6 版),曾文科译,北京大学出版社 2017 年版,第 337 页。

从我国《刑法》第286条之一的条款来看,拒不履行信息网络安全管理义务罪是真正不作为的义务犯。虽然学者们对不真正不作为犯的义务来源争议颇多,但是大多数观点都认为真正不作为犯的义务来源只能是法律法规的明确性规定。第286条之一规定该罪只有由特殊的主体"网络服务提供者"履行特定的义务,即"法律、行政法规规定的信息网络安全管理义务",在法规范的意义上确立了特殊主体的特殊义务。

义务主体的不作为行为同时需要具备履行可能性,网络服务者如果因为自身资金、规模、技术的原因不具有履行可能性时,不应当对危害结果负责。有学者认为"规避网络中的风险需要耗费大量的人力财力并不能成为网络服务商免责的事由"①,但是同时"该作为义务依靠现有的技术措施也不会实质性地增加网络服务商的运营成本,不会过重增加网络服务商的负担"②。故网络提供者要对信息网络安全管理义务履行有现实可能性,我国的官方解释中也赞同了这一立场,"要考虑网络服务提供者是否具有依照监管部门提出的要求,采取相应改正措施的能力。对于确实因为资源、技术等条件限制,没有或者一时难以达到监管部门条件要求的,不能认定为本款规定的'拒不改正'"③。

拒不履行信息网络安全管理义务罪的行为不同于一般的不作为行为,其不作为实际上分为两个阶段,违反了双层义务。行为主体只有满足了双层义务才可能构成本罪,仅满足第一层义务并不足以成立本罪。第一个阶段是网络服务提供者在责令改正之前的不作为,这一阶段违反了第一层义务,不是刑事法律规定的义务,而是法律、行政法规规定的网络服务提供者的网络安全管理义务。但是网络服务提供者提供的只是"服务",法律并不期待网络服务提供者能承担"网络警察"般责任的义务,于是立法者增加了一个不同于其他义务犯构成标准的第二层义务,即在第二个阶段,网络服务提供者经主管部门责令改正之后仍然不作为,拒不改正的,这时网络服务提供者违反了刑事法上的义务,其行为受到刑法的评价,构成本罪。

按照主流的观点,若是不具有结果回避可能性,即行为人履行义务的行为并不能避免结果的发生,就不可以将结果归责该行为人。④ 因此,如果网络服务提供者在履行了义务的情况下,仍然无法阻止本罪构成要件中犯罪

① 葛立刚:《网络服务商不作为刑事责任的边界》,载《西南政法大学学报》2016年第6期。

② 孟传香:《关于网络服务提供者的不作为刑事责任问题的探讨》,载《重庆邮电大学学报(社会科学版)》2012年第6期。

③ 朗胜:《中华人民共和国刑法释义》,法律出版社2015年版,第499页。

④ 参见车浩:《犯罪阶层论的构造》,法律出版社2017年版,第170页。

结果的发生时，此时应当否定网络服务提供者的不作为行为的正犯责任，但是需要明确的是，这里提及的结果回避可能性只是技术上的可能性，而不包括运营商的可能性。① 因此，正常情况下，网络服务提供者只要处于正常的、日常的运营状态，就能够及时采取断开链接、删除等阻止措施，则具有结果回避可能性。

九、网络服务提供者的刑事处罚之中心展开

（一）义务犯和支配犯的竞合处理

义务犯不必支配犯罪就可以构成正犯，但是义务犯也可能存在犯罪支配，此时外在地看，义务犯就表现出了犯罪支配和义务违反性，产生义务犯和支配犯的特殊竞合。②《刑法修正案（九）》第28条第3款规定，拒不履行信息网络安全管理义务，同时构成其他罪的，依照处罚较重的规定定罪处罚。由此可以看出，实践中可能出现关于网络犯罪的义务犯的不作为犯和支配犯的作为犯的竞合，例如某网络服务提供者所管理的网络空间中出现了淫秽物品、恐怖信息，诈骗信息等违法信息内容，相关主管部门责令网络服务提供者采取删除等措施改正后，该网络服务提供者不仅不履行监管义务，还进一步提供技术支持促进违法信息在更大范围内传播，并且利用技术优势积极地在自己管理的网络空间内发布缓存软件帮助违法信息传播，这时可能构成拒不履行信息网络安全管理义务罪与其他犯罪的竞合。

一种观点认为义务犯与支配犯的竞合是一种特别关系的法条竞合。积极义务和消极义务之间存在包容关系，义务犯在实施违反义务的行为时，总是产生包容关系，较小范畴内的要素（消极义务）都属于较大范畴（积极义务），进而失去独立存在的意义。我国也有学者间接提及义务犯和支配犯竞合的可能性，认为："各共犯人所具备的身份是特殊身份与一般身份的关系时，不同身份构成之罪的行为特征相同或相似，因而其触犯的法条属于特殊法条与一般法条的关系。这种情况属于法条竞合犯，应按照特殊法优于一般法的原理选择罪名。"③按照法条竞合说，对行为主体的处罚要么从整体上区分一般法条和特殊法条的关系，优先按照特殊法条处罚，或是有身份者按照特殊法条处罚，无身份者按照一般法条处罚即可。另一种观点认为义务犯与支配犯竞合属于想象竞合。我国学者很少直接明确论述支配犯和义

---

① 参见霍俊阁：《网络直播平台帮助行为的处罚边界》，载《重庆大学学报（社会科学版）》2021年第2期。

② 参见何庆仁：《义务犯研究》，中国人民大学出版社2010年版，第302页。

③ 王作富、庄劲：《共同犯罪与构成身份新论》，载《人民检察》2003年第11期。

务犯的竞合问题,在讨论有身份者和无身份者的共同犯罪中间接涉及这一问题,“各共犯人具备的身份是平行的关系,不同身份构成之罪在行为特征上完全不同,只是各共犯人的行为间存在手段与目的的关系。这属于两个不同的行为存在牵连关系,是牵连犯,应当从一重处断,如果两罪名的法定刑相同,应以目的行为构成的犯罪定性”①。在想象竞合说下,行为人的行为成立两个罪名,则“从一重罪处断”。

本书认为根据《刑法修正案(九)》中拒不履行信息网络安全管理义务罪的条文表述,在纯粹的教义学意义上,在出现拒不履行信息网络安全管理义务罪与其他罪名竞合时,应当根据想象竞合犯的法理,“从一重罪处断”。周光权教授指出,实务上,对于该罪名,应当区别于一般的想象竞合犯的认定逻辑,先查明犯罪支配事实,再视情况决定是否要进一步查明不作为犯存在与否,而不必须对作为和不作为同时查明。② 的确,出于司法经济效率的考虑,拒不履行信息网络安全管理义务罪的最高法定刑为 3 年有期徒刑,属于我国刑法体系中的轻罪。如果网络服务提供者在不履行监管义务(不作为)的同时,还积极地参与网络违法犯罪活动(作为),则其不作为行为触犯的拒不履行信息网络安全管理义务罪与作为行为触犯的其他支配犯的罪名竞合。作为行为违反的罪名通常最高法定刑都会高于 3 年有期徒刑,在“从一重罪处断”的原则下,拒不履行信息网络安全管理义务罪就没有适用空间了。

在我国的刑法罪名构成要件体系下,当网络服务提供者实行了作为和不作为两种行为时,优先考虑网络服务提供者的作为行为更加合理。义务犯和支配犯的责任归属原理不同,从规范论角度而言,两者都同样具有法益侵害性,行为主体同时实施了作为和不作为行为共同导致了某一侵害结果的发生时,不能说作为的支配行为对结果的贡献比不作为的违反义务行为对结果的贡献更大,同样,作为的犯罪支配也不能吸收不作为的义务违反。所以这种情形下,作为和不作为的行为并不能相互替代,只不过由于我国刑法中拒不履行信息网络安全管理义务行为的法定刑偏低,作为和不作为行为结合构成正犯时,先讨论网络服务提供者的作为行为更便于责任的认定。更有学者指出,“义务犯需要太多推论,其判断涉及大量的价值论和规范论,难以达成共识,作为的支配犯是存在论、事实性的判断,简单易行”③。更有

---

① 王作富、庄劲:《共同犯罪与构成身份新论》,载《人民检察》2003 年第 11 期。

② 参见周光权:《拒不履行信息网络安全管理义务罪的司法适用》,载《人民检察》2018 年第 9 期。

③ 周光权:《拒不履行信息网络安全管理义务罪的司法适用》,载《人民检察》2018 年第 9 期。

甚者认为“由于不作为行为乃作为行为的补充形态，因此，只要招致构成要件该当(结果)的行为是作为方式，此时不作为就退居其次，直接论以作为犯”①。除此之外，我国网络犯罪尚未建成统一的规范体系，法律、行政法规以及其他规范性文件中对于网络服务提供者的具体界定和种类、网络安全管理义务的具体内容，都存在一定的差异，给不作为犯的认定造成了一定阻碍，义务犯的发展在我国刑法中也落后于支配犯，当网络服务提供者同时存在作为和不作为行为时，优先查明作为行为更符合当下的司法实践要求。

(二)类型化的网络服务提供者刑事责任具体判断

不同的网络服务提供者对网络信息的控制能力不同，对于刑事责任的承担也应有所区分，不能一概而论。对于网络服务提供者自己主动发布违法信息的犯罪，适用传统的犯罪支配理论，应当自己承担完全的、无例外的责任，不作赘述。本书的关注重点在于不同类型的网络服务提供者对于网络用户的违法犯罪行为基于监督管理义务的缺失产生不同的刑事责任。下文将根据本书对网络服务提供者的分类，逐一分析两者的刑事责任。

1. 技术类网络服务提供者的刑事责任

技术类网络服务提供者指仅提供技术服务本身，并不涉及内容的网络服务提供者，其在网络用户发布违法信息内容时扮演的是纯粹工具性的角色，并不会参与到违法犯罪过程之中。对于技术类服务提供者进行不法归责，存在一个逻辑前提判断——技术类服务提供者在提供技术服务时是否应当承担审查用户发布、上传等内容的合法性？索尼(SONY)案件与纳普斯特(NAPSTER)案件奠定了技术服务提供者的刑事责任认定的基本规则。在环球公司诉索尼公司案件中确立了技术中立规则，美国最高法认定家庭用户在使用索尼相机录制电视节目后，在其他时间观看录制的节目属于合理使用的范畴。② 后来纳普斯特案件中美国最高法的判决又确立了“网络平台服务者在用户下载软件后，仍继续帮助用户运行服务器，对用户拥有持续的控制能力，则应当对用户的行为负责”③。

技术中立规则限缩了网络技术服务提供者的责任范围，只有技术服务提供者对网络信息内容具有直接控制能力的时候，才有必要采取措施防止危害结果的发生。日本学界提出了“危险中心理论”，该理论认为网络技术实际上帮助了很多人实施侵害行为，提供网络技术的行为是间接导致侵害结果发生的行为，借助著作权法中的“危险中心”理论，如果间接侵害可以被

① 林钰雄:《新刑法总则》，台北，元照出版有限公司2014年版，第524页。

② See Sony Corp. Of Am. V. Universial City Studies, Inc. ,464 U. S. 488(1984).

③ A & M Records, Inc. V. Napster INC. ,239 F. 3d 1038(9th Cir. Cal. 2001).

视为危险中心，则可以对间接侵害者提出停止侵害的诉求。① 鉴于网络信息传输的海量性，技术类网络服务提供者面对网络用户上传的海量信息无法进行实时的监控。根据对违法信息的直接控制能力来认定网络技术服务提供者的义务范畴是对技术服务提供者刑事责任认定的一般理论认知，也是对保障宪法规定的公民隐私权、言论自由权等因素的考虑。如果网络技术服务提供者只是提供接入或传输服务，对信息内容的传输不具有直接控制能力，或需要借助其他网络服务提供者的帮助，则其仅具有审查和监督传输信息的义务，不应承担刑法上的管理义务和刑事责任，纵然这样会偶然引发风险，也不属于刑法所不容许的风险。

网络技术类服务提供者仅仅提供了通道功能，具有明显的技术中立性，对于海量网络信息的内容和流动无法进行有效的审查和控制，且为了避免因果链条的不当扩大化追索，网络技术服务提供者只对最直接的第一个环节的第一层次的违法网络信息负责；另外只有传输的网络信息具有技术上的防范可能性或者操作权利可明确性时，技术服务提供者才可能承担刑事不法的责任。我国的法律也有类似的规定，《淫秽电子信息若干解释(一)》第7条规定，“明知他人实施制作、复制、出版、贩卖、传播淫秽电子信息犯罪，为其提供互联网接入、服务器托管、网络存储空间、通讯传输管道、费用结算等帮助的，对直接负责的主管人员和其他直接责任人员，以共同犯罪论处”。

2. 平台类网络服务提供者的刑事责任

根据汉德公式，为了以较低的成本避免较大的损失，容易避免事故发生的人应当承担更大的责任，以此将全社会避免意外的总成本降到最低。平台类服务提供者已经成为网络结果无限延展过程中的核心角色，以快播公司为例，其搭建的快播平台对其用户提供视频播放软件服务，并通过缓存技术抓取播放量、点击量高的热点视频，“一对多”的模式使不特定用户可以在快播平台上更加迅速和流畅地观看淫秽视频，促进了淫秽视频大面积传播，造成了犯罪结果的恶化。互联网的特性使违法网络信息一经上传便极易大范围传播且很难全部删除，相比于单纯的技术类网络服务提供者，网络平台对于管理空间内的网络信息具有绝对的控制能力，负有“通知/告知—取下”义务，不可避免并且应当主动承担审查监督义务。所以无论是自己主动发现其管理的网络平台上存在违法信息还是被告知存在违法信息，只要平台

① 参见李婕：《技术中立与网络技术提供行为的刑法归责》，载《安徽大学学报(哲学社会科学版)》2017年第5期。

类服务提供者知道违法信息存在，就应当利用其在网络平台中的主导性地位及时处理违法信息，若是“明知”仍然消极不作为，就要被追究不作为犯的责任。

平台类网络服务提供者在网络犯罪中可以以作为方式参与到网络用户实施的犯罪过程中，也可以以不作为的方式起到帮助作用；既可能在明知他人实施犯罪的情况下提供帮助，也可能是在不明知他人实施犯罪的情况下无意间提供了帮助。但是根据我国刑法相关条文的规定，网络服务提供者只有在故意即明知的前提下，才追究其作为或不作为的帮助刑事责任，所以若平台类服务提供者事先不知道违法信息的存在，因此未履行网络安全管理义务的，即使造成了严重的后果，也不承担相应的刑事责任。

具体而言，根据参与积极程度的不同，平台服务提供者的帮助行为可以分成作为帮助、纯粹的不作为帮助以及经责令改正后仍然不作为帮助三种类型。①

一是作为帮助，其指的是平台类服务提供者基于牟取利益或其他目的，积极地为网络用户实施犯罪行为提供帮助的情形。例如，平台服务提供者积极地与运营非法内容的第三方合作，积极地在平台上设置链接，来获取更大的网络用户流量等。这种情况下平台服务提供者的主观状态为明知，这种行为是帮助行为的传统方式，明显具有法益侵害风险，纵使刑法未对网络服务提供者设定特殊义务，也可以依照传统犯罪支配理论进行刑事归责。在《刑法修正案（九）》将网络服务提供者的特殊义务上升为刑法义务后，就更应当追究此种情形下平台类服务提供者的作为方式的帮助责任。平台类服务提供者的作为帮助行为符合帮助信息网络犯罪活动罪的构罪要件时，应承担该罪的正犯责任。通常来说，平台类服务提供者的帮助犯罪的共犯责任会轻于帮助信息网络犯罪活动罪的正犯责任，但在例外情况下，即“共犯责任”重于“正犯责任”时，应认为平台服务提供者承担更轻的共犯中的帮助责任。因为在整个犯罪实施过程中，相比而言被帮助者（网络用户）的风险和收益更大，刑罚也应当增加，而帮助者的帮助行为刑罚应当低于被帮助者。但是值得注意的是，如果平台服务提供者的作为帮助行为实质上介入了内容的生成，例如对他人上传的信息进行编辑、修改或改变其接收对象等，应当将平台读物提供者视为内容提供者，并承担相应的责任。②

---

① 参见霍俊阁：《网络直播平台帮助犯罪行为的处罚边界》，载《重庆大学学报（社会科学版）》2021 年第 2 期。

② 参见涂龙科：《网络内容管理义务与网络服务提供者的刑事责任》，载《法学评论》2016 年第 3 期。

二是纯粹的不作为帮助，其是指平台类服务提供者通过其他网络用户举报得知或者自己主动审查平台内的网络信息时得知网络违法信息的存在，即明知网络用户在其建立管理的平台内实施网络犯罪行为，但是未及时采取相关措施的，仍然放纵犯罪行为的发生，在经主管部门责令改正后，采取删除、屏蔽、断开链接等方式阻止犯罪。这种情形下，平台服务提供者不构成拒不履行信息网络安全管理义务罪和帮助信息网络犯罪活动罪中的正犯，但是在不作为帮助犯和网络犯罪的体系下仍然可能承担刑事责任和行政处罚。例如国家互联网信息办公室2014年发布的《即时通信工具公众信息服务发展管理暂行规定》第5条规定即时通信工具服务提供者应当落实安全管理责任，及时处理公众举报的违法和不良信息。2011年发布的《互联网信息服务管理办法》第16条和第23条规定互联网信息服务提供者发现网站传输的信息属于本办法第15条所列内容之一的，应当立即停止传输，保存记录并报告。若是违反义务，由相关部门责令改正；情节严重的，吊销经营许可证、责令关闭网站。由于我国司法解释并未全面承认网络犯罪帮助行为的片面共犯，当平台类服务提供者以不作为的方式实施帮助行为时，并且与犯罪行为人具有意思联络时，就存在共犯责任的主客观事实基础，这时平台类服务提供者与犯罪实施者就具有了共犯的可罚性事实。

三是经责令改正后仍然不作为帮助，根据《刑法修正案（九）》中拒不履行信息网络安全管理义务罪中的构成要件规定，平台类服务提供者对于网络用户发布或上传违法信息的犯罪行为并不必然承担刑事责任，而是有条件地、限制性地承担责任，即在经过相关主管部门的通知后，网络服务提供者仍然拒不履后续的删除等网络安全管理义务，“致使违法信息大量传播”“致使用户信息泄露”“致使刑事案件证据灭失”等严重后果的，构成不作为犯罪，需承担拒不履行信息网络安全管理义务罪的正犯责任。平台类服务提供者经责令改正后拒不改正的不作为行为并不会构成帮助信息网络犯罪活动罪的正犯责任，如前所述，拒不履行信息网络安全管理义务罪的行为方式是不作为，而帮助信息网络犯罪活动罪的实行行为是作为，行为方式的互斥性决定了平台类服务提供者的此种行为不存在两个罪名的竞合问题。另外，平台类服务提供者经责令改正后仍不作为的帮助行为也不会依照帮助犯的共犯承担责任，虽然有观点认为：“如果平台类服务提供者的不作为实际上是帮助了网络用户在网络上传播淫秽、恐怖信息等，构成实质上的‘传播行为’，则可能构成帮助犯，承担刑事责任。”①且不论我国司法解释中并未全面承认所有网络犯罪帮助行为的正犯化,帮助犯的构罪需要以正犯为前提。平台类服务提供者经责令改正后依旧不作为的帮助行为的刑法评价重点显然在于行为人违反了网络安全管理义务。

十、小结

随着网络信息的进一步交错,不论是从促进网络空间健康发展来看,还是从强化刑法保护的法益来看,对网络服务提供者设定必要的义务,将网络服务提供者的帮助行为纳入刑法规制范畴至关重要。在信息网络快速革新带来的传统刑法体系与网络刑法体系融合,支配犯归责原理与义务犯归责原理、正犯责任与共犯责任、作为犯与不作为犯相互交织的情况下,对网络服务提供者的归责必须保持谨慎、克制的态度,需在划定不同类型的网络服务提供者、区别不同犯罪帮助型行为方式的前提下,明确网络服务提供者的刑事归责路径。

---

① 郭泽强:《网络服务提供者刑事责任初论——以中立帮助行为的处罚为中心》,载《预防青少年犯罪研究》2016 年第 2 期。

第四章　网络犯罪的主观方面现实困境与理论选择

犯罪的主观方面，是指刑法规定的犯罪主体对自己行为及其危害结果所持的心理态度。它包括犯罪故意、犯罪过失、犯罪目的、犯罪动机等主观要素。[①] 21 世纪正处于工业化与信息化高速进步与高度发达的时代，新的技术形式诞生和发展的过程，往往引发犯罪理论的聚讼与变迁。

本书从计算机网络犯罪的司法实践现状出发，结合当下计算机网络犯罪的现有立法例，研究计算机网络犯罪主观方面刑法理论的新变迁及其对罪名认定的影响。

一、网络犯罪中“明知”认定的理论基础与具体规则

（一）问题引出——司法实践中“明知”的认定乱象

笔者以“北大法宝”为搜索引擎，以“帮助信息网络犯罪活动罪”为内容，搜索并整理了一些案例，发现司法实务中绝大多数法院对该罪名中“明知”的认定呈现大致相似的路径，即对“明知”的构成在判决书的说理部分只表明认定，而缺少理论论证的过程。具体而言，绝大多数判决书中在“本院认为”后紧接罪行认定部分，并且形成了固定的格式，如“被告人某某在明知他人利用信息网络实施犯罪的情况下，为他人犯罪提供通讯传输、支付结算等帮助”。[②] 然而，这一现象并非网络犯罪中明知认定的个例，这与我国司法实践长期以来形成的忽视裁判文书的说理的惯例不无关系。法官只注重事实的调查与认定，而不重视判决的说理，早已成为司法公正的一大障碍。[③] 此外，由于个案的争议焦点不同，梳理出的与“明知”相关的概念繁杂，如“明知”的程度、“明知”的标准、“明知”的对象等，各判决书作出了不同的认定。

例如，在陕西风云在线信息网络有限责任公司罗某磊、郭某灵等开设赌

① 参见曲新久主编：《刑法学》，中国政法大学出版社 2005 年版，第 102 页。

② 该模型原型为“张旋帮助网络信息犯罪活动罪一案”，参见四川省隆昌县人民法院刑事判决书，(2021)川 1028 刑初 40 号。

③ 参见王利明：《司法改革研究》，法律出版社 2001 年版，第 352 页。

场罪一案①中，“被告人为该案的下游犯罪（开设赌场罪）提供了技术支持、技术帮助”。法院认定，本案被告人对其实施行为的“内容的明知”，而被告人对正犯行为所产生的后果是否明知，则属于对“程度的明知”。然而在杨某萧一案②中，“被告人协助他人将大量来源不明现金在多个银行账户中频繁转账”这一行为则被法院认定为，被告人对其实施的行为“构成要件的明知”。对于前一案而言，被告人对“下游犯罪”的“明知”，实际上正是对正犯实施的犯罪的明知，却被法院冠以不同的概念——（犯罪）“内容的明知”和（危害后果）“程度的明知”。笔者认为，二者实际上同属于被告人对行为及后果的认识。而前后两个案例相比较而言，就同属于被告人的违法性认识：前一案件中其被认定为事实，而后一案件中则被认定为属于构成要件。

综上所述，司法实践对于“明知”的认定乱象丛生，究其原因，纵使受司法人员水平参差的影响，但立法“宜粗不宜细”即我国刑法未对“明知”的内涵作出明确的定义乃根本原因。“明知”认定乱象从传统刑法领域延伸至网络刑法领域。

（二）立法和司法解释中的“明知”的不同内涵

我国《刑法》第14条规定，明知自己的行为会发生危害社会的结果，并且希望或者放任这种结果发生，因而构成犯罪的，是故意犯罪。这是总则对于“明知”的规定。我国《刑法》分则中在具体各个章节所规定的犯罪的罪状的表述中，还存在大量的“明知”。而刑法本身却没有为“明知”的概念下准确的定义。

刑法总则中的明知是指对行为的社会危害性的明知。学界有观点认为，应当依照刑法体系解释的规则将“明知”进行统一解释：总则中的“明知”属于犯罪主观心态中对“故意”的表述，那么也就由此可以解释“刑法分则中规定的‘明知’都表明该类型的犯罪属于故意犯罪”。虽然总则对分则起着指导作用，但我们不应将刑法中相同的语词进行概念上的混同，刑法总则和分则中的明知不能简单依据体系解释一以贯之，应当二分看待刑法总则和分则中的“明知”。有观点认为，从内容上，总则中的“明知”是行为人对自己行为的性质、所可能造成的结果的主观认识，其内容是“自己的行为会发生危害社会的结果”③。那么，刑法分则条文和司法解释的规定符合“明知＋危害结果”的罪状表述的，就指的是总则中的“明知”。笔者赞同该观点，如果仅就我国《刑法》第14条规定本身的表述而言，“明知”只能作行

① 参见河北省衡水市桃城区人民法院刑事判决书，（2020）冀1102刑初61号。

② 参见河北省高阳县人民法院刑事判决书，（2020）冀0628刑初211号。

③ 张少林、刘源：《刑法中的“明知”、“应知”与“怀疑”探析》，载《政治与法律》2009年第3期。

为人主观方面认识因素上的理解，指的是行为人对行为内容的社会危害性的“明知”。

刑法分则和司法解释中的“明知”指的是对具体构成要件要素的明知。我国台湾地区学者郑健才认为：“刑法总则上所称之明知，与刑法分则上所称之明知不同。前者系作为基本主观要件之一种基础；后者则系一种特定主观要件。犯罪须具备此特定主观要件时，刑法分则之明知为第一次明知，刑法总则之明知为第二次明知。”①这就意味着分则中的“明知”应当根据具体的规定而有不同的罪状结构。分则中的“明知”所具体要求行为人需要认识到的内容，是判断行为人是否构成该罪的主观方面的认定标准，而不取决于行为人对其行为的社会危害性的认识这一总则中的“明知”标准。两个学说截然不同的观点在学界皆有一席之地，立法和立法权威解释并未就此表态，因而，传统观点意义上的“明知”究竟与行为人的主观方面的违法性认识有什么样的联系并不明确。有学者认为，“明知”的程度通常是对整个犯罪活动情况有一般性认识。从犯罪构成来说，应当对自己实施的犯罪构成事实有一般性的认识。“知道”的内容可以从以下两个角度切入：从是非善恶价值来说，应当对自己的行为具有社会危害性有一般性的认识，通常应当知道其行为是“有害的”或者是“恶的”“坏的”；从是否认识到违法而言，通常只需要意识到自己的行为是法律所不允许的或者被法律所禁止，不必要求认识到违反刑法的具体规定。② 就是说，在违法性认识上，“明知”在认识的内容上仅需要行为人对犯罪行为构成要件事实有概括性的认识。而只有在刑法分则条文对具体犯罪故意的认识范围和程度有特定要求时，才构成分则中的“明知”。例如，我国《刑法》第312条规定“明知是犯罪所得及其产生的收益”，要求对特定的赃款、赃物及孳息等有明确的认识，这时才需要对特定事物有明确的认识。又如，司法解释呈现对“明知”进行的解释的积极倾向，最高人民法院2005年6月8日颁布的《关于审理抢劫、抢夺刑事案件适用法律若干问题的意见》规定“行为人明知其驾驶车辆强行夺取他人财物的手段会造成他人伤亡的后果，仍然强行夺取”。该规定确立了行为人对具体实施手段以及行为的具体危害结果的明知。在网络犯罪司法解释中，也呈现这一特点。如2013年最高人民法院、最高人民检察院在《网络诽谤解释》第1条第2项中的第二段规定的：“明知是捏造的损害他人名誉的事实，在信息网络上散布，情节恶劣的，以‘捏造事实诽谤他人’论。”这一认定规

① 张少林、刘源：《刑法中的“明知”、“应知”与“怀疑”探析》，载《政治与法律》2009年第3期。

② 参见曲新久主编：《刑法学》，中国政法大学出版社2005年版，第104～105页。

则表明“散布”为“捏造事实”的一种具体的实施手段,“他人”为能够依所发布的信息建立特定联系的、能够被识别的特定自然人,属于行为的实施对象。那么这一认定规则表明,行为手段和行为对象等属于行为人需要明知的内容。

综观我国网络犯罪的刑事立法,帮助信息网络犯罪活动罪却并未遵循刑法分则的明知认定规则。行为人“明知他人利用信息网络实施犯罪,为其犯罪提供互联网接入、服务器托管、网络存储、通讯传输等技术支持,或者提供广告推广、支付结算等帮助”的罪状表述中,行为人需要对其帮助行为的社会危害性有“明知”的主观认识,而帮助行为的社会危害性源于正犯行为的社会危害性,那么依据当然解释,就应当要求行为人对其所帮助的正犯所实施的行为的社会危害性也有“明知”。但是,就行为人(帮助犯)本身的具体实施方式而言却没有详细规定,而仅规定为“提供”行为。综上所述,笔者认为《刑法修正案(九)》新增的帮助信息网络犯罪活动罪中行为人的“明知”内容只包含行为的社会危害性这一客体构成要件,遵循总则中的“明知”的模式,但却是刑法分则所规定的“明知型”犯罪,这就是司法实践中“明知”认定乱象的原因之一。

造成“明知”认定乱象的第二个原因是:《网络诽谤解释》作为网络犯罪中对“明知”认定规则作出明确规定的司法解释,认为网络犯罪中的“明知”需要认识到具体的犯罪构成要件要素甚至将认知范围扩充到了其他要素。“明知”的内容从对犯罪行为的社会危害性明知,扩充到了对犯罪客观方面的明知,并且对于犯罪客观方面中行为手段、对象等“子项”即具体的构成要件要素也需明知。此外,就该司法解释第2条第3项“二年内曾因诽谤受过行政处罚,又诽谤他人的”加重情节,行为人对其曾经实施的行为这一自身状况的“明知”,属于对累犯情节的明知。笔者认为,行为人曾经实施的行为虽然不构成犯罪,不能参照累犯的认定规则将其认定为“前科”,但行为人的行为构成行政违法且已经被行政机关处罚,这证明行为人应当对其实施的行为的违法性有所认识。相较于其他一般行为人可能“不知法”,其“知法犯法”的主观恶性更大。那么实际上这一类行为人就属于具备特殊身份的犯罪主体。综上,《网络诽谤解释》中“明知”的内容包括以下三项:(1)对行为的社会危害性的明知;(2)对犯罪客观方面中犯罪行为的明知;(3)一些极为特定情形下,例如成立结果加重犯或者加重情节的认定,还要求对行为人本身情况的主观方面构成要件和要素的明知。那么,在网络空间中行为人的“明知”在主观认识的内容和程度上,与传统刑法总则所规定的“明知”认定模式相同,还是应遵循分则和司法解释的“明知”认定模式？网络空间中行为人“明知”的认定是否有特别之处？本书将基于网络犯罪，对“明知”的认定规则的演变进行梳理并在网络犯罪领域下进行新构建。

(三) 网络犯罪“明知”认定规则的理论建构

1. “明知”认定规则的理论变迁

具体而言，“明知”的认定规则经历了如下变迁。首先是美国法院在Napster案中确立的“共同侵权理论”。法院认为，根据Napster公司采取的是早期P2P网络文件分享技术，可以较为明显地认定作为服务提供者Napster公司在主观上对侵犯知识产权行为的明知。这一明知的认定规则是自然空间明知在网络空间的延伸，只是空间位置发生变化，在明知的认知理论与规则上，并没有创新与发展。其次是日本法院在Winny案中确立的高度盖然性规则。日本最高裁判所认为，发布并提供软件程序构成侵害著作权罪的帮助犯应当具备以下条件：(1)行为人认识到该软件程序一旦发布可能带来的侵犯著作权的具体的、紧迫的风险，还发布并提供软件程序；(2)侵害著作权的行为已经实际发生。关于如何判断行为人是否认识到软件有侵害风险，其标准是高度盖然性，即“极有可能”，而这种可能性高到其显然不是一个偶然发生的、可以被容忍的例外情况。具体在Winny案件中金某勇是否具有高度盖然性的认识，法官之间认识并不相同，四名法官得出否定结论，另外一名法官得出肯定结论。① 据此，该案历时8年、经过三审的漫长诉讼之后，得出无罪结论。再者是美国最高法院在Grokster案中确定的诱导侵权理论。法院认为即使没有直接证据证明行为人对他人的犯罪行为实际上确实明知，但只要有证据证明行为人采取行动引诱他人实施侵权行为的，可以认定行为人具备明知的要素。而今天，“明知”的认定规则发展到“避风港原则”及其例外规则之上。“避风港原则”可以为网络服务提供者提供免责条件：(1)实际上不知道有关内容或行为系构成侵权；(2)未从该网络服务商有权利和义务进行干预的侵权行为中直接获得经济利益；(3)侵权通知以后，对引导或链接，立即删除或阻止他人访问。② 而作为避风港原则的例外，“红旗原则”用以限制避风港原则的适用。“红旗原则”这一“例外的例外”又在以下三种情形之下，对网络服务提供者责任追究进行了“回转”：(1)没有实际明知；(2)没有直接获利；(3)通知后移除。红旗原则对被告人的责任豁免加以限制，认为只要侵权内容像红旗一样显而易见，服务提供者

---

① [日]最高裁判所：《刑集65卷9号》，载裁判所网2011年12月19日，http://www.courts.go.jp/app/hanrei_en/detail? id=1131。

② 47 U.S.C. §230.

就应当主动予以删除，而不因没有收到版权人的通知而免除法律责任。红旗原则的规范意义体现在两方面：其一，即使无法证明被告人对侵权事实的存在实际明知，但只要侵权事实"红旗"般地高高飘扬，就足以推定被告人的明知；其二，原则上，美国对网络服务提供者采用的追责规则是"明知＋通知＋不予改正"规则。① 在适用红旗原则时，服务提供者对红旗般明显的侵权事实应当主动履行删除义务，而不是遵行传统的"告知后删除"规则。红旗原则在明知认定上的理论意义在于明确了推定"应当知道"的标准。美国《千禧年数字版权法》安全港条款②将明知区分为实际明知和应当明知。红旗原则下的明知就是应当知道，也就是说如果侵权事实和环境已如红旗招展、显而易见，则足以推定服务提供者已经认识到侵权事实。如果服务提供者对此侵权活动"视而不见"，则属于故意无视，将会失去安全港的庇护。在Viacom International Inc. v. YouTube, Inc. 一案中，美国第二巡回法庭的法官认为当行为人意识到事件的高度盖然性却有意识地避免确认此事实的，其故意无视相当于明知。③

由此，"明知"的认定呈现逐渐放宽的趋势。同时，为缓和其可能造成的积极入罪的不利影响，又创设多种例外规则予以回旋；并且依据英美法系"二阶层"的犯罪构成理论，依据辩护事由可以推翻"蓄意"和"明知"的认定。在我国，司法解释中已经出现了对"明知"的司法证明规则思路的探究与明晰（如《〈关于办理利用信息网络实施诽谤等刑事案件适用法律若干问题的解释〉的理解与适用》，以下简称《〈网络诽谤解释〉的理解与适用》），并借鉴英美法系这一做法。笔者认为，这一思路可以为我国网络犯罪视域下"明知"的认定规则提供借鉴，从而形成一套符合我国犯罪构成理论的实体法与程序法相结合的"明知"认定规则。

2. 我国网络犯罪"明知"的认定规则

我国《刑法》没有对"明知"这一语词的含义作出规定。学界中主要包括三种观点：第一种是以张明楷教授为代表的"狭义说"，第二种是以唐治祥教授为代表的"折中说"，第三种是以刘志伟教授为代表的"广义说"。其中，"狭义说"认为，"明知"仅仅指的是不持有任何怀疑态度的"明明知道、明确知道"④。"折中说"认为，"明知"的具体内容包含了"明确知道"和"可

---

① 参见刘文杰：《网络服务提供者的安全保障义务》，载《中外法学》2012年第2期。

② See 47 U. S. C. §230.

③ See Viacom Int'l Inc. v. YouTube, Inc. 676 F. 3d 19, 31 (2d Cir. 2012).

④ 刘科：《帮助信息网络犯罪活动罪探析——以为网络知识产权犯罪活动提供帮助的犯罪行为为视角》，载《知识产权》2015年第12期。

能知道”,“可能知道”是对他人有犯罪行为的可能性认识。“行为人根据有关事项,知道他人可能有犯罪行为,但又不能肯定。”①就“折中说”而言,有学者观点认为“明知”是“知道或者或许知道”,不包括“应当知道”。“广义说”则认为,“明知”在其应当具有的含义上,不仅仅包括明确知道,也应包含“应当知道”。② “广义说”的观点成为学界通说,也被认为是我国《刑法》立法上的“明知”的解释学通说。从我国《刑法》总则“明知”认定规则出发,规定在分则中的帮助信息网络犯罪活动罪所规定的明知,应当是对其行为的社会危害性的明知,且包括行为人对他人(正犯)利用信息网络实施犯罪的“明知”。但是这一认识是对行为内容达到“确切的”程度还是达到或许性和高度盖然性的认识程度即可,则是进一步要讨论的问题。

司法实务中存在一种状况(以下简称例案):行为人在社交媒体上转载他人(一般是犯罪行为人)发布信息时,构成帮助信息网络犯罪活动罪。这些例案中,有一些行为人主观上并不确切知道或者根本不知道该信息的发布者利用信息实施犯罪的意图,然而当该信息的转载量达到一定数量标准并且造成了一定的社会影响时,该行为就被法院认定为为他人提供推广的行为,从而行为人构成帮助信息网络犯罪活动罪。笔者认为,这一定罪思路有违“主客观相一致”的刑法原则,造成了客观归罪。有学者将这一现象解释为司法实践中“明知”的证明困难问题,可以在司法实践中通过推论方法来认定被告人“应当知道”。③ 然而这一论断太过片面,实际上“明知”与“应知”关系为何,首先应当是刑事实体法上关于“明知”程度的认定问题,进而才是司法实务中对行为人犯罪主观方面的证明问题。

实体法层面,网络犯罪刑法领域中的“明知”的程度与传统理论有一定区别,应当结合共同犯罪的刑法基础理论进行探讨。笔者认为,针对例案中的情况,可以对行为人主观“明知”的程度进行如下由深至浅的三个层次的划分:第一,行为人与被帮助者有明确意思联络的“知道”,即与他人通谋,为他人的犯罪行为提供帮助的。第二,无明确意思联络的“知道”,即提供帮助者与行为人之间并无通谋,但确实明知具体的行为人将要实施特定的犯罪行为,而为其提供网络支持和帮助。第三,无明确意思联络的“应当知道”,

---

① 赵秉志、许成磊:《侵犯注册商标权犯罪问题研究》,载《法律科学》2002 年第 3 期;郭旨龙:《论信息时代犯罪主观罪过的认定——兼论网络共犯的“通谋”与“明知”》,载《西部法学评论》2015 年第 1 期。

② 参见陈兴良:《“应当知道”的刑法界说》,载《法学》2005 年第 7 期。

③ 参见倪慧麟:《帮助信息网络犯罪活动罪中“明知”的类型与认定》,载《西部学刊》2021 年第 15 期。

即网络帮助的提供者对于犯罪行为的存在只有盖然性的认识,但对于犯罪行为的实施者和行为类型并没有明确认识。

第一种类型中,帮助行为提供者与其他共同犯罪人的犯意联络最为明确。行为人与其他共同犯罪人之间存在共同故意,行为人不仅意识到了其所实施的行为为犯罪行为,还意识到了明确的结果。在此前提下,积极参与共同犯罪行为,但仅为其他共同犯罪人提供帮助。这种情况下,行为人的主观"明知"在程度上最深,认识到其自身的行为和被帮助者实施的行为的社会危害性和行为的手段、危害结果。这种情形下,例案中行为人属于一行为触犯两罪,既构成被帮助者(正犯)实施的犯罪的帮助犯,同时构成帮助信息网络犯罪活动罪,依据想象竞合的原则应当择一重罪论处。这种情况下的"明知"认定实际上就是共同犯罪中的共同故意的认定,在司法实践中争议不大。

第二种类型,帮助行为提供者与其他共同犯罪人之间并不存在明示的共同故意,但帮助者主观上对正犯的犯罪行为有一定的认识。相比于现实空间直观的可视性和直接接触性,网络中帮助者与实行行为人之间的"通谋"或多或少发生了变化,帮助者与实行行为人之间大多无直接接触的关系,并且由于网络使用者之间"联结点"构建的便利性使多数情况下帮助者与实行行为人之间也不存在网络上的沟通关系。这就区别于传统共同犯罪中,多个犯罪主体之间的"通谋"的共同犯罪成立的逻辑起点。由于网络空间的虚拟性,隐藏在虚拟身份之后的帮助者和实行行为人通过网络资源和信息共享机制,只需要微弱的意思联络甚至不需要意思联络就能在客观上都参与到犯罪当中。因此,实行行为人实施行为时,客观上受到帮助者的支持,而其并不知道或者不可能不知道其行为受到的支持,但帮助者对自身实施的帮助行为主观上存在一定认识。对此,有学者提出了不同的解决路径。

其一,鉴于我国《刑法》中将共同犯罪规定为"二人以上共同故意犯罪","片面帮助犯"不能构成我国刑法意义上的"共同犯罪"。以该学说作为理论的大前提,又有两种情形:(1)依据共犯独立性说,帮助犯的可罚性在于,其实施的行为为共同犯罪的实现起到了加功作用,其行为本身就应当受到刑法的负价值评价,而不需要依附于正犯的行为。该学说即为上述类型二的理论依据。(2)依据共犯从属性说,帮助犯的可罚性在于,其为正犯实施犯罪行为提供了有形的、物理上的作用或者心理上的强化支持作用,其可罚性依附于正犯的可罚性。按照这一学说观点,如果帮助犯的帮助行为未能对正犯的行为起到物理或心理上的强化效果,那么即不存在可罚性。依据该学说,行为人转载犯罪信息的行为在客观上确实起到了危害结果的扩散作用，那么可以认定行为人的“帮助”故意，与正犯构成共同犯罪，但是行为人本身实施行为时并没有犯罪的故意，因此定罪时只能以被帮助者所实施的犯罪的罪名的帮助犯予以认定，而不构成帮助信息网络犯罪活动罪。可以看到，依据共犯独立性说将会导致行为人的无罪结果，不能适应我国目前严打网络犯罪的刑事政策的需要，因此，在坚持传统共同犯罪的理论基础之上，选择共犯从属性说处理与例案相类似的司法实践中的案件更为适当。

其二，引入“片面帮助犯”理论。片面共犯是指共同行为人的一方有与他人共同实施犯罪的意思，并协力于他人的犯罪行为，但他人却不知晓其协力，因而缺乏共同犯罪故意的情况。① 在片面共犯中，片面帮助犯主观上具有帮助正犯实施犯罪行为的主观故意心态而正犯并未意识到这种物质上的帮助或者精神上的支持，因而不表现为相互之间交换、沟通犯罪意思。因此，有学者对共同的“犯意联络”作出了新的解读：“盖共同加功的意思属于共犯人心理的事项，其相互交换或共犯者的双方有此交换，不过是外界的事项。故予辈认为，作为共犯的主观要件的此意思，在此片面的场合，尚可成立，在这种场合，对于有此意思的一方，产生片面的效果。”②普通法系国家也有类似的概念，如美国的“潜在同谋犯”（potential accompolice）理论。潜在同谋犯指的是“只要帮助者认识到他在帮助他人实施犯罪，这种被帮助人不知情的犯罪帮助者”③构成犯罪。在美国这一理论的语境下，共同犯罪的主观方面表达强调“犯意”的共同，即犯罪意图的相同性质，而不强调“联络”的共同，不要求行为人彼此相互知道，只要有一个行为主体知道自己在与他人共同加功于犯罪行为即可。“潜在同谋犯规则并不违反共同犯罪要求共同意图这个原则，只不过是一种特殊形式的共同犯罪意图”④。英国《1972 年刑事审判法》规定，在“促成”的情况下，片面共犯也可以成立。我国有学者认为，无论是相互认识的全面共同故意还是单方认识的片面共同故意，都应当认为存在主观联络，从而为司法机关追究片面共犯的刑事责任提供理论根据……片面的教唆犯和片面的帮助犯视行为人有单方认识的片面共同故意，可以成立共同犯罪。⑤ 司法实践中，片面共犯的观点也逐渐得到实践部门的认同。最高人民检察院理论研究所出版的《刑法适用疑难问

---

① 参见马克昌：《犯罪通论》，武汉大学出版社 1999 年版，第 514 页。

② ［日］牧野英一：《日本刑法》，商务印书馆 1922 年版，第 395 页。转引自马克昌、罗平：《论共同犯罪的概念和要件》，载《政法论坛》1985 年第 4 期。

③ 储槐植：《美国刑法》（第 2 版），北京大学出版社 1996 年版，第 159 页。

④ 储槐植：《美国刑法》（第 2 版），北京大学出版社 1996 年版，第 159 页。

⑤ 参见陈兴良：《共同犯罪论》，中国社会科学出版社 1992 年版，第 117 ~ 121 页。

题及定罪量刑标准通解》一书中就认同了此观点；不少案例也表明，我国法院对于片面帮助犯的存在也持肯定的立场。实际上，司法实践中存在大量实行行为人并不知晓自己与帮助者之间存在联系的案件，相反地，明确或者至少能够推定帮助者知道被帮助者将自己提供的帮助用于实施犯罪活动的案件，仅仅占少数。①

笔者认为，以传统的共犯从属性说为基础，引入片面共犯理论，是解决这一类帮助者能够以“帮助信息网络犯罪活动罪”定罪处罚的一个有效方式。在这一理论视域下，尽管实行行为人（被帮助者）没有意识到帮助行为的存在，或者依据客观情况不可能知道客观帮助的存在，即帮助行为没有对行为人的主观心态进行加功的情况下，只要帮助者意识到其行为客观上有助于实行行为的顺利实施，即可认定共同犯罪的成立。

第三种类型，帮助提供者与其他共同犯罪人之间完全不存在犯意联络，帮助者对正犯实施的行为的性质、内容等完全不知情。同样以传统故意犯罪理论作为基础，这一情况下，具体又可以分为两种情况：(1)综合全案具体客观情况考虑，如果行为人实施转载行为时，不存在对正犯的犯罪行为的认识可能性或者不具备认识能力、条件，可以认定行为人主观上既不具备共同犯罪的故意，也不具备帮助信息网络犯罪活动罪要求的故意，那么例案中行为人的行为不构成犯罪。(2)如果行为人出于特定的职业上的义务、法律上的义务或者先行行为带来的义务（例如行为人的网络服务提供者的特殊身份），而负有对正犯实施的犯罪行为的认识义务，并且存在认识上的可能性，此时不能认定行为人“完全不知”，而是认定行为人至少认识到其所实施的行为有可能对该犯罪行为起到促进作用。此时，行为人并不具备正犯行为的犯罪故意，不能将正犯所实施的行为归属于行为人而让他与正犯共同承担刑事责任；但行为人由于特定义务的要求而对其自身实施的帮助行为存在明知的故意，那么，应当以帮助信息网络犯罪活动罪一罪追究行为人的刑事责任。有观点认为，这一类型可以被称为“中立的帮助行为”。② 在网络视域下，网络中立帮助行为主观追求合法目的，“然而，主观目的的合法性并不排斥网络服务提供者在运营过程中暗生违法获利的意图，反之，网络服务提供者基于合法运营的初始目的，在运营过程中对他人利用其网络技术服务实施网络犯罪的行为明知而不加以制止，仍然提供网络技术服务与支持，

---

① 参见邓矜婷：《网络空间中犯罪帮助行为的类型化——来自司法判决的启发》，载《法学研究》2019 年第 5 期。

② 参见谢可君：《网络中立帮助行为的刑法认定》，西南政法大学 2017 年硕士学位论文。

此时网络服务提供者才产生放任他人实施违法行为以从中获利的非法意图”。① 然而,如果引入该观点来讨论例案,则势必牵扯出对网络帮助行为的着手时间点的认定与判断的问题,这一理论体系庞大且学界还未形成定论;即使理论体系庞大,也并非解决例案的有效路径。并且该观点倾向于认为,网络帮助行为的着手并不是从网络服务提供者开始提供网络服务时,而是当网络服务提供者产生违法意图时,稍有不慎,则有可能滑向“主观归罪”的囹圄。因此,在帮助信息网络犯罪活动罪中,“明知”认定规则的建构实际上应当以传统的共同犯罪理论为基础,依据上述对“明知”程度的划分,能够应对司法实践中绝大多数与例案相似的案件。

实际上,不少司法解释也曾对“明知”和“应知”的关系有所表态。如1998 年最高人民法院、最高人民检察院等颁布的《关于依法查处盗窃、抢劫机动车案件的规定》第 17 条规定:“本规定所称的‘明知’,是指知道或者应当知道。有下列情形之一的,可视为应当知道,但有证据证明确属被蒙骗的除外……”②该司法解释将“明知”直接解释为“知道或者应当知道”。2009 年最高人民法院颁布的《最高人民法院关于审理洗钱等刑事案件具体应用法律若干问题的解释》第 1 条规定:“刑法第一百九十一条、第三百一十二条规定的‘明知’,应当结合被告人的认知能力,接触他人犯罪所得及其收益的情况,犯罪所得及其收益的种类、数额,犯罪所得及其收益的转换、转移方式以及被告人的供述等主、客观因素进行认定……”这一司法解释不再从实体法上试图论证“知道”和“应当知道”的含义和种属关系,而是从刑事证明程序中去规定“明知”的认定规则和证明标准。这一转变也被学者敏锐捕捉。《网络诽谤解释》第 1 条第 2 款:“明知是捏造的损害他人名誉的事实,在信息网络上散布,情节恶劣的,以‘捏造事实诽谤他人’论。”该条款将“明知”这一主观方面的构成要件要素展开,作出更具体的解释,并且随后在制定机关制作的《〈网络诽谤解释〉的理解与适用》中对“明知”内涵予以答复,表明“明知”包括有证据证明行为人知道和基于相关证据能够推定行为人知道;其中推定知道即现有证据不能证明行为人“明确知道”,因此应理解为“应当知道”范畴。这一司法解释不仅肯定了“明知”包括“应当知道”的内涵,同时结合了实体法和程序法的认定规则。但是有学者认为,司法解释的态度表现出更倾向于将明知认定为“确切知道”,认为“明知”不包括应当知道的情形。因为应当知道包含着行为人主观上有可能事实上真的不明知,不

① 谢可君:《网络中立帮助行为的刑法认定》,西南政法大学 2017 年硕士学位论文。

② 参见 1998 年最高人民法院、最高人民检察院、公安部、国家工商行政管理局(已撤销)《关于依法查处盗窃、抢劫机动车案件的规定》第 17 条。

具备故意犯罪的认识因素，有可能构成过失犯罪（应当预见因为疏忽大意而没有预见的过失犯罪）。① 但该学者对这一观点仅停留在发现问题的层面，并未提供强有力的论据支撑，也没有具体列出这一类的司法解释。在网络犯罪司法解释领域，2019 年 11 月 1 日最高人民法院、最高人民检察院发布的《关于办理非法利用信息网络、帮助信息网络犯罪活动等刑事案件适用法律若干问题的解释》（以下简称《网络信息犯罪解释》）对“明知”的证明规则规定更为具体、明确。《网络信息犯罪解释》第 11 条规定，为他人实施犯罪提供技术支持或者帮助，具有下列情形之一的，可以认定行为人明知他人利用信息网络实施犯罪，但是有相反证据的除外：（一）经监管部门告知后仍然实施有关行为的；（二）接到举报后不履行法定管理职责的；（三）交易价格或者方式明显异常的；（四）提供专门用于违法犯罪的程序、工具或者其他技术支持、帮助的；（五）频繁采用隐蔽上网、加密通信、销毁数据等措施或者使用虚假身份，逃避监管或者规避调查的；（六）为他人逃避监管或者规避调查提供技术支持、帮助的；（七）其他足以认定行为人明知的情形。② 首先，该条明确了“明知”可以采取由客观方面推定主观认识的原则。即法官在审理案件时，依据行为人的行为、环境等犯罪客观方面要素或者间接证据来推定行为人实施行为时的主观心态。如果案件的客观情况或者行为人的行为符合上述司法解释规定的七项情形，“控方就可以推定行为人主观上明知他人利用信息网络实施犯罪，就具备了本罪的主观归责要素”③。其次，《网络信息犯罪解释》第 11 条明确了一种证明责任的分配规则，如被告人或者辩护人有相反证据足以驳斥或者推翻这种推定，则不构成“明知”。

如上所述，网络空间中提供帮助者对于行为人可能要实施的犯罪类型并不一定确切知道。其中，有两层意思需要进一步明确：第一层意思，网络服务提供者主观上是“明知”的，是确实知道或者应当知道，而不包括确实不知道或者过失的情形，也就是说，刑法处罚的是故意犯罪，过失的情形不应该包括在内。更重要的是第二层意思，即网络服务提供者虽然不知道他人利用其网络实施犯罪的具体主体、罪名、时间、计划等，但应当有证据证明网络服务提供者应当是知道。也就是说，在没有证据的情况下不能认为服务

① 参见吴情树：《如何理解帮助信息网络犯罪活动罪主观“明知”》，载《检察日报》2020 年 11 月 10 日。

② 参见最高人民法院、最高人民检察院《关于办理非法利用信息网络、帮助信息网络犯罪活动等刑事案件适用法律若干问题的解释》第 11 条。

③ 吴情树：《如何理解帮助信息网络犯罪活动罪主观“明知”》，载《检察日报》2020 年 11 月 10 日。

提供者主观上对正犯的犯罪行为属于“明知”。原因在于,网络上的违法犯罪现象的存在是客观的,甚至如侵犯知识产权等现象还较为普遍,不能以网络服务提供者“肯定知道”此类现象的存在,就认定其主观上“明知”。以杨某萧一案①为例,被告人杨某萧协助他人在多个银行账户中以频繁转账方式将违法所得予以转移、掩饰,法院认为这些交易方式“明显不合乎常理”,被告人应当对不合乎常理的交易方式有认识。即在被告人不是“确切知道”而是“应当知道”的情况下仍向该案主犯提供支付结算帮助,可以对被告人的主观明知进行推定,因此认定被告人满足“明知”这一主观方面的构成要件。以北京安某帮助信息网络犯罪活动罪一案②为例,被告人安某为获取经济利益,在丰台区银行柜台同时办理了三张银行卡,之后被告人将银行卡U盾、银行卡注册预留手机号、身份证信息一起打包出售给他人。法院在审理中认为,“出售银行卡、U盾、手机卡、身份证照片”足以认定被告人“明知”,“明知”必须要符合“应当知道”的标准。以浙江冷某高帮助信息网络犯罪活动罪一案③为例,法院在审理该案时认为,从犯罪主观方面来看,被告当事人明知道出售或出租固话号码给从事诈骗行为的人员属于违法犯罪,但是受利益诱惑,不考虑违法后果继续为犯罪者提供通信服务,放任诈骗活动,这其实属于间接故意的罪过心态。该案中法院认定的“明知”同样为“应当知道”,但与前述案例略有不同,本案中法院认定“应当知道”在认识因素上表现为“明知”,而在意志因素上表现为“放任”。那么,结合司法解释的研究路径和实践中法院的说理,可以得知在网络犯罪司法解释领域,分则规定“明知”,既包括确定的认识,也包括“可能的认识”④即应当知道。

3. 对明知认定规则的建构

有学者认为,若将“明知”认定为“应当知道”会无端扩宽“明知”的含义范围,这就让本罪成了不够具体的“口袋罪”。⑤ 然而这一派观点没有理解司法解释对“明知”采取的实体法与程序法相结合的研究路径。上述论述已经对“明知”的认定规则在实体法层面进行详论。笔者认为,在实体法规则的框架下,程序法对“明知”的认定应当遵循以下逻辑:推定规则必须主客观相统一,在对“明知”要件展开认定时或判断当事人是否对犯罪有所了解时,

---

① 参见河北省高阳县人民法院刑事判决书,(2020)冀0628刑初211号。

② 参见北京市丰台区人民法院刑事判决书,(2020)京0106刑初1317号。

③ 参见浙江省绍兴市上虞区人民法院刑事判决书,(2016)浙0604刑初1032号。

④ 郝川、冯刚:《帮助信息网络犯罪活动罪的“明知”应包含“或许知道”》,载《检察日报》2020年9月23日。

⑤ 参见孙运梁:《帮助信息网络犯罪活动罪的核心问题研究》,载《政法论坛》2019年第2期。

必须紧密结合犯罪人员本身的认知水平、案件供述内容和辩解内容，要对证人证言、违法行为手段等各式各样的主客观法律要件展开全面评价。① 司法实践的规则运用还要考虑被帮助者是否在得到网络帮助后增加了犯罪可能性、被告当事人是否可以察觉到业务的异常情况；②此外，被告当事人也承担反证义务，③在法律实务工作中，控方在现存证据基础上推定被告当事人符合“明知”要件后，辩方应有提出反证的权利。如果被告没有充足的证据来反证自身“不知”，那么控方的“明知”推论成立。④ 由此可见，正如学者指出，根据经验和常识来综合推定当事人主观意图达到了“明知”要件，这并不违反司法规律，也可以更好地处理“明知”的法律认定问题。

二、网络刑法中犯罪目的功能与应用

（一）传统目的犯的功能——限制犯罪成立

“目的”的基本词义，是指通过行为“想要得到的结果”⑤。我国刑法理论通说认为，犯罪目的指的是犯罪人希望通过实施犯罪行为达到某种危害社会结果的心理态度。⑥ 犯罪目的是行为人实施行为前存在于头脑中的观念危害结果，也是行为人希望通过行为的实施能够变为现实的危害结果。因而，犯罪目的心理的内容包含如下两层意思：一是观念危害结果的形成心理，即行为人对自己选择的行为的性质及其可能发生的危害结果具有预见性和预定性，即行为人对危害行为与危害结果之间的因果关系具有明确的认识心理；二是观念危害结果向现实危害结果转化的意愿性，即行为人对危害结果的发生具有积极追求的心理态度。⑦ 相应地，成立犯罪要求行为人具有特定目的的，为目的犯。我国《刑法》中存在大量的法定目的犯，也被学界称为“典型的目的犯”，例如第 126 条违规制造、销售枪支罪第 1 项和第 2 项规定的“以非法销售为目的”，第 164 条对非国家工作人员行贿罪规定的“为谋

---

① 参见朱军彪、郭旨龙：《网络共同犯罪中“明知”推定的规范协调》，载《北京警察学院学报》2020 年第 4 期。

② 参见徐然：《帮助信息网络犯罪活动罪的规范属性与司法认定》，载《法律适用（司法案例）》2018 年第 16 期。

③ 参见刘宪权、房慧颖：《帮助信息网络犯罪活动罪的认定疑难》，载《人民检察》2017 年第 19 期。

④ 参见倪慧麟：《帮助信息网络犯罪活动罪中“明知”的类型与认定》，载《西部学刊》2021 年第 15 期。

⑤ 中国社会科学院语言研究所词典编辑室：《现代汉语词典》（修订本），商务印书馆 1997 年版，第 904 页。

⑥ 参见高铭暄、马克昌主编：《刑法学》，北京大学出版社 2005 年版，第 127 页。

⑦ 参见陈建清：《论我国刑法中的犯罪动机与犯罪目的》，载《法学评论》2007 年第 5 期。

取不正当利益”。这两个例罪对犯罪目的的罪状表述为我国刑法规定的典型的罪状描述结构:(1)“以……为目的,(实施)……行为”;(2)“为……(目的),(实施)……行为”。

我国传统“四要件”犯罪构成理论之下,犯罪目的属于“主观的超过要素”,独立于犯罪故意、犯罪过失等罪过形态并与之相平行,与犯罪构成中的客观构成要件也不构成对应关系。其中的“超过”具有两个层面的含义:一是超越犯罪故意,二是超越犯罪构成中故意规制的客观要素,即与其对应的客观要素并不是犯罪构成所必需的。① 也就是说对于一个特定的目的犯,行为人主观方面即使存在故意还不足以构成该罪,还必须满足我国《刑法》对该罪专门规定的特定目的。从实体法角度而言,对犯罪的目的予以专门规定,增加了构成要件要素,提高了入罪的“门槛”;从程序法角度而言,目的犯的目的是行为人的一种主观心理内容。目的犯的设立,给控方的举证增加了一定的难度:控方不仅要证明构成本罪的客观行为与主观故意,而且还须额外地证明特定目的之存在。② 并且,由于与犯罪目的所对应的客观要素并非犯罪构成所必需,不存在与目的相对应的客观事实,待证事实的缺失导致“由客观见之于主观”的犯罪目的的证明困难。在刑事诉讼程序中,犯罪目的的证成成为控方举证责任的部分,从程序角度为追究被告人的刑事责任增设障碍。以我国《刑法》第 363 条第 1 款规定的制作、复制、出版、贩卖、传播淫秽物品牟利罪为例,在对被告人的主观方面进行证明时,控方除需要证明被告人主观上存在制作、复制、出版、贩卖、传播淫秽物品的故意以外,还需要证明“以牟利为目的”,其“单纯存在于行为人的内心”③而缺乏客观事实与之相对应,从而限制了控方对待证事实的确定;如果控方无法证明被告人特定目的的存在,那么将承担无法以该罪为被告人定罪的败诉风险。由此,在传统犯罪领域,目的犯的功能就是为了限制入罪。

在网络犯罪领域,目的犯的功能在基调上仍沿袭了传统犯罪所赋予其的限制入罪功能。以域外的刑事立法为例,《德国刑法典》对于纯粹的网络犯罪中目的犯的设立经历了“从无到有”的变迁。设立在先的如下罪名——第 202 条 a 项探知数据罪、第 202 条 b 项拦截数据罪、第 202 条 c 项预备探知和拦截数据罪、第 303 条 a 项变更数据罪、第 303 条 b 项破坏计算机犯罪,犯罪的目的不是犯罪成立要素。2015 年 12 月 10 日德国《通信数据储存责任和最长存储期限的施行法》通过,新增了窝藏数据这一罪名,从而德国通

① 参见刘源:《论目的犯之主观超过要素》,南京师范大学 2020 年硕士学位论文。

② 参见陈兴良:《目的犯的法理探究》,载《法学研究》2004 年第 3 期。

③ 张明楷:《“客观的超过要素”概念之提倡》,载《法学研究》1999 年第 3 期。

过《刑法第41次修正案》正式将该罪规定于第202条d项。窝藏数据罪则选择了目的犯的立法模式，该罪名需要具备“为了自己或第三人获利或损害他人”的目的。因为如果不为“窝藏”行为进行目的上的限缩解释，那么窝藏行为实则与纯粹客观的持有行为无异。虽然，“以获利为目的”的犯罪散见于《德国刑法典》各章节的条文中，并不是网络犯罪所特有的犯罪目的；但是其功能仍是限制入罪。与此相关的立法例，不属于纯正网络犯罪的范畴，本书不予详述，但如侵犯个人信息犯罪，其中，作为选择性构成要件的特定目的，同样是为了限制“无意识地侵权”构成犯罪的不符合刑法谦抑性原则的现象。《日本刑法典》中，纯正网络犯罪都属于目的犯，并且，这些犯罪目的都是网络犯罪所具有的特定目的。因此，分析这些特定的犯罪目的，不能完全沿袭分析传统犯罪的犯罪目的的限制入罪观。日本纯粹的网络犯罪中的目的犯主要有以下法律规定：(1)《日本刑法典》第168条之二制作非法指令电磁记录等罪、第168条之三取得非法指令电磁记录等罪，这些罪名中，均要求具有“供人在电子计算机上执行”的犯罪目的。① 2017年6月日本大阪府高槻市首例因涉嫌制作非法指令电磁记录罪被逮捕的案件，犯罪嫌疑人在社交网站上发布勒索软件病毒网站地址供海内外用户下载的行为，被认定具备为“供人在电子计算机上执行”的目的。该案中，如果行为人并未提供给他人使用，那么仅凭制作勒索病毒软件一行为实则不能对其予以刑法规制。(2)《日本刑法典》第161条之二非法制作电磁记录罪和提供非法制作电磁记录罪中规定的“使人错误处理一般性事物”的目的，以及第163条之二的非法制作支付用卡电磁记录罪中规定的“使人错误处理财产上的特定事物”的目的。② 这些“使人错误处理财产上的特定事物”的目的也为网络犯罪所特有，其内涵为妨害他人根据该电磁记录正常地处理事务，使他人偏离其本来意图实施行为的目的。③ 2016年5月，东京都足立区的王某文等6名中国籍男子被日本东京警视厅以涉嫌非法制作并使用支付用卡电磁记录罪和诈骗罪为由逮捕。④ 其中，王某等人盗取他人信用卡信息，制作假卡并且从ATM机上取款的行为，被认定为“使银行等金融机构错误处理财产上的特定事物”，从而构成非法制作并使用支付用卡电磁记录罪。如果行为人未对ATM机使用造成金融机构错误处理他人的财产事物，那么仅凭制作假信用卡的行为无法以本罪进行规制。(3)《日本刑法典》第163条之

① 松宫孝明『刑法各論講義』(成文堂,2016年)514頁参照。

② 参见陈子平:《日本刑法典》,台北,元照出版有限公司2017年版,第112页。

③ 大谷実『刑法各論講義』(成文堂,2015年)480頁参照。

④ 参见《中文导报》,2016年5月7日报道。

四准备非法制作支付用卡电磁记录罪中规定的“非法做出的目的”①。该罪为典型的“实质的预备犯”。实质预备犯的罪状表述一般遵循“为了、意图、准备实施……犯罪之用”的模式，其明确的“目的性指向”是为了在入罪上增设积极要件，以抵消刑事立法趋势中法益保护过分前置化所造成的对刑法谦抑性的侵蚀效果。并且，日本立法例中侵犯个人信息犯罪须依主体身份确定成立该罪是否需要具备特定目的。例如，个人信息保护委员会的工作人员成立本罪无须具备特定犯罪目的，个人信息处理者成立本罪须具备“为自己或第三人谋取不正当利益”目的。这也从一个侧面体现了刑法对不同身份的主体所作出的不同程度上的注意义务要求。然而，日本刑法中预备犯特定犯罪目的的规定并非其独创。考察英美法系的网络犯罪刑事立法，如英国《1990 年计算机滥用法》中规定的“进一步实施或者准备实施其他犯罪为目的的未经授权进入计算机资源罪”，该罪中，行为人为获得授权进入计算机网络系统时，如果主观上具备了“实施其他犯罪的目的”，那么就构成该犯罪。“实施其他犯罪”的目的同样也不是网络犯罪立法视域下的特定目的，该部法律的另一罪名“未经授权进入计算机资源罪”也不需要特定的犯罪目的。这说明只有在明确具备特定的犯罪目的的情况下，处罚预备行为才有意义。

因此，目的犯的立法例所呈现的目的犯功能也未因法律文化环境土壤的不同而有天壤之别。由此，以上论述均表明，即使是只存在于网络犯罪立法领域的特定犯罪目的，其功能也是限制入罪功能的延续。

（二）非法利用信息网络罪的“方法—目的”剖析思路

网络犯罪的高发性、形式多样性和严重的社会危害性使对网络犯罪需要采取严厉打击的政策。《刑法修正案（九）》增设了“非法利用信息网络罪”和“准备实施恐怖活动罪”，都是为了顺应风险刑法观下积极打击犯罪、维护国民安全需求②的要求。

对于“准备实施恐怖活动罪”，我国《刑法》在第 120 条第 2 款规定：“犯前款罪并实施杀人、爆炸、绑架等犯罪的，依照数罪并罚的规定处罚。”明确了行为人在设立恐怖组织之后继而实施了杀人、爆炸、绑架等犯罪的，应当数罪并罚。按照传统犯罪理论，行为人实施了两个或者数个犯罪行为的，如果不属于牵连犯的范畴，那么就应当以其所实施的犯罪行为分别确定罪名，数罪并罚。对于“非法利用信息网络罪”，我国《刑法》第 287 条之一第 3 款

① 山中敬一『刑法各論』（成文堂，2015 年）666 頁参照。［日］西田典之、［日］桥爪隆：《日本刑法各论》，王昭武、刘明祥译，法律出版社第 7 版，第 318 页。

② 参见魏昌东：《刑事法学国际理论前沿》，上海社会科学院出版社 2018 年版，第 127 页。

规定:“有前两款行为,同时构成其他犯罪的,依照处罚较重的规定定罪处罚。”其中的“行为”包括:设立违法犯罪网站、通信群组,发布违法犯罪信息等违法犯罪行为。之所以与“准备实施恐怖活动罪”数罪并罚的立法模式不同,“非法利用信息网络罪”采取以一罪处罚的立法模式,是因为行为人本质上只实施了一个行为,只不过这一行为客观上可能为某些违法犯罪行为的顺利实现提供了可能,由此可以构成相应犯罪的预备犯,“此种行为属于为上家实施诈骗准备工具、制造条件,因而还属于诈骗的预备”①(也有学者认为构成相应犯罪的帮助犯),而这些犯罪往往属于“重罪”,故在本罪和相应重罪的预备犯(或者帮助犯)之间择一重罪处罚。对此,目前学界较高的呼声是以重罪吸收轻罪的吸收论②为通说对这一现象予以解释。笔者认为,“吸收论”在避免同一行为的重复评价的同时,也能够实现“打早、打小”的网络犯罪严打的效果。

然而,“吸收论”者忽略了非法利用信息网络罪其中一个的特征,即本罪第 1 款第 3 项规定的“为实施诈骗等违法犯罪活动发布信息的”行为,可能并不构成犯罪,甚至也不是符合刑法规定的行为类型。这种非违法行为显然无论是以“罪名说”还是以“罪行说”都不能为吸收犯理论所涵盖,不能机械地将第 1 项和第 2 项的逻辑思维强加于第 3 项。笔者认为,如何分析第 3 项中的“信息发布行为”和“利用网络”之间的关系,可以借助牵连犯中目的行为和方法行为之间的牵连关系的思考进路,从而确立什么样的行为才应当达到本罪的入罪门槛。然正如与对本罪一律作吸收犯认定的反思相似,笔者并不认为本罪就是吸收犯,但两个行为之间的牵连关系可以为本罪的正确定罪提供一个新的解释思路。“牵连犯之牵连关系,乃两个行为之间,具有方法与目的之关系或原因与结果之关系。”③非法利用信息网络罪中,利用网络作为发布信息的方法,两行为之间符合目的与方法的关系。

综观我国刑法,以“目的行为 + 方法行为”规定的犯罪中,一共有两种模式:(1)目的行为违法,方法行为不违法,评价整体行为为犯罪;(2)目的行为不违法,方法行为违法,评价整体行为为犯罪。后一种模式,比如抢劫罪,

---

① 陈洪兵:《非法利用信息网络罪司法认定研究》,载《人民法院报》2021 年 5 月 20 日,第 4 版。

② 参见黎宏:《刑法学各论》,法律出版社 2016 年版,第 369 页;周光权:《刑法各论》,中国人民大学出版社 2016 年版,第 174 页、355 页;喻海松:《网络犯罪的立法扩张与司法适用》,载《法律适用》2016 年第 9 期。

③ 甘添贵:《罪数理论之研究》,中国人民大学出版社 2008 年版,第 124 页。

一个完整的抢劫行为应由方法行为与目的行为组成。[①] 其中,方法行为是指实施暴力、胁迫或其他足以压制反抗的行为;目的行为则是取得他人财物或财产性权利的行为。在抢劫行为中单独将目的行为抽象出来,即财物或财产性权利的取得行为本身不具有刑法上的价值,不应当受到刑罚的评价;而是因为方法行为本身的违法性及其对目的行为的影响,从而综合评价一个完整的抢劫行为的刑事违法性。对于方法行为的"违法性"虽有不同争议,但通说认为,达到"足以抑制被害人反抗"[②]的程度即可。也就是说,对于一个完整的犯罪行为而言,方法行为的"违法性"并不一定要达到刑事违法性程度,具有一般的违法性即可。以方法行为的违法性为特征的犯罪,大多存在于传统犯罪领域,例如强奸罪、绑架罪等。前一种类型,以目的行为的违法性为特征的犯罪同样存在于我国刑法当中。例如,挪用公款罪,目的行为表现为国家所有的财产归个人使用或者他人使用,方法行为为取得财产的行为。同样地,取得财产行为本身不受刑法评价,而是因为目的行为中,行为人使用国家所有财产的违法性,进一步影响了取得财产这一方法行为的违法性,从而使得刑法对整体行为作出负价值评价。综上,一个完整的犯罪行为,要么是具备了方法行为违法的特征,要么是具备目的行为违法(从而进一步影响到手段行为违法)的特征,才使其具有应受刑法惩罚性。

基于上述思路,笔者认为,非法利用信息网络罪同样可以视为一个由方法行为和目的行为构成的整体行为。非法利用信息网络罪规定在我国《刑法》第 287 条之一,罪状表述为"利用信息网络实施下列行为之一",明文列举了 3 项行为。

其中,第 1 项和第 2 项中的"设立用于实施诈骗、传授犯罪方法、制作或者销售违禁物品、管制物品等违法犯罪活动的网站、通讯群组的""发布有关制作或者销售毒品、枪支、淫秽物品等违禁物品、管制物品或者其他违法犯罪信息的"视作本罪的目的行为,并且最高人民法院、最高人民检察院在《关于办理侵犯公民个人信息刑事案件适用法律若干问题的解释》第 8 条中规定的"设立用于实施非法获取、出售或者提供公民个人信息违法犯罪活动的网站、通讯群组"、最高人民法院在《关于审理毒品犯罪案件适用法律若干问题的解释》第 14 条规定的设立用于实施传授制造毒品、非法生产制毒物品

① 参见梁晟源、李登杰:《论抢劫罪之方法行为与目的行为》,载《中国人民公安大学学报(社会科学版)》2008 年第 4 期。

② 刘明祥:《论抢劫的方法行为与目的行为》,载《河南省政法管理干部学院学报》2005 年第 1 期。

的方法、贩卖毒品等违法犯罪活动的网站、通讯群组的等,具有相类似的规定模式,都可以作为本罪的目的行为进行理解。而“利用信息网络”为本罪的方法行为。这些网站和通讯群组在用途上是违法的,因而设立这些网站和通讯群组的目的行为本身就是违法的;发布的信息内容是违法的,从而发布信息的目的也是违法的。与此相对应的方法行为——“利用网络”即互联网的使用行为不具有违法性。但综合评价整体行为时,基于目的行为的违法性来对行为人进行刑事非难,是具有正当性的。

但是,第 3 项所规定的“为实施诈骗等违法犯罪活动发布信息的”,其信息内容本身可能并不违法。并且,行为人实施行为时,究竟是基于“合法目的”、“违法目的”还是“犯罪目的”,本身就很难在司法实践中通过证明的方式加以区分,甚至即使是具备较高法律素养的行为人自身,也很难在实施一个行为前清楚认识自己的目的是否合乎法律。综上,对于“发送内容上并不违法的信息的行为”,不能一律作出违法评价,从而对一切符合第 3 项所规定的行为进行入罪处理,这种“一刀切”式的做法没有合理性根据。例如,在谭某某、张某、秦某某非法利用信息网络罪一案中,谭某某、张某商定在网络上从事为他人发送“刷单获取佣金”的诈骗信息业务,即通过“阿里旺旺”向不特定的淘宝用户发送信息,信息内容大致为:“亲,我是 × × ×,最近库存压力比较大,请你来刷单,一单能赚 10 元至 30 元,一天能赚几百元,详情加 QQ × × ×,阿里旺旺不回复。”通过向他人发送该信息的方式从“上家”中获得“工资”八十余万元,被害人王某甲、洪某因添加谭某某、张某等人组织发送的诈骗信息中的 QQ 号,后分别被骗 31,000 元和 30,049 元。二审法院在判决书中认为本案中并无证据证实具体实施诈骗的行为人归案并受到刑事追究,但不影响被告人非法利用信息网络罪的成立。就是说,即使被告人的“上家”并没有受到诈骗罪的追究,也不影响被告人的行为单独构成本罪。但是,综观本案,被告人的实行行为仅是发送信息,并且该信息内容本身也并不违法,甚至都不一定符合民事侵权行为的构成要件(行为人主观无过错)。非法利用信息网络罪第 1 项和第 3 项的信息内容表面上并不具有违法性,处罚根据在于行为人的主观恶性,即行为人将主观意图转换成具体行为时,便已跨过刑法归责的界限而应受到惩罚。① 确实,如果该理论推之至极,极易滑向“思想归罪”而违背了主客观相一致的定罪规则。

我国《刑法》明文规定的法定目的犯中,有的罪名其实行行为本身就构

① See Andrew Ashworth and Jeremy Horder, *Principles of Criminal Law*, Seventh Edition, Oxford University Press, 2013, p. 461. 转引自张尹:《非法利用信息网络罪的司法适用》,载《法律适用》2019 年第 15 期。

成犯罪。例如我国《刑法》第193条规定的贷款诈骗罪，要求以“非法占有为目的”，而不具有非法占有目的的使用欺骗方法，骗取银行或者其他金融机构的贷款行为，给银行或者其他金融机构造成重大损失的，本身就构成骗取贷款罪。有的罪名，“实行行为”本身只构成违法行为，例如我国《刑法》第303条规定的赌博罪中的“聚众赌博”行为，但是一旦行为人主观上具备“营利目的”，则构成犯罪。有的罪名，“实行行为”本身仅仅是民事侵权行为，例如我国《刑法》第217条规定的侵犯著作权罪中的“未经著作权人许可，复制发行、通过信息网络向公众传播其文字作品”的行为，只是构成了对著作权人的民事侵权，但行为人主观上具备“营利目的”的，构成犯罪。因此，将具有非法目的的违法行为或仅是民事侵权行为予以入罪化处理，可以在我国《刑法》中找到正当性依据，

因此，笔者认为，相较于非法利用信息网络罪第1项和第2项可以用法律解释解决理论争议而言，本罪的第3项更具有法律漏洞的特征，从而需要在今后的立法活动中进行法律漏洞的填补。具体做法是，在今后的立法中应当明确，只有目的行为违法的，利用信息网络发布信息的整体行为才应当是符合本罪第1款第3项的犯罪构成的行为。也就是说，网站、通讯群组的实际用途是违法的，那么才能够认定行为人设立网站、通讯群组的目的行为具有违法性；同样，只有信息内容本身就违反法律，才能够认定行为人发送信息的目的行为的违法性。探寻行为人的主观目的，认定目的行为违法，在本罪的入罪上进行限制，能够起到避免刑法对基于非违法目的实施的发送信息行为的过度干涉的效果。

最后，基于上述详论的“违法犯罪”的内涵，笔者对此有进一步的思考。对于该法条第1款规定的3项行为，均以“违法犯罪”为所列举内容兜底，不少学者提出这一规定存在打击面过宽的嫌疑。① 具体来说，“违法犯罪”的内涵，依据最高人民法院、最高人民检察院《关于办理非法利用信息网络、帮助信息网络犯罪活动等刑事案件适用法律若干问题的解释》第7条的规定，是囊括了刑法分则规定的所有行为类型的犯罪行为。此外，属于刑法分则规定的行为类型但尚未构成犯罪的违法行为，只要是利用网络实施的，理论上就能够纳入刑法规制的范畴。这种保留了对网络违法行为广泛打击可能性的立法规定引发一些学者对非法利用信息网络罪的设立正当性质疑：“这一做法违反了刑法第3条，法律明文规定为犯罪行为的，依照法律定罪处

① 参见崔晓：《非法利用信息网络行为规制的异化与归正》，载《上海法学研究》2020年第23卷；姜金良：《法益解释论下非法利用信息网络罪的司法适用——基于〈刑法修正案（九）〉以来裁判文书样本的分析》，载《法律适用》2019年第15期。

刑。违背了从源头上治理网络犯罪的立法初衷，不利于法益保护。”①

诚然，学者上述质疑有一定道理。但是，笔者认为仍可以在解释学中为该条文的合理性寻得正当性依据。如果通过对该法条中的“等”字进行限缩解释，即理解为“等内等”，可以将“违法犯罪”的类型限定在所列举的范畴之内。行为人实施的利用网络设立违法犯罪网站、通讯群组的行为，只有当这些网站和通讯群组是用于诈骗，传授犯罪方法，制作或者销售违禁物品、管制物品的用途的，才能为这一条款所规制。而最高人民法院、最高人民检察院《关于办理非法利用信息网络、帮助信息网络犯罪活动等刑事案件适用法律若干问题的解释》采取了第二种解释路径，即对“等”字作“等外等”的理解。但是，笔者认为，仍可以通过文意解释的方式，将违法犯罪网站、通讯群组的用途限定在与上述用途具有相当的社会危害性的行为里。

但是，对于上述“解释”中规定的违法行为类型“属于刑法分则规定的行为类型但尚未构成犯罪的违法行为”进行解释，可以得出，对于那种我国《刑法》中无明文规定，仅在《治安管理处罚法》或者其他法律法规中规定的行政违法行为，并不会因为利用网络实施就构成非法利用信息网络罪。但是，对于行政法和刑法同时都规定的行为，即违法和犯罪之间并不存在“行刑鸿沟”的行为，笔者认为这一规定仍体现出将现实空间的违法行为在网络领域广泛入罪化的倾向，特别是体现在以“数额较大”或者“情节严重”由有关司法解释来具体确定构成犯罪的标准的行为上。

以盗窃罪为例进行说明。其一，例如，依据上海市相关法规，个人盗窃公私财物价值人民币2000元以上的，为“数额较大”，表明上海市以1000元作为追究犯罪的数额标准。那么，行为人在现实空间中盗窃999元的行为，不构成犯罪，而利用网络盗窃999元的行为，却构成犯罪。虽然“严打网络犯罪”为刑事政策，但是，在行为手段、危害后果均相同，只是犯罪地点由现实空间变成了网络空间的情况下，笔者并不认为网络盗窃999元的行为体现了网络区别于现实空间的特殊性，从而达到值得刑法处罚的程度。其二，最高人民法院、最高人民检察院在《关于办理盗窃刑事案件适用法律若干问题的解释》中赋予各省、自治区、直辖市高级人民法院、人民检察院在最高人民法院、最高人民检察院批准的情况下，在500元至2000元的范围内设置构罪门槛的权力。这就使不同地方基于经济发展水平等各种因素综合考虑，构成盗窃罪的数额不一。又根据最高人民法院《关于适用〈中华人民共

① 陈洪兵：《非法利用信息网络罪司法认定研究》，载《人民法院报》2021年5月20日。

和国刑事诉讼法〉的解释》第 2 条第 2 款的规定,“针对或者主要利用计算机网络实施的犯罪,犯罪地包括用于实施犯罪行为的网络服务使用的服务器所在地,网络服务提供者所在地,被侵害的信息网络系统及其管理者所在地,犯罪过程中被告人、被害人使用的信息网络系统所在地,以及被害人被侵害时所在地和被害人财产遭受损失地等”。那么,究竟以哪个地点作为利用网络实施的盗窃罪的犯罪地,本质上就很可能决定了行为人行为构成犯罪与否。例如,行为人利用网站服务器在北京,对在上海使用计算机的被害人实施了盗窃 1500 元财物的行为,如以网站服务器所在地确定网络犯罪地为北京,则行为人不构成犯罪,但以被害人使用的计算机信息系统所在地上海来确定犯罪地,行为人的行为就构成盗窃罪。如此一来,以犯罪地而不是行为类型来区分罪与非罪的做法,引起笔者思考——网络盗窃是否会对罪刑法定的刑法基本原则造成根本性的冲击? 这一矛盾,笔者认为仍有待将来司法解释进一步明确。

(三)侵犯著作权罪犯罪目的在网络空间的新思考

1. 现行立法规定“以营利为目的”的不合理性

我国《刑法》第 217 条规定,侵犯著作权罪需要具备“以营利为目的”的主观构成要件,这一要件的设置有效限制侵犯著作权罪入罪的功能。著作权作为典型的知识产权,具备人身性和财产性的双重属性,“以营利为目的”只体现了对侵犯著作权财产属性行为的刑法打击,而没有对侵犯人身性——著作权所凝结的作者的智力劳动成果的行为的刑法打击。并且随着网络信息传播技术的发展,著作权延伸至网络空间,侵犯著作权行为造成的辐射面更广,网络“记忆”的难以“抹去”加之智力成果所具有的人身性,使著作权就如同个人隐私一般,一旦被侵犯就难以消除影响。因此,在网络犯罪领域“加强对著作权的刑法保护力度势在必行,特别是要加强对网络条件下的著作权保护”①。

2. 完全否认本罪的“营利目的”不符合保护著作权的本质

有学者提出,侵犯著作权罪的目的犯形态使那些非以营利为目的的严重侵害著作权的行为无法得到有效规制,造成网络环境下著作权侵权行为的恶性膨胀。因此,为了遏制网络环境下非以营利为目的的严重侵害著作权的行为,主张废除该罪的目的犯形态。这一派学者提出的理论统称为“废止论”,主要有以下观点:

(1)法律体系协调论。该论着眼于《著作权法》与我国《刑法》相关规定

---

① 黄桂兰:《论网络信息著作权的刑法保护》,载《高校图书馆工作》2001 年第 2 期。

的关系是否协调一致来分析,代表性的观点认为,我国《刑法》是《著作权法》的后置法,二者应当协调,但现行我国《刑法》规定侵犯著作权罪“以营利为目的”的主观要件与《著作权法》有冲突,缩小了著作权刑法保护的范围,因而这一主观限制条件应当取消,使法律体系内部协调一致。

(2)刑法条款协调论。此论对刑法内部条款之间的关系是否协调进行体系性考察。代表性观点认为,我国刑法对侵犯商标权、专利权等犯罪行为并没有特殊犯罪目的要求,对侵犯著作权犯罪的此种要求则没有根据,因而我国《刑法》条款之间存在矛盾。

(3)与《与贸易有关的知识产权协议》(以下简称《TRIPs 协议》)协调论。该论对我国就《TRIPs 协议》承诺的国际义务与国内相关立法是否协调进行考察。代表性的观点认为,“以营利为目的”限制违背了承诺的国际义务,与其他侵犯知识产权犯罪形成差别待遇,因而应当与《TRIPs 协议》第 61 条相协调。

(4)国际趋势和潮流论。该论以其他国家或地区立法作为考察对象,代表性的观点认为,我国“以营利为目的”限制侵犯著作权入罪背离了著作权刑法保护的国际趋势和潮流。从其参考的对象来看主要有这样两个特点:①主要发达国家和地区的刑法未对侵犯著作权罪作“以营利为目的”的限制,如美、德、法、日、英、意以及我国的港台地区。②域外国家刑法主要针对网络环境下的“非以营利为目的”的严重侵犯著作权的行为。①

还有学者提出:从司法实践出发,考虑到相关案件中行为人的营利目的难以证明的现状,主张应当废除“以营利为目的”的构成要件,因为这一主观要件无论是对于证明难度还是对于办案成本以及办案积极性都存在不利影响。增加了作恶者逃脱法网的概率,这是立法技术上的失策。②

但是,“废止论”所主张的减少犯罪构成要件要素来降低入罪门槛的表象之下,不仅没有满足注重网络犯罪打击的政策需求,甚至连其保护著作权的初衷都没有实现。首先,针对两个“协调论”,规定“以营利为目的”其实正是体现了刑法对著作权相较于其他知识产权的重点保护。其次,非刑事方式实现救济著作权侵权行为不会降低著作权的保护水平,对于经济犯罪,民事赔偿与追究行为人刑事责任相比更能够实现对被害人的权利保护。再次,在网络环境下,很多不以营利为目的的著作权侵权行为发挥了传播信息、作品的作用,促进了社会的进步,不应当认为具有刑事违法性,所以刑法

---

① 参见杨加明:《网络著作权的刑法保护研究》,载《西南政法大学社会科学 I 辑》2019 年第 3 期。

② 参见唐稷尧:《知识产权犯罪:利益背景与刑事控制》,载《中国刑事法杂志》2002 年第 3 期。

没有必要规制网络环境下非以营利为目的的著作权侵权行为。最后,取消"以营利为目的"意味着一切目的下的著作权侵权行为都将被惩罚,根本上阻碍了作品的传播交流,知识无法全社会共享,根本上违背了著作权的立法目的。① 另外,犯罪嫌疑人、被告人主观目的上的证明一直是我国乃至世界各国刑事犯罪的证明难点,将犯罪嫌疑人、被告人主观目的的证明难作为侵犯著作权罪取消"以营利为目的"的合理性根据,是一种将我国司法工作上的懈怠和推诿归咎于立法技术缺陷的做法,有转移问题焦点的嫌疑。

笔者认为,"废止论"最大的缺陷在于,其理论仍着眼于传统的现实空间,没有考虑到网络空间的著作权犯罪的新特性,从而有针对性地对侵犯著作权罪的犯罪目的作出符合新领域的调适。

3. 网络视域下侵犯著作权罪的犯罪目的应当还包括"侵犯他人智力成果目的"

网络视域下,侵犯著作权行为对他人智力成果的侵犯,远远大于现实空间中的危害性。以本罪罪状中列举的未经著作权人许可而复制其作品的行为而言,网络的传播性使得一项作品一旦上传互联网,其受众即为广泛的不特定人群,该作品就已经被公开。一经公开则为不特定的群体所阅读、下载甚至反复使用留下极大可能性,这与现实空间中的"复制"的体量和被复制作品的有限传播范围之间形成了鲜明对比。而且由于互联网是有记忆的,一项作品一经公开就留下了数据"痕迹",即使之后被删除,数据的易恢复性也使得复原该作品难度不大。这就使相较于现实空间从物理上销毁作品载体本身,网络传播作品的完全删除可能性更小。这样一来,著作权人凝结于其作品中的智力成果不仅面临被侵犯范围广的风险,还需要面临无法抹去侵犯结果的威胁。这使单纯"侵犯他人智力成果"目的,应当纳入网络侵犯著作权罪规制的行为目的中。

笔者认为,将"以营利为目的"和"以侵犯他人智力成果"为目的均作为本罪的犯罪目的,两个目的之间是选择关系,只要行为人实施行为时具备其中一个目的,就可构成本罪。从而实现对行为人实施侵犯他人著作权行为的多元目的规制,对利用网络违法侵犯著作权的一切行为保留打击可能性。那么,行为人单纯的以侵害他人的智力劳动成果为目的而不具有营利目的的侵犯著作权行为,也能纳入本罪的"射程"之内。

网络环境下行为人实施作品传播行为的目的具有多元化的特征。一项作品的复制、发行,行为人主观目的可能仅仅是以资源共享和利用为目的,

---

① 参见杨加明:《网络著作权的刑法保护研究》,西南政法大学2017年博士学位论文。

也可能有其他的特殊目的(如犯罪目的、政治立场宣扬等)。又如,行为人使用商用盗版计算机软件,有可能是出于规避技术保护措施从而达到免除付费义务的目的,又或者是出于实施逃税等行为的目的,也有可能仅是出于证明其“技术高超”的炫耀目的。此外,不能否认行为人只想要践踏他人智力成果的这一主观恶意的独立存在性。因此“以侵害他人智力成果为目的”也应当以恶意侵害为限,而其他多样化的目的则不能动辄利用刑法进行规制。

与此同时,为了避免处罚目的太过泛化,依据我国《刑法》第217条的规定只对那些“违法所得数额较大或者有其他严重情节的”行为进行处罚,由此从实际的社会危害性程度来收紧该罪的入罪“口袋”。因为大额的违法所得以及与之具有相当性的严重情节,例如被广泛不当使用等,才足以说明对著作权的侵犯达到了对作品所凝结的智力劳动成果的影响难以消除的程度,此时才有刑法追究的必要性,由此刑法的谦抑主义也能够充分体现。

此外,在德国、日本等国家的刑法中以独立罪名为著作权提供保护措施。如果我国将侵犯著作权罪的犯罪目的扩充至“侵犯智力成果”目的,便能弥补这一立法上的空缺,我国《刑法》也不需要为其单独设立罪名,节约立法资源。

三、“持有型”儿童色情犯罪的立法调适

(一)现有罪名不能规制儿童色情材料的持有行为

根据最高人民法院2018年6月发布的司法大数据,利用网络空间侵害未成年人的刑事案件显著增长。同年最高人民法院发布了10起利用互联网侵害未成年人权益的典型案例,其中6起就涉及未成年人的性权利。在乔某某以视频裸聊方式猥亵儿童案、王某以招收童星欺骗猥亵儿童案中,法院只评价了“以非直接接触的方式进行的裸聊以刺激性欲”的行为构成猥亵儿童罪,但是对被告人在实施猥亵儿童行为后予以录像保存并持有这些录像的行为却未予以刑法评价。对保存儿童色情材料后实施传播、出售等行为的,我国《刑法》尚有传播淫秽物品罪和传播淫秽物品牟利罪加以规制,并且最高人民法院、最高人民检察院出台的《关于办理利用互联网、移动通讯终端、声讯台制作、复制、出版、贩卖、传播淫秽电子信息刑事案件具体应用法律若干问题的解释(二)》中规定的“以牟利为目的,利用互联网、移动通讯终端制作、复制、出版、贩卖、传播内容含有不满十四周岁未成年人的淫秽电子信息”的行为,强调了网络视域下更应当打击儿童色情犯罪以保护未成年人的性权利。但是值得注意的是,在司法解释仍将犯罪行为限制在刑法中规定的制作、复制、出版、贩卖、传播等“扩散型”行为上,而对于行为人单

纯持有这一“内向型”行为却无法规制。这也是儿童色情材料的持有行为区别于淫秽物品传播行为的根本所在，行为人主观上不仅不需要利用这些儿童色情材料进行牟利，甚至都不具备使这些材料外流的主观目的，而只是单纯持有供作己用。这就使这一行为不在上述两个罪名的射程之内。而行为人保存儿童色情材料，本身构成了对儿童性权利的侵犯，并且还为行为人进一步实施传播行为埋下引线，因此其严重的社会危害性不言而喻，对儿童色情材料持有行为专门立法予以规制就有必要性。

（二）立法应当增设儿童色情材料持有型犯罪

1. 域外立法例提供了借鉴依据

普通法系国家，以美国为代表。《美国联邦刑法典》第2251条、第2252条、第2252条a项、第2256条、第2257条、第2258条和第2260条就有涉及通过网络侵犯未成年性权利的犯罪条款。其中，在危害行为方面，具体包括：(1)故意通过计算机(包括网络通信设备)跨州或在国际商务中邮递、传输儿童色情材料的。(2)对跨州或在国际商务中邮递、传输儿童色情材料或包含儿童色情材料的，有故意接受或者分发行为的。(3)以通过计算机分发为目的故意复制儿童色情材料的。(4)以牟利为目的故意出售或持有儿童色情材料的。(5)故意持有包含儿童色情图片的书籍、杂志、期刊、影片、硬盘或其他材料的。但是，如果行为人持有的儿童色情图片不超过3份，并迅速采取合理方式销毁这些图片而没有保留，或者没有让除司法机关外的其他人获得原件或复制件，同时，向司法机关报告让司法机关取得了该图片的，不构成犯罪。(6)意图儿童参与性活动的可见描述材料被传输、销售、分发，而在美国领域外故意接受、传输、分发、销售或持有以上材料，并预备将以上材料输入美国领域内的。① 可见，虽然美国不是成文法国家，《美国联邦刑法典》也不具备全国范围内的法律效力而各州有其自己的刑法典，但至少表明了美国网络犯罪立法的趋势——在网络犯罪的行为类型上，或多或少地将“持有”行为纳入刑法规制的范畴。类似地，传统大陆法系国家也在涉及未成年人或儿童色情犯罪中加大了对“持有”行为的处罚范围和力度。日本1993年出台的《处罚与童妓和儿童色情有关的行为和保护儿童法》将如下行为规定为犯罪：其一，分发、销售、商业租借、在公共场所展示儿童色情材料的行为；其二，制作、持有、运输以及为实施其中一种行为而进口或从日本出口儿童色情材料的行为；其三，日本人为进行其中一种行为而将儿童

① 参见皮勇：《网络犯罪比较研究》，中国人民公安大学出版社2005年版，第241页。

色情材料从国外进口或者出口到国外的行为。① 日本的立法例同样表明，网络犯罪视域下，“持有”行为也属于刑法上的负价值行为而具备应受刑罚处罚性。与此相类似地，加拿大刑法第163条、第163条第1款规定，为实施三种行为（故意制作、分发、销售儿童色情材料）而持有、故意浏览儿童色情材料，以及不要求以上目的的单纯持有儿童色情材料的行为，都是犯罪。② 加拿大刑事部门法领域相较于上述两个国家的刑法典则“迈得更远”。比利时立法例除具备上述处罚“持有儿童色情材料”的特征外，还更进一步更为详细地规定了“持有”行为的具体类型和表现形式。根据比利时刑法第386条、第386条b项的规定，持有硬盘或其他储存介质中的儿童色情材料也将被处罚。

此外，上述立法例对“持有”儿童色情犯罪材料的认定标准呈现梯度下降的变化趋势。《美国联邦刑法典》（以下简称美国立法）要求行为人必须具备特定的牟利目的的持有，或者具备犯罪故意的持有，才可能构成儿童色情犯罪（择一行为方式的犯罪）。日本《处罚与童妓和儿童色情有关的行为和保护儿童法》直接规定了持有行为构成犯罪，但只处罚故意形态。加拿大《保护儿童不受色情利用法案》则不要求行为人的犯罪目的，甚至不要求行为人实施行为时主观心态上的犯罪故意。比利时刑法中，“持有”行为除无行为人主观罪过方面和目的方面的要求以外，在持有行为的客观方面，即持有的对象上也进行了拓宽——仅持有儿童色情材料的储存介质，也构成犯罪。相比于儿童色情材料实物本身，行为人对于储存介质内存储的数据信息可能并不直接可见，储存内容的海量性也给行为人直观地发现其中的儿童色情材料增加了难度，因而行为人的主观恶性方面显然要比前述几种持有行为要低（或者说，主观恶性的证明难度更大）。主观恶性降低反而刑法打击力度加大，正是比利时刑法对儿童色情材料持有行为容忍度低的强有力证据。综上，域外的立法例不仅处罚故意持有的行为，甚至也处罚过失持有的行为。

2. 我国持有型犯罪的立法扩张趋势提供了本土模型

我国历来也有将持有行为规定为犯罪的立法例。特别是中华人民共和国成立后，持有型犯罪数量在刑法中不断增加。1979年《中华人民共和国刑法》仅在妨害社会管理秩序罪一章第163条中规定了私藏枪支、弹药罪：“违反枪支管理规定，私藏枪支、弹药，拒不交出的，处二年以下有期徒刑或

① 参见皮勇：《网络犯罪比较研究》，中国人民公安大学出版社2005年版，第243页。

② 参见《加拿大保护儿童不受色情利用法案》（the omnibus bill of protecting children from sexual exploitation），载加拿大司法部网2011年8月22日，http://Canada. justice. gc. ca. html。

者拘役。”①这并不是典型(“持有”并没有以明文方式出现在刑法规定中)的持有型犯罪的伊始。随后,刑法单行法中开始陆续出现持有型犯罪的表述,如 1988 年在《关于惩治贪污罪、贿赂罪的补充规定》中规定了巨额财产来源不明罪,该罪随后在 2009 年以《刑法修正案(七)》的形式修改并正式规定在我国《刑法》第 395 条;在 1989 年《中华人民共和国集会游行示威法》中规定了非法携带武器、管制刀具、爆炸物参加集会、游行、示威罪,该罪随后被纳入我国《刑法》第 297 条;1990 年《关于禁毒的决定》规定了非法持有毒品罪,该罪随后在 2015 年以《刑法修正案(九)》的形式规定在我国《刑法》第 348 条;1995 年《关于惩治破坏金融秩序犯罪的决定》中规定了非法持有假币罪,该罪随后在 2006 年以《刑法修正案(六)》的形式修改为持有、使用假币罪并规定在我国《刑法》第 172 条。此外,1997 年全面修订的《刑法》,增设了第 128 条的非法持有、私藏枪支、弹药罪,第 282 条第 2 款的非法持有国家绝密、机密文件、资料、物品罪,以及第 352 条的非法持有毒品原植物种子、幼苗罪;2005 年《刑法修正案(五)》将持有伪造的或他人信用卡的行为增设在我国《刑法》第 177 条之后作为第 177 条之一,而后被相关司法的解释确定为妨害信用卡管理罪;2011 年《刑法修正案(八)》增设了第 210 条之一的持有伪造的发票罪;2015 年《刑法修正案(九)》增设了非法持有宣扬恐怖主义、极端主义物品罪。上述罪名的相继修改或增设,表明我国对持有型犯罪的刑事立法呈现积极入罪的趋势。这一趋势表明,打击持有型犯罪在积极刑法观之下所突出的刑法的社会保护功能。这就为规范持有儿童色情材料这一以侵犯儿童性权利为本质的社会危害行为而进行刑事立法提供了制度土壤。

3. 持有儿童色情材料犯罪的形态——故意犯罪

虽然笔者认为应当增设儿童色情材料的持有型犯罪;但是笔者认为,立法只能将该罪规定为故意犯罪,对于过失持有儿童色情材料的,不能认定为犯罪。

对于“持有行为”主观方面的罪过心态,不同学者持不同的观点,总体来说主要有以下观点争议:(1)“严格责任说”。该说认为根据刑法规定,有些持有犯的主观方面在刑法的表述中明确列为故意或经罪名表述可以推知为故意,这些犯罪的成立要求行为人主观上具有犯罪故意(直接故意或间接故意)。此外,有些规定则明显属于不需要具备主观方面故意的严格责任,持

① 1979 年《中华人民共和国刑法》第 163 条,载中国人大网,http://www.npc.gov.cn/wxzl/wxzl/2000-12/06/content_4379.htm。

有犯的罪责就属于典型的严格责任。因为持有行为本身的特殊性(行为与状态都在持续),对于持有犯不能用传统刑法理论上的故意或过失去评价其主观方面的犯罪构成。因此在行为人没有主观罪过或者无法证明行为人主观罪过的有无及何种形式的情况下,在不能用犯罪故意或犯罪过失去评价行为人的主观心态时,仍然不妨碍将其持有某种物品的行为认定为犯罪。(2)认为构成持有型犯罪的主观心理状态只能是故意,主张持有犯主观方面都是故意,表现为行为人对持有物有所认识。(3)认为“过失持有”可以成立,过失属于罪过形式,不同于严格责任。持有之客观方面的认定,不应以“控制”为原则,而应以“支配”为标准。鉴于此,过失罪责形式下的事实支配存在成立持有的余地。(4)间接故意说认为,持有型犯罪的主观罪过只能是间接故意:一方面,根据刑法总论的基本原理,认定持有型犯罪的认识因素,应当围绕持有行为本身展开,只能针对行为人对其持有行为本身可能造成的危害结果的认识进行分析;另一方面,持有型犯罪的行为人对于危害结果的发生主观上只可能存在极放任的态度,如果是积极追求心态而实施持有行为则应构成犯罪。①

笔者认为,应当坚持“故意说”。首先,因为我国持有儿童色情材料的立法需要借鉴域外做法,因此域外对持有行为主观方面的认定就应当为我国所借鉴。例如,《美国模范刑法典》S2 · 01(4)规定:“持有者明知地取得或收受持有的物品,有足够时间去终止之期间内,其对自己支配该物之事实有认识时,在本条适用上,持有即为一种行为。”英美法中的主观故意主要有两种形式:蓄意和明知。蓄意是自觉希望实施某种特定行为,或者自觉希望发生某种犯罪结果,大体上相当于我国刑法中的“直接故意”;而“明知”是认识到行为的性质并且自觉去实施这种行为。② 至于对结果的态度,在行为时常常是模糊不清的,大体上相当于我国刑法中的“间接故意”,持有行为主观上只能以故意方式构成。其次,我国的持有型犯罪中,持有物品一般都是法律规定的禁止流通物或者限制流通物,虽然就该物品是否为法律所禁止或限制流通,不需要行为人对此有法律意义上的认识,但行为人必须认识到所持有的物品事实上属于“违禁物品”的范畴,据此,“持有”实际上基于行为人的明知,就只能以故意方式构成。因此,笔者认为“‘持有’即行为人对特定物品进行事实上和法律上的支配、控制”③的观点有一定局限性,应当

① 参见陈自强、高扬:《浅析持有型犯罪之主观罪过》,载《西南石油大学学报(社会科学版)》2017 年第 19 期。

② 参见储槐植:《美国刑法》,北京大学出版社 2006 年版,第 55 页。

③ 高铭瑄、马克昌主编:《刑法学》,高等教育出版社 2005 年版,第 201 页。

加入对行为人主观状态的表述,应当定义为:持有是指行为人基于对被持有物的认识而对该物实施的事实上或法律上的支配。

由此,我国刑法应当在“侵犯公民人身权利、民主权利罪”一章,以单独定罪的形式增设相关的法律条文,规制“持有型”儿童色情犯罪,并且在该罪罪名、罪状的表述中,将“持有”以明文方式规定在法条当中。① 除此之外,笔者认为立法还应当明确本罪的犯罪形式只能为故意,而不能为过失。对于司法实践中的儿童色情网络犯罪,具备牟利目的或者有其他传播、销售等行为的,尚可以以我国《刑法》第152条走私淫秽物品罪,第363条第1款、第2款分别规定的制作、复制、出版、贩卖、传播淫秽物品牟利罪和为他人提供书号出版淫秽书刊罪,第364条第1款、第2款分别规定的传播淫秽物品罪和组织播放淫秽音像制品罪等罪名予以定罪处罚,不存在上述特定目的或者实施后续特定行为的,可以以本罪定罪处罚或者以想象竞合原则综合全案予以评价,这样能够更好地实现对儿童性权利的保护和对网络儿童色情犯罪的打击的双重目的。

四、盗窃罪与信用卡诈骗罪区分理论的新构建

(一)传统学说对行为人主观方面的忽略

随着网络时代的到来,传统犯罪在与网络相交融中出现新的问题,从而给传统的刑法教义学带来一定的挑战。网络平台的出现使诈骗、盗窃等传统犯罪出现了新形式,如电信诈骗、网络盗窃等。又因为网络犯罪具有“非接触性”,犯罪中财物或财产性权利的占有转移由现实空间转变为网络空间的“线上转移”,因此许多网络犯罪都表现为与信用卡有关的盗窃行为或者诈骗行为。但是,司法实务界不同法院对网络犯罪中的信用卡盗窃行为与诈骗行为存在不同的认定标准。笔者认为,司法认定规则的不统一是由二行为在网络犯罪领域没有明确的区分标准导致的,究其根本原因,又是适用于现实空间的盗窃行为和诈骗行为的区分理论,在网络犯罪领域不加修改地适用具有一定的局限性,由此需要引入新的理论对传统理论进行调适。

1.“秘密窃取说”导致的主观定罪倾向和实行行为的认定错位

“秘密窃取说”是我国司法实践处理盗窃犯罪的通说,其构成要件包括:(1)使被盗财物或财产性权利脱离原本的占有关系;(2)使财物或财产性权

① 参见皮勇:《网络犯罪比较研究》,中国人民公安大学出版社2005年版,第255页;韩舒宁、王小平:《儿童色情制品犯罪的刑法规制》,载《长治学院学报》2021年第38期。

利变为被原占有人以外的人占有;(3)原占有人在行为人实施行为时不知道其财物或财产性权利占有转移的发生。行为人在主观认识上,需要认识到所要盗窃的财物或财产性权利正被人占有,且其所实施的行为能破坏财物或财产性权利的原占有关系,使占有关系最终变为自己或第三人占有。该学说只关注"取得"的行为是否具备"秘密性",即只要行为人主观上自以为其转移财物或财产性权利的行为不被被害人知晓,不管实际上侵财行为是否被人发现或察觉到,①也不论被害人是否有处分其财物或财产性权利的意思,一律定盗窃罪。这使得对于手段行为这一客观方面构成要件要素的判断实际上依赖于行为人主观认识,这种"由主观见之于客观"的主观归罪主义违背了主客观相一致的定罪原则。此为"秘密窃取说"的缺陷之一。

"秘密窃取说"缺陷之二在于,司法实践对"秘密窃取说"的过分坚持,使得对犯罪的实行行为的认定,只关注"秘密性",而非财产犯罪本应当关注的财物或财产性权利的"取得"。下面以两个案例抽象出的模型为例加以说明。

模型一:行为人盗窃并激活被害人的信用卡,之后行为人持该信用卡提取现金。② 该案原一审法院判决行为人的行为构成信用卡诈骗罪,而后二审法院根据我国《刑法》第 196 条第 3 款改判为盗窃罪。我国《刑法》第 196 条第 3 款规定:盗窃信用卡并使用的,以盗窃罪论处。最高人民法院在《就王平盗窃信用卡骗取物品如何定性问题的请示的答复》(以下简称《答复》)中认为:"被告人盗窃信用卡后,又仿冒卡主签名进行购物、消费的行为,是将信用卡本身包含的不确定价值转化为具体财物或财产性权利的过程,是盗窃犯罪的继续。"③

模型二:行为人骗取被害人的信用卡卡号和密码,之后行为人持该信用卡提取现金。④ 该案一审判决行为人构成信用卡诈骗罪,被告人未上诉,检察机关未抗诉,判决书生效。

对于模型一,取得信用卡本身,并不一定意味着取得了信用卡持有人对金融机构的债权。对于不需要密码即可使用的信用卡而言,行为人取得对信用卡的占有意味着其任意使用的可能性,因此行为人已经事实上控制了信用卡所代表的对金融机构的债权。对于需要密码才可以使用的信用卡而

① 参见吴林生:《平和窃取说之批判——兼与张明楷教授商榷》,载《法学》2010 年第 1 期。

② 参见湖南省长沙市中级人民法院刑事判决书,(2015)长中刑二终字第 00202 号。

③ 参见最高人民法院《就王平盗窃信用卡骗取物品如何定性问题的请示的答复》,1986 年 11 月 3 日。

④ 参见浙江省温州市瓯海区法院刑事判决书,(2017)浙 0304 刑初 447 号。

言，盗窃卡本身不足以达到盗窃罪要求的数额，不构成盗窃罪，但是其后的激活行为则是通过对金融机构工作人员实施欺骗，从而使其具备了支配被害人对金融机构的债权的可能性。笔者认为应当认定为诈骗行为而不是盗窃行为，该模型不应当以我国《刑法》第196条第3款认定为盗窃罪。法院认定盗窃罪的依据在于，认为信用卡的“秘密取得”行为属于盗窃行为，但是财产犯罪的真正关注点应当是取得财物或财产性权利的行为，在本案中应当是对金融机构的债权的“激活”行为，从而与本案相类似的模型中，应当定罪处罚的行为是财物或财产性权利的取得而不是信用卡的取得。但是，现实中本案法院以盗窃罪对被告人定罪处罚，正是反映了司法实务界普遍存在的以“秘密取得”行为定罪的现象，而这一现象又是由学界对“秘密窃取说”中“秘密性”认定的过分关注，从而忽略了真正值得刑法处罚的“取得”行为所导致的。换句话说，“秘密窃取说”理论在没有准确认定什么行为才是行为人的实行行为的前提下，进一步地忽略了行为人实行行为的真正的目的——利用金融机构工作人员或者ATM机背后的工作人员的信任，从而使得本属于被害人的财物或财产性权利被处分给行为人。

对于模型二，以信用卡诈骗罪定罪，也就是说，法院将“骗取被害人的信用卡卡号和密码”的行为认定为诈骗行为。诈骗罪的行为链条中，认定诈骗罪的构成，需要有被害人处分财物或财产性权利这一环节。那么被害人将信用卡卡号和密码告知行为人，是否等同于处分财物或财产性权利？笔者认为，这一行为应当认定为行为人处分了财物或财产性权利。在我国，信用卡的持有者必须满足年满18周岁且有一定的直接经济来源的条件。作为对经济社会有一定认识的完全民事行为能力人，应当知道持有信用卡的卡号和密码实际上与信用卡所代表的一个人对金融机构的债权具有等同性；因此，告知卡号和密码表现出被害人对行为人的信任，行为人正是利用了这一信任取得了债权。这时候模型一与模型二应当说具备相同的行为结构，都是行为人利用他人信任取得了财物或财产性权利的行为。

如前述详论，在不考虑涉案数额的情况下，在相同的行为结构和相同的社会危害结果的前提下法院作出不同的罪名认定，是一种违反了“同案同判”的统一法律适用、公正司法裁判的要求的不合理做法。

2.“沟通交往说”混淆了财物处分行为和财物取得状态

虽然传统的“秘密窃取说”的通说地位仍未撼动，但是上述对该观点合理性的多方面质疑使学界不断反思，促成了“沟通交往说”的诞生——以行为人是否利用了与被害人之间的有效沟通交往作为手段，作为区分诈骗行为和盗窃行为的标准。这一观点也被称为“沟通交往说”。具体而言，该观点认为行为人若未在行为实施前与被害人进行与被转移占有的财物或财产性权利相关的有效沟通,而是直接获得对方财产的,即满足了"秘密性",成立盗窃罪;而双方之间存在有效沟通的,符合"公开性",成立诈骗罪。诈骗罪的成立需以被告人和被害人发生交往沟通为前提;如果未发生交往或沟通,被害人就不存在陷入错误认识的可能性,也就不满足诈骗的条件(交往沟通型犯罪)。①

"沟通交往说"的不合理性有两处:首先,"有效沟通"指的是被害人对其财物或财产性权利的处分的承诺。"处分行为之成立不仅要求受害人客观上对财产占有进行了转移,而且主观上亦应认识到其是在转移财产占有。"②如果被害人对财物或财产性权利的转移占有有认识并且进行了承诺,则成立"有效沟通",行为人的行为应当认定为诈骗行为,反之应认定为盗窃行为。但是,承诺处分财物或财产性权利和财物或财产性权利的取得之间并不是"真空"的。换句话说,财物或财产性权利取得时,被害人很可能已经不处于"承诺处分财物或财产性权利"的状态。按照该学说,只要双方之间的一系列行为表明他们之间已经就财物或财产性权利处分进行有效沟通,就成立诈骗罪。取得财物或财产性权利时是不是基于沟通产生的错误认识已经不重要了。其次,该观点将双方的有效沟通与否与"秘密性"的判断相挂钩,实际上仍未跳脱出"秘密窃取说"的思维模式,在这一框架之下又延伸出了被害人处分意识"必要说"和"不要说"的观点争论等,争议焦点纷繁复杂,将其引入网络盗窃犯罪和信用卡诈骗犯罪的判断背离了网络犯罪司法实务以解决问题为导向的目的,并不利于解决网络犯罪领域的新生问题。

回到开头所提出的两个模型,相同的后半段行为——行为人使用他人信用卡的行为都符合"冒用他人信用卡",根据我国《刑法》第196条的规定,符合第3项规定的"冒用他人信用卡"型信用卡诈骗行为,应当也对后行为进行评价;而法院却只评价了前行为,忽略了对后行为的定性从而没有对案件进行整体评价。总体而言,是因为"秘密窃取说"和"沟通交往说"的内在缺陷无法逻辑自洽,并不适宜完全将其引入网络犯罪领域。

3. 以处分行为区分二罪忽视了行为人的主观心态

有学者认为,盗窃罪属于取得型财产犯罪,而诈骗罪属于交付型财产犯

① Vgl. Tiedemann, in: Leipzigerkommentar, 11. Aufl. 2012 § 263, Rn. 4.

② 王立志:《认定诈骗罪必需"处分意识"——以"不知情交付"类型的欺诈性取财案件为例》,载《政法论坛》2015年第1期。

罪,因此,两罪的区分就在于是否存在财产处分行为。① 盗窃罪情形下,被害人财产的丧失及行为人对该财产的取得与控制,是没有经过被害人真实意思表示之下的同意和完全意思自治之下的处分,在行为人的行为和财产取得之间,没有“介入因素”的存在,而诈骗罪中则介入了被害人交付财物或财产性权利的行为。这一介入因素,有学者将其称为“被害人的中间行为”②,也即本书所称的“处分行为”。有学者将“处分行为”定义为被害人一方能够直接地造成财产减少的任何举止形态(财产的直接减损原则)。③ 以处分行为区分二罪确实存在优势:(1)我国《刑法》第五章所规定的一系列侵犯财产权利的犯罪可以以“是否需要被害人交付财物或财产性权利”为标准进行罪名的划分,从而使需要被害人交付财物或财产性权利的诈骗罪与不需要被害人交付财物或财产性权利的盗窃罪划清界限。“规律性区别标准显然比个体性的区别标准更具有生命力,将交付行为(本书所称处分行为)作为诈骗罪和盗窃罪的区分是科学的。”④(2)“处分行为说”明确了处分行为的内容是“财产处分”,而不是其他处分(如不足以达到追究盗窃罪数额的处分信用卡本身)。这一区分方式确实能够解决上述两个观点的缺陷。但是,笔者认为,分析犯罪行为应当从行为人的行为出发,而不应当从被害人视角进行。最重要的是,就两罪的财产权法益侵犯本质而言,取得财物或财产性权利才是行为人实施犯罪的最终目标,而不是获得被害人的财产处分承诺。由此,“交付型”财产犯罪一说站不住脚,两个罪都应当属于取得型财产犯罪。那么,既然同属于“取得财物或财产性权利的行为”,二行为的区别何在?依笔者所见,二行为客观方面不存在区别,区别在于取得财物或财产性权利时主观方面是否有“利用他人信任”的故意。基于日本学者大谷实提出的财物或财产性权利犯罪“非法占有目的”的观点,盗窃罪行为人主观方面应概括为“以非法占有为目的,取得财物或财产性权利的故意”。信用卡诈骗罪中,由于该财物或财产性权利的取得结果是行为人利用被害人信任而直接导致的,因此本罪行为人主观方面应概括为“以非法占有为目的,利用信任取得财物或财产性权利的故意”。

(二)二罪的区分标准——取得财物或财产性权利时是否利用他人信任

虽然行为人的犯罪手段、行为所侵犯的犯罪客体、行为所侵犯的犯罪对象呈现较大差异,但从各国刑法理论和司法实践分析,信用卡诈骗与传统的

---

① 参见陈兴良:《网络犯罪的类型及其司法认定》,载《法治研究》2021 年第 3 期。

② 蔡桂生:《新型支付方式下诈骗与盗窃的界限》,载《法学》2018 年第 1 期。

③ 参见张明楷:《刑法学》,法律出版社 2016 年版,第 1003 页。

④ 周德金:《相当因果论:盗中有骗的边界之分》,载《政法论坛》2020 年第 1 期。

财产诈骗都属于“诈骗”，①因此信用卡诈骗罪也符合传统诈骗罪的基本构造。各国刑法理论与审判实践普遍认为，诈骗罪（既遂）在客观上必须表现为一个特定的过程：行为人实施欺骗行为——对方陷入或者继续维持认识错误——对方基于认识错误处分（或交付）财产——行为人取得或者使第三者取得财产——被害人遭受财产损失。② 也就是说，信用卡诈骗中，行为人的欺骗行为需要达到使被害人陷入或维持错误意识的程度，被害人正是基于对行为人的信任而深陷泥沼，行为人滥用这一信任基础实施犯罪行为。换言之，诈骗行为中“取得财物或财产性权利”状态的实现，必须依赖于行为人“利用他人信任”的故意实施的实行行为。而盗窃罪并不需要被害人对行为人的信任基础，就是说即使被害人完全对行为人不存在信任，行为人也可以实现取得财物或财产性权利的状态。因此笔者主张，在正确认定“取得财物或财产性权利行为”的前提下，盗窃行为和诈骗行为的区分标准应该为行为人主观上是否利用了他人的信任。

（三）“利用信任取得他人财物或财产性权利”区分标准在网络犯罪中的适用

以臧某某等盗窃、诈骗一案来对上述观点进行合理性论证。2010 年 6 月 1 日，被告人郑某某骗取被害人金某 195 元后，获悉金某的建设银行网银账户内有 305,000 余元存款且无每日支付限额，遂电话告知被告人臧某某，预谋合伙作案。臧某某赶到网吧后，以尚未看到金某付款成功的记录为由，发送给金某一个交易金额标注为 1 元而实际植入了支付 305,000 元的计算机程序的虚假链接，谎称金某点击该 1 元支付链接后，其即可查看到付款成功的记录。金某在诱导下点击了该虚假链接，其建设银行网银账户中的 305,000 元随即通过臧某某预设的计算机程序，经上海快钱信息服务有限公司的平台支付到臧某某提前在福州海都阳光信息科技有限公司注册的“kissal23”账户中。③ 被告人的这一事实在法院的裁判文书中被认定为“盗窃事实”。可以看到，本案中的被害人金某与被告人臧某某之间存在沟通关系，不符合“秘密窃取说”下的盗窃行为；并且针对双方沟通的内容而言，被害人并不知道点击链接的行为会导致财产的处分，因此“沟通交往说”中就财产的处分事项的有效沟通无从认定，从而该学说也失去了适用意义。如果仅以“处分意识必要说”来对被告人的行为进行认定，此时被害人又确实具备了处分 1 元财产的处分意识，那么依照这个学说的逻辑应当构成诈骗

① 参见刘宪权：《信用卡诈骗罪的司法认定》，载《政法论坛》2003 年第 3 期。

② 参见张明楷：《诈骗罪与金融诈骗罪研究》，清华大学出版社 2006 年版，第 8 页。

③ 参见臧某某等盗窃、诈骗案，最高人民法院指导案例 27 号（2014 年）。

罪而非盗窃罪,与裁判文书所认定的罪名不符。而裁判文书中提及:“如果行为人获取财物或财产性权利时起决定性作用的手段是秘密窃取,诈骗行为只是为盗窃创造条件或作掩护,被害人也没有‘自愿’交付财物或财产性权利的,就应当认定为盗窃;如果行为人获取财物或财产性权利时起决定性作用的手段是诈骗,被害人基于错误认识而‘自愿’交付财物或财产性权利,盗窃行为只是辅助手段的,就应当认定为诈骗。”①此处“自愿”的表述,笔者认为恰恰体现了以“被害人对行为人的信任”为基础的内心意愿的投射。本案中,不需要去具体判断双方之间是否对财产处分事项进行有效沟通,也不需要判断取得财物或财产性权利的方式——转账是不是因金融机构工作人员或 ATM 机背后的工作人员的知晓而具备“公开性”;只要确认行为人在取得了财物或财产性权利的前提下,是否利用了他人的信任取得该财物或财产性权利。本案中,被害人点击链接的行为只能表现为对行为人取得 1 元财物或财产性权利的“信任”,而并不是对行为人取得 305,000 元的信任,因此这笔财物或财产性权利并不是行为人利用信任地位所获得的,不构成诈骗罪而是构成盗窃罪。

另外,“利用他人信任”标准的引入,也能够避免被害人具有处分财产认识的可能性但无处分意识,而导致难以以诈骗罪追究行为人的刑事责任的情况。例如,林某某等诈骗一案:2010 年 7 月,孙某通过某订票网提供的电话“4006 - 488823”预订机票,客服人员要求孙某通过网银汇款,孙某遂按其要求将 958 元机票款汇至工行某账户。虽经查询已扣款成功,但对方说钱未到账,声称需要通过 ATM 机“联网操作”以使付款生效。于是孙某又按其引导,在 ATM 机上输入所谓的使购票款生效的激活码“18356”(实际上该数字是输入到了 ATM 机的转账数额一栏),相应数额被转入林某某的账户。② 按照传统的以处分行为为标准的区分方式,被害人孙某并未意识到其输入数字“18356”这一特定行为是在处分自己所有的 18,356 元人民币的财物或财产性权利,那么不能够以诈骗罪认定被告人所犯罪行。但是基于对 ATM 机这一特殊犯罪地点的考虑,被害人应当对其在自动存取款机上输入数字的行为保有一定的“警惕”,这种“警惕”足以证明被害人在输入数字时,对该行为的财产处分意义具有一定的认识条件和认识可能性,由此处分行为区分说也站不住脚。基于“信任说”,被害人应当意识到其在 ATM 机的转账数额中输入相应数字可能构成财物或财产性权利的处分,但基于对

① 参见臧某某等盗窃、诈骗案,最高人民法院指导案例 27 号(2014 年)。

② 参见海南省第二中级人民法院刑事判决书,(2014)海南二中刑初字第 14 号。

行为人的信任而仍然输入,证明其已经有信任行为人取得18,356元财产的可能性。从而,以诈骗罪追究行为人的刑事责任更符合大众的认识,也更能够符合刑法的罪责刑相适应原则。正如吴英忠、范斌两位教授在《浅析刑事审判司法公正应遵循的原则》所提及的那样,“定罪只解决了罪刑关系中的罪的问题,而刑罚裁量才关系到犯罪行为是否受到了公正的惩罚,因此,量刑的轻重关系重大,与定罪同等重要的是正确适用罪名”。这一新标准的建构更能够适应网络犯罪的新特性:行为人与被害人实施的行为错综交互,“沟通”“处分”等非本质的行为都不需要认定,而只需要聚焦于“财物或财产性权利的取得”状态。而“利用信任”的主观方面标准的引入,能够解决传统理论要么完全依赖主观定罪要么完全忽视主观方面差异的缺陷,不仅仅具有“矫正”的现实意义,更是对犯罪认定向“主客观相一致”原则的本质回归。

综上,“利用他人信任”标准中,“他人”的范围不限于被害人,对被害人财物或财产性权利有处分权的金融机构工作人员也属于上述范畴。而“信任”的内容表现为对行为人取得被处分的特定财物或财产性权利的信任。当今,犯罪从现实的物理空间向网络的虚拟空间转移,新型诈骗罪和盗窃罪的“非接触性”①更为凸显。在网络空间的非接触性的大环境之下,“秘密性”和“有效沟通”的判断不应当再是证明所重点关注的问题,在“秘密窃取说”和“沟通交往说”已经不能适应网络犯罪新特性的情况下,需要正视的是其是否仍有必要进行判断的问题。在网络犯罪领域中,以“利用信任取得财物或财产性权利”作为标准来区分盗窃罪和信用卡诈骗罪,显得更有说服力。因此,司法实践中,在正确认定实行行为的前提下,用“利用信任取得财物或财产性权利”的标准进行判断,才是解决网络犯罪领域盗窃和信用卡诈骗二行为区分标准的路径。

---

① 张明楷:《刑法分则的解释原理》(下),中国人民大学出版社2011年版,第622页;陈兴良:《互联网账号恶意注册黑色产业的刑法思考》,载《清华法学》2019年第6期。

第五章 网络共同犯罪的实践难题及立场选择

实践中,网络背景下共同犯罪的部分难题并不在于技术的复杂性,而在于因理论选择的错位所引起的规范误用。本书即通过对当下网络共同犯罪中存在的一些所谓的难题进行探讨,尝试穿透“网络”这一外在形式而剖析网络共同犯罪与传统共同犯罪的不同之处。同时借以刑法教义学的方法对共同犯罪理论略作梳理,对各种实践难题作出立场上的选择及回答。

随着通信技术的发展及硬件工艺的日新月异,当下人们的生活已与网络紧密联系在一起,人们每日接触最多的便是网络,网络应用逐渐变成“网络基础设施”。然而,由于近年来人工智能技术的崛起、交易网络化的不断普及,网络犯罪也随之衍生并迅速蔓延,对社会的危害性与日俱增。在信息时代背景下,网络的非物理性与远程性等特殊属性使得网络共同犯罪相较于传统共同犯罪展现出强烈的异化性,例如网络环境下共同犯罪呈现意思联络的模糊化、犯罪行为作用的平行化等新特征。而且,网络的复杂性及相当程度上的“隐蔽性”导致以往“单打独斗”的传统被抛弃,转而借助网络可以更便捷、迅速地纠集数人实现分工合作,甚至逐渐侵蚀上下游形成了一条“黑色产业链”。此外,网络技术的专业性、网络自身所带有的跨时间、跨空间属性,导致此类案件在实践中,依据共同犯罪理论进行定罪量刑之时存在诸多疑惑,乃至在司法实务中时有错误适用之情形。因此,本书即结合网络共同犯罪所呈现的新特点,对当下实务中所出现的部分问题进行梳理,并再度审视刑法教义学中的共同犯罪理论是否需要作出某些改变以回应实践中的适用难题。

一、网络共同犯罪的现实困境与理论起点

从刑法教义学的途径应对网络共同犯罪中的难题,其出发点首先是共同犯罪理论,因此有必要结合当下的网络语境对共同犯罪理论的立法面向及规范适用予以讨论。共同犯罪理论所要解决的无非是两个面向的问题:第一,对于多数人参与之犯罪,该对哪些人定罪、对哪些人不定罪?此即判断某行为人是否构成犯罪之问题。第二,对于确定构成犯罪的行为人,该判处何种刑罚?此即对行为人个体单独的量刑之判断。对于第一个问题,在

采取阶层体系的犯罪构成理论当中,行为具备构成要件该当性、违法性、有责性是成立犯罪的唯一且全部的标准。因此,就共同犯罪理论所要解决的第一个问题来说,仍然是要借助阶层体系的犯罪构成标准来确定参与人当中哪些人应当构成犯罪。而对于第二个问题,则必须在妥善解决第一个问题之后,再具体结合我国刑法第 25 条至第 29 条的规定予以确定。

(一)网络共同犯罪的现实困境

根据最高人民检察院网上发布厅所发布的《2020 检察机关起诉涉嫌网络犯罪人数上升五成》报告,2020 年全国检察机关起诉涉嫌网络犯罪(含利用网络和利用电信实施的犯罪及其上下游关联犯罪)14.2 万人,同比上升 47.9%。目前,网络犯罪的基本态势呈现如下几个特点:

1. 网络诈骗犯罪俨然已经成为网络犯罪中占比量最大的类型。当前,传统犯罪加速向网络空间蔓延,特别是利用网络实施的诈骗和赌博犯罪持续高发,2020 年网络诈骗犯罪已占网络犯罪总数的 64.4%。随机诈骗与精准诈骗相互交织,冒充公检法人员诈骗、交友诈骗、退款诈骗、信用卡贷款提额诈骗、刷单诈骗等较为突出。犯罪分子借助网络等现代科技手段,跨越时空界限,通过手机短信、电话和网络等通信手段,编造虚假信息,设计骗局,对被骗人实施非接触式诈骗,非法获取他人财物,甚至轻易实施跨地区、跨国、跨境的大范围、大跨度的犯罪。犯罪分子利用通信、网络技术等高科技手段面向不特定多数人行骗。他们事先会精心编织骗局,行骗过程中根本不与被骗对象接触,一旦得手,便会在极短时间内迅速转移赃款。由于网络诈骗案件自身的特点,要查明犯罪分子的具体诈骗数额往往存在诸多困难,甚至不少网络诈骗案件的被害人无法联系上。此外,网络诈骗的运作模式给案发后的案件侦破特别是具体诈骗数额的查证和认定带来了巨大困难,在打击处理过程中存在查处难、取证难、定罪量刑标准难以把握等现实窘境。

2. 黑灰产业生态圈逐步发展形成。规模庞大的地下黑灰产业密切配合,为网络犯罪持续"输血供粮",成为该类犯罪多发、高发的重要原因。当下不同类型的网络犯罪往往形成较为固定的犯罪利益链条:上游为网络犯罪团伙提供技术工具、收集个人信息等;中游实施诈骗或开设赌场等网络犯罪;下游利用支付通道"洗白"资金。2020 年,检察机关共起诉非法利用信息网络、帮助信息网络犯罪活动等犯罪 1.47 万人。这正是信息时代网络犯罪的一个突出特点:犯罪活动分工细化,形成利益链条。例如,网络诈骗团伙在支付领域针对支付宝、零钱通等支付工具进行网络犯罪,从号码盗窃、聊天诈骗到取款等各环节,分工负责,流水作业,形成地下黑色产业链。再如危害计算机信息系统安全犯罪，为这类犯罪提供用于破坏计算机信息系统功能、数据的程序，提供互联网接入、服务器托管、网络存储空间、通信传输通道、费用结算、交易服务、广告服务、技术培训、技术支持等帮助，通过委托推广软件、投放广告等方式向其他主体提供资金等行为十分突出，行为人从中牟取了巨大利润，也使实施危害计算机信息系统安全犯罪活动的“技术门槛”日益降低。又如淫秽物品类犯罪中，二人以上共同故意制作、复制、出版、贩卖、传播淫秽物品的情形较为突出。尤其是在淫秽电子信息犯罪中，多个环节分工配合，共同实施制作、复制、出版、贩卖、传播淫秽电子信息犯罪的行为较为多见。

3. 集团化、跨境化特征凸显。网络犯罪逐渐告别“单兵作战”模式，更多以团伙或集团形式作案。参加犯罪团伙甚至更大规模犯罪集团的网络犯罪嫌疑人，占犯罪总人数的 83%。有的犯罪分子为逃避监管打击，将犯罪窝点、通信工具等向境外转移，有目的地针对我国公民实施跨境网络犯罪，网络犯罪中跨境实施的占 13%。暗网和境外通信软件在网络犯罪中的应用明显增多，2020 年检察机关办理利用暗网或境外通信软件实施的网络犯罪案件同比增长近 70%，出境实施网络犯罪的人数超过上一年的 2 倍。

4. 公民个人信息成为网络犯罪中的关键要素。数据显示，有 1/4 的网络诈骗是在获取公民个人信息后“精准出手”，有针对性地实施犯罪，侵犯公民个人信息已成为网络犯罪黑灰产业的关键环节。2020 年，检察机关依法起诉侵犯公民个人信息犯罪 6033 人。如在网络诈骗犯罪中，犯罪分子利用公民个人信息，分析诈骗对象心理特征，编造“各具特色”迷惑性极高的诈骗场景，致使被害人陷入骗局。

5. 犯罪主体呈现“三低”特征。2020 年检察机关起诉的网络犯罪案件中，未成年犯罪嫌疑人同比增长 35.1%，在校学生同比增长 80%；高中及以下学历占 90%；无业人员占 67%：犯罪主体呈现低年龄、低学历、低收入趋势。如一些在校学生受利益诱惑，出售个人银行卡、电话卡，为网络犯罪提供帮助，有的甚至被发展成为收售“两卡”的职业卡商，从而陷入网络犯罪深渊；部分低收入群体或失业、无业人员求职心切，被“高薪”“兼职”诱惑，入职诈骗集团担任“业务员”，或出租银行卡、收款二维码等，为网络犯罪推波助澜。

6. 网络环境下共同犯罪具有殊于传统共犯的特性。在传统犯罪中，一个人通常只能是一个或者数个人的共犯。而在网络犯罪中，一个人往往能够成为很多人的共犯。例如，制造用于破坏计算机信息系统功能、数据的程序、工具的人，可以向数以万计甚至更多的破坏计算机信息系统行为人提供程序、工具,成为破坏计算机信息系统实行行为的帮助犯。在这种背景下,一方面,要求抓获所有接受帮助行为的实行犯并查清相关情况,在司法实践中不具有可操作性。以提供程序、工具的帮助为例,提供者通常是以层层代理的方式销售,规模庞大。要查清每个销售出去的程序和工具是否被用于实施网络攻击几乎是不可能的,获利最大的提供者很容易逃避打击。另一方面,可能存在所有的实行行为均未达到入罪标准,但帮助犯由于向数以万计实行行为提供了帮助,其行为性质非常严重的情况,对此具有刑罚惩罚必要性。例如,行为人开发了程序,并将这个程序通过层层代理的方式销售。依据传统的共同犯罪理论,只有使用犯罪工具的人也就是通常所说的实行犯构成犯罪,才能对帮助犯予以刑事处罚。但假如使用这些程序的人员实施的行为未达到刑事处罚程度,则无法将提供者作为共犯处理。

7.惩治网络共同犯罪中的帮助行为存在规范困境。网络帮助行为往往缺乏明确的主犯,难以作为共犯处理。有别于传统犯罪的帮助行为,由于互联网的跨地域特性,网络犯罪中的帮助行为往往没有固定的帮助对象。即传统的共犯一般是“一对一”的关系,而网络上的共犯通常是“一对多”的关系。以网络赌博为例,有专门为赌博活动提供网站代码、提供投注软件、发布广告的,按照现行规定,只能作为赌博罪或者开设赌场罪的共犯处理。但是销售赌博网站代码的嫌疑人往往向位于全国各地的大量赌博团伙销售赌博网站代码,难以确定应当作为哪个赌博团伙的共犯,也难以查清其帮助的所有主犯。然而,由于帮助对象数量很大,网络犯罪帮助行为实际上成为犯罪活动中获利最大的环节。以网络第三方支付平台为例,网上的淫秽色情、赌博、传销等活动大多通过第三方支付平台支付,很多第三方支付平台在明知他人实施犯罪的情况下仍为其提供支付服务并从中提成获利。就每个网络淫秽色情、赌博案件而言,其获利数额并不大,但由于其客户数量巨大,所以实际上第三方支付平台成为网络犯罪中获利最大的环节之一。再者,网络犯罪的帮助犯是网络犯罪泛滥的主要原因之一,其法益侵害性往往大于网络犯罪本身。例如,销售赌博网站代码,导致大量人员可以建设赌博网站;销售黑客工具,导致一般人员可以实施网络攻击破坏活动;专门为诈骗分子建设网站,导致网络诈骗活动易于实施。传统犯罪中帮助行为通常只是加速了正犯行为的发生,其危害性体现在正犯行为中且小于正犯行为;而在网络犯罪中,帮助行为的危害性却大于正犯行为。

(二)网络语境下犯罪人的概念

不同于传统环境下的单个人犯罪,在网络空间中多数人参与的情况下所实施的行为是否是犯罪,则需要重新审视“犯罪人”的概念。毫无疑问,在单个人犯罪中，以自身举动亲自实施不法之构成要件的人，自然是犯罪人；而在多数人参与的情况下，是否仍然要求必须“以自身举动直接实施不法之构成要件”的才是犯罪人？尤其当把背景置于网络空间中时，网络所带来的虚拟性也直接影响了对该问题的回答。

传统理论对犯罪人概念的划定大体上可分为两类：狭义犯罪人概念和广义犯罪人概念。狭义犯罪人理论认为，只有以自身动静亲自直接实施不法之构成要件者，才是犯罪人；对于实施不法之构成要件以外者或非以自身行为亲自实施的，并非自始就是要惩罚的犯罪人。因为，持狭义犯罪人理论者将教唆犯、帮助犯作为刑罚的一种扩张事由，认为对这些所谓不属于“正犯”的行为人科处刑罚是一种例外规定。而广义犯罪人理论则认为只要行为对于不法之构成要件的实现有因果关系就属于犯罪，而无论是否由行为人亲自实施符合不法之构成要件的行为。因此，在广义犯罪人理论下，教唆犯、帮助犯此类行为人之行为，虽似并不符合不法之构成要件，但由于与不法之构成要件的实现存在因果关系，所以自始就应当被作为正犯科处刑罚。固然，对教唆犯、帮助犯的规定也成了刑罚的一种限缩事由，其理由便在于不希望对该类行为的处罚像正犯一样重。对犯罪人采取狭义或是广义概念看起来似乎只是一种理论上的“自娱自乐”。对于司法适用来说，既然立法已有规定，则无须考虑教唆犯、帮助犯的规定是一种刑罚扩张事由还是刑罚限缩事由，只需解释后适用之即可，不作区分对适用也似乎并无大碍。实际上并非如此，对犯罪人采取狭义或是广义概念在某种程度上相当于共同犯罪理论展开之逻辑起点，此种立场上的不同将直接导致对其后所谓正犯与共犯区分的不同以及对共犯成立条件判断上的不同，因此在此处有必要予以仔细审视。

从哲学的角度审视不法发生的现实机制，则无论是在传统语境下还是网络空间中，广义犯罪人概念都更符合现在不法是一种利益侵害之事状，而利益侵害本身是客观存在的。若想要制造这样一种客观存在的事状，则势必得借助各种条件，行为人想要制造这样的事状也不例外地必借助各种条件。“人从本质上来说只是精神的、意志的我，除了这样一个我之外再无他物”①。也因此，人若想要犯罪，自然只能是精神的、意志的我去实现犯罪。至于肉体的我，则只是精神的我所利用的工具，只不过这样一种工具是最为方便利用的。所以从表象上看，好似是肉体的我在实现犯罪。但若是如此，则为了惩罚以及预防犯罪，理应对肉体的我进行处罚，受处罚的应当是手、

① 黄荣坚：《基础刑法学》，中国人民大学出版社2008年版，第493页。

嘴巴、脚等。但很显然，如此残酷的肉身之刑是既无意义也不现实的，因为没有办法单独要求手去服刑，也没有办法想象这样的一种刑罚要求会有什么样的意义。所以，自由刑所针对的正是精神的、意志的我。对精神的我来说，如此剥夺自由的方式自是会让其感到痛苦而具备了惩罚的意味。

例如，某甲若想杀死某乙，其可以采用的方式有：使用双手将其打死、捂死，或者用手拿起手枪将其击毙，或者用钱财雇用杀手，或者命令一个 12 岁的小孩子对某乙下毒，等等。在此处，手、手枪、杀手、12 岁的小孩子都是某甲为实现不法之构成要件所利用的条件，对于“精神的某甲”来说并无差别。从这个角度来看，狭义犯罪人概念太过于注重“行为人亲自实施”这一表象，并未在规范评价的意义上深刻考虑其背后的理念核心。因为刑罚所针对的是精神的我，而精神的我想要实现不法之构成要件，则只能借助各种各样的条件，于此而言，其使用的是自己的肉身还是其他工具或是利用其他人，并无区别。若非如此，则难以想象精神的我是如何不借助其他条件而直接实现不法之构成要件的。

最重要的是，采取广义犯罪人概念，根据不法之构成要件的实现之间的因果关系来确定犯罪人的范围，尤其对当下网络背景中共同犯罪的认定具有逻辑与论理上的优势。因为网络共同犯罪的行为与传统上形式的不同，对是否符合构成要件的判定更加困难。若盲目概括令其符合构成要件，则势必破坏构成要件所应当具备的类型性。例如，某甲与某乙素有仇怨，偶然机会下得知某乙身患深度抑郁症，遂使用技术侵入某乙手机，更改各 App 的算法推送机制，意图制造心理暗示诱导某乙自杀；而某乙在日积月累的负面影响下，于某日在家中割腕自杀。若采取狭义犯罪人概念，则于本案当中，某甲的行为实在难以解释为“行为人亲自实现不法之构成要件”，因为其行为从客观上来看并无制造侵害生命的风险，于是对某甲只能认定为无罪。但这显然令人难以接受。只有采用广义犯罪人概念，才能合理将某甲认定为间接正犯。

（三）网络共同犯罪中帮助行为之不法

网络共同犯罪中的另一个难点在于，很多情形下，帮助犯的行为所制造的法益侵害结果或危险要“远大于”正犯行为的结果或危险，若一律认定帮助犯为从犯而减轻处罚则难免导致罪刑不均衡，进而产生负面的行为指引作用。但若仔细审视比较帮助犯与正犯的处罚根据，则帮助犯与正犯的不法性在程度上应当说是不存在比较的可能性，故而在网络这一空间背景下并非所有的帮助犯之“不法性”就一定轻于正犯的“不法性”，帮助犯的“不法性”或许可以也本应能够“大于”正犯的“不法性”。

关于狭义共犯的处罚根据，过去曾有责任共犯论、违法共犯论和因果关系论之争。① 责任共犯论认为，共犯是因为使正犯受到诱惑而堕落，陷入刑罚和罪责的深渊，所以才受到处罚。该理论过于注重对教唆犯的处罚根据之探讨，如“正犯杀人，教唆犯制造杀人的人”，但并未过多说明帮助犯之处罚根据。此外，由于所坚持的标准“诱惑正犯使其堕落”带有过于强烈的道德伦理色彩，故而已被摒弃。

违法共犯论则认为，正犯违反了“不能杀人”的规范，而共犯则违反了“不要教唆他人杀人”的规范，共犯和正犯所面对的规范的内容是不同的。但很显然这并不现实，在面对刑法规范的法益保护目的的导向要求时，行为人无论采取何种方式去实现不法以侵犯法益，其所面对的规范都应当是相同的，而并非因为行为人所采取的方式有所不同则认为其面对的规范内容有所不同。除此之外，若说共犯与正犯所面对的规范内容不同，则当共犯实现了共犯行为之时，规范就已经被违反，无论之后正犯是否违反其所面对的规范，至少对共犯来说已具备了可处罚性。这显然是不合理的。

因果关系说（引起说）认为，共犯是因为通过正犯引起了违法结果（法益侵害），所以才受处罚。在因果地引起法益侵害这一点上，共犯与正犯之间没有本质上的区别。所以，帮助犯的处罚根据同样在于制造了法益侵害，只不过帮助犯所制造的法益侵害是通过正犯来实现的。只要坚持这一点，就不难发现，所谓在网络共同犯罪中帮助犯的行为制造了更大的法益侵害或危险只是一种观念上的危险。因为从帮助犯的概念及其处罚根据展开，帮助犯是通过正犯才引起了法益侵害，而这种法益侵害才是规范评价上具有意义的法益侵害。至于帮助犯行为制造的所谓“法益侵害或危险”则仅是某种预设或构想，并不具备规范评价上的意义。例如，某甲编写了一款可用于侵入移动终端系统的软件并放在某一网站上以供公开下载使用；此后，有数十人下载了该软件，并各自利用该软件侵入了他人移动终端系统，但都没有获取利益，也并未造成任何损害。在此，某甲编写该款软件并放在网站上供大家公开下载的行为不可谓是没有制造或升高风险，因为这样的行为使得那些意图侵入他人系统但没有技术条件的人可能会得到实现不法之构成要件上的便利。更有甚者认为，在网络空间环境中，这样的行为比那些“侵入系统的行为”具备更大的法益侵害性，因为其破坏了网络秩序的安宁，从而使得绝大多数人的利益都在一定程度上遭受了潜在威胁，其比“侵入他人系统”这种只侵犯了单个人法益的行为，更具处罚的必要性。但是，问题在

① 参见［日］曾根威彦：《刑法学基础》，黎宏译，法律出版社2005年版，第135～137页。

于,这种制造了所谓比正犯行为更大的“法益侵害”的观点仅是一种观念上的存在。试想,若无正犯行为的存在,则这种永远不会实现的“法益侵害”怎么可能被评价为一种法益侵害?因此,所谓帮助犯的“不法性”自始就与正犯的“不法性”不存在比较的可能。当然,若从一般现实而非规范评价的角度来看,在网络这一特殊语境下,说帮助行为具有比正犯行为更大的法益侵害性或许也无可厚非。

以上论证基于因果关系说的立场,从其逻辑起点出发,则帮助行为自始即无独立的规范评价上之不法性(法益侵害)。那么,如果放弃这一立场,从而从一开始就认为帮助行为具备独立的违法性,则是不是一种合理的选择进路?这种立场与违法共犯论有些类似,但在细微之处也大相径庭。违法共犯论以共犯与正犯所面对的规范内容不同来说明共犯与正犯具有不同的违法性,显然采取的是行为无价值的立场。但正如前所述,若坚持此一立场,则无论在帮助行为之后的正犯行为是否违反其所面对的规范,在共犯实现了共犯行为之时规范就已经被违反。因而导致共犯仅是实施了帮助行为,而甚至不论该帮助行为与正犯行为之间是否有因果关系(既无正犯违反规范的行为,何来因果关系?)就对帮助行为科处刑罚,不仅在逻辑上有违常理,而且在适用上也无法对所谓帮助行为到底违反的是何种不同于正犯的规范提出明晰确切的标准,于是只能借助行为人的主观意思进行判断,从而势必滑向“主观论罪”的深渊。此乃行为无价值本身的不足,延伸到共同犯罪问题上同样有着自始的危险。

那么,若采取结果无价值论的立场,认为帮助行为和正犯行为并不是因为面对不同的规范内容而具有不同的违法性,而是帮助行为和正犯行为在法益侵害这一点上因行为形式的不同,所以其不法性各不相同,由此则有所谓帮助行为的不法性可能会大于正犯行为的不法性。可是,对于规范所保护的法益,无论是帮助行为还是正犯行为,所侵犯的理应是同一法益。若正犯侵犯某一法益后,说帮助行为具有不同于正犯行为的违法性,那么此时帮助行为侵犯的又是何种法益?例如,某甲为某乙创建了多个虚假投资网站,某乙利用这些网站诱骗了数百位被害人使他们相信某乙是正规投资机构而纷纷交付钱财,于是某乙获得了巨额非法利益。在此处,某乙的行为自然是侵犯了数百位被害人的财产利益,具有不法性;而某甲的行为仅是搭建了虚假网站,若无某乙的利用行为,则仅搭建网站这一行为很难说侵犯了何种法益,也就不能说具有不法性。

(四)网络共同犯罪中正犯行为与共犯行为之区分

我国的刑事立法活动近年来渐有倾向于将一些原本应是帮助行为的行

为规定为某罪的正犯行为之趋势,这不可谓不是网络这一特殊因素所造成的影响。传统上,帮助犯与正犯多为“一对一”的关系,而在网络这一特殊环境中,帮助犯与正犯之间则较多地呈现“一对多”的关系。“与传统的共同犯罪行为模式不同,在网络空间里出现了节点扩散型的共同犯罪形态。”①再加上我国所存在的罪量因素,导致在很多情况下对多数正犯行为所造成的损害无法认定为犯罪,于是就此认为对帮助行为也无法处罚,因而认为有必要将这种“帮助行为”认定为正犯行为予以处罚。所以从共犯之处罚根据的角度来说,在因果性地制造法益侵害这一点上,尽管帮助行为的不法与正犯行为的不法并无不同,但是在具体案件中如何正确地区分帮助犯与正犯却是很重要的问题。尤其在网络共同犯罪中,选择何种标准来区分帮助犯与正犯是一件尤为困难的事情,在某一案件中所确定的合理标准放至另一案件则又显得不合理。

关于正犯与共犯的区分标准多种多样,大体上可以分为主观说与客观说两大类。② 主观说认为区分正犯与共犯的标准在于行为人主观上的意志与内在认知,行为人以正犯意志(为了自己的目的或利益)实施其行为,并且有意将犯罪视为自己的犯罪的,是正犯;行为人以共犯意志(为了他人的目的或利益)实施其行为,并且在主观意思上是引发或帮助他人的犯罪的,是共犯。主观说发展到极致的极端主观理论更是认为,行为人即使完全实施不法之构成要件,但若在主观上意在为他人犯罪,而不是为自己犯罪的,也仅构成帮助犯。例如,某甲生下一女,由于不是男孩,遂欲将其溺毙,但由于甲自己身体孱弱,于是拜托自己的妹妹去把孩子溺毙;某甲的妹妹某乙于是将该女婴溺毙。按照极端主观理论,尽管某乙的行为完全符合故意杀人罪的构成要件,但由于某乙主观上是在为姐姐某甲犯罪,于是不构成故意杀人罪的正犯,而仅构成故意杀人罪的帮助犯。完全根据行为人的主观意志来区分正犯与共犯是违反逻辑且不可实现的。也因此,当下的主观说已逐步带有客观色彩,即客观化的主观理论(规范的综合判断理论)。该理论认为,判断行为人的主观意志必须要有客观上的依据,例如行为人的获利程度、参与范围等。

客观说内部则有多种观点的争论。形式客观说认为,亲自实施符合不法之构成要件的行为的一部分或全部的,是正犯;实施构成要件外的行为的,是共犯。例如,某贩毒组织通过手机微信小程序预约了某物流快递,将

---

① 王华伟:《网络语境中的共同犯罪与罪量要素》,载《中国刑事法杂志》2019 年第 2 期。

② 参见张明楷:《刑法学》,法律出版社 2021 年版,第 510 ~ 512 页。

内藏毒品的图书交由快递小哥运输。根据形式客观说，该快递员亲自实施了符合运输毒品罪的构成要件的行为，因而是正犯。这显然是令人无法接受的。实质的客观说则主要有两类标准：一是重要作用说，认为对结果发生起重要作用的就是正犯，反之则是共犯；二是犯罪事实支配理论，认为支配是对犯罪事实的掌控，在不法事实中居于关键地位的操纵者是正犯，居于边缘地位者是教唆犯或帮助犯。更有学者将支配的情形分为三种：行为支配、意思支配、机能支配。

上述观点中，形式客观说背离刑法的归责基本原则，即导致实质上对不法实现有支配力的人不必负责，而实质上对不法实现没有支配力的人却要负责，因而不予采取。实质客观说更符合广义犯罪人概念下的选择，无论是重要作用说还是犯罪事实支配理论，都提供了某种相对明确的判断标准。但是，这两种区分标准并非没有任何疑问，因为无论是所谓的“重要作用”标准还是所谓的“支配”标准，都不可能离开因果性而去判断。对于“重要作用”，在因果性地引起法益侵害这一点上，很难说明是帮助犯所起的作用大，还是正犯所起的作用大。例如，某甲编写了一款渗透集成类软件，具备多种功能且操作简单；某乙不懂技术，但仍可利用该软件侵入某公司计算机系统并获取了价值数亿元的某产品制作工艺。本案中，若无某甲编写的程序，则某乙不可能实现侵入，因而某甲的行为的作用应当是相当大的；但若无某乙的侵入行为，即使某甲编写了该软件，但并无危害结果的发生，某甲的行为也并无危害，所以某乙的行为的作用也是决定性的。况且，即使某乙未使用某甲编写的软件，也可能使用某丙编写的软件，从这一角度而言，某甲的行为又是不重要的。因此，即使采取所谓“重要作用”的标准，也很难具体地判断何者是正犯、何者是帮助犯。同样，犯罪事实支配理论的“支配”标准也有此种问题，如果离开因果性考量，则“意思支配”的含义究竟是什么？难道真有所谓仅凭某人的主观意思就可以支配另一个人的行动吗？事实上，所谓意思支配，仍然需要一定的行为、条件才能实现，也就因此必须要考察行为与结果之间是否具备一定的因果性。

（五）网络共同犯罪中帮助犯的作用与地位

根据我国《刑法》第 27 条，“在共同犯罪中起次要或者辅助作用的，是从犯。对于从犯，应当从轻、减轻处罚或者免除处罚”。据此，该条文一般被认为是对共同犯罪中帮助犯应处何种刑罚的规定。但此处有两个问题：一是对从犯为何“应当从轻、减轻处罚或者免除处罚”；二是在网络共同犯罪中，如何判断某行为人之行为是否“起次要或者辅助作用”。

对于第一个问题，如果将帮助犯等同于从犯，则可以说这是帮助犯的减轻处罚的根据问题。犯罪是不法且有责的行为,因此既然某行为得以被认为应当减轻处罚,则必然有其不法或有责上的根据,帮助犯也不例外。那么,帮助犯究竟是因为不法轻于正犯所以得以减轻处罚,还是因为责任轻于正犯所以得以减轻处罚?如前所述,不法是一种规范评价,故而在事实上说帮助行为的危害性大于正犯行为的危害性也无可厚非。但是,从规范意义而言,帮助行为与正犯行为同样是因果性地引起了法益侵害,在不法上二者并无可比较之处。所以,很难想象帮助犯的不法是如何轻于正犯的不法。因此,帮助犯的减轻处罚根据应当在于其责任"轻于"正犯。犯罪论中责任的核心在于规范对行为人的期待,而帮助犯相对于正犯而言,其在心理上并不处于决定者的地位。也就是说,对于要不要让某件事情实现,被帮助者居于有决定权的地位,而帮助者则没有决定权。例如,某甲制作了一款可用于渗透系统的软件后,该款软件既可能被某乙用作学习,也可能被某乙用来作为渗透工程师的工具,或者被某乙用来作为侵入他人系统的工具。对于被帮助者某乙利用该款软件究竟要去做什么,帮助者某甲是没有决定权的。根据心理学实验(从众效应或羊群效应),当人面对决意垄断者时,总会不自觉地减少对规范的思考,将自身处于一种工具化了的立场,因而在责任之概念上期待可能性降低。此外,被帮助者相对于帮助者也是一种"规范障碍"。因为法秩序可以期待具有违法性认识可能性的被帮助者避免做违法的事情,从而这种法秩序可以期待的人对于帮助者来说就是一种实现犯罪的障碍。因此,帮助犯得以减轻处罚正是因为这一特殊的责任减轻事由。

在确定帮助犯的减轻处罚根据之后,对于在网络共同犯罪之中判断某行为人的行为是否"起次要或辅助作用"则可以有新的理解。例如,某甲制造了一款可以用来暴力破解密码的软件,此后可查证的即有数百人利用该软件侵入不同的系统以盗取个人信息并用于非法用途。但由于每个人所获取的信息未达法定数量,所以难以认定每个人各自构成犯罪。于是有学者认为某甲在该案中所起的作用比这数百人所起的作用都大,其理由在于:网络共同犯罪中的帮助行为与传统共同犯罪的帮助行为不同,其具有全新的特性和地位。网络空间相较于传统物理社会属于新兴产物,其建立于"0""1"这样的二进制机器语言之上,具有较强的技术性。在网络技术尚未普及之初,网络犯罪基本由具有高学历高水平的行为人实施,但由于互联网的普及,普通公众也可以使用网络。这时,具有较高技术水平的人开发的犯罪工具,就极有可能成为无数普通人的犯罪工具。于是,网络帮助行为就可能伴随互联网传播,其社会危害性远大于实行行为的危害性。而且,某甲的行为也易于认定,所以应当把某甲认定为主犯。但是,此种认定路径依然是从这一情形的表象来展开,并未基于帮助犯的减轻处罚根据予以慎重审视其本质。所以,并非直观感受到某甲所起的作用大就不能认定某甲"起次要或辅助作用"。从文义的角度来看,"辅助作用"恰好表明了一种被帮助者居于决定者地位、帮助者则没有决定权的意味;从与帮助犯的减轻处罚根据相协调的目的出发,此处的"次要或辅助作用"只是说明帮助犯并未居于决定者的位置。因此,对本案当中的某甲依然应当以从犯论处。值得注意的是,倘若是某甲自己利用该软件实施入侵,其就处于决定者的位置,也就不再符合此处的"起次要或辅助作用",对某甲应以主犯论处。

二、网络语境下意思联络之于共同犯罪的地位与认定

面对网络共同犯罪的演变,实务中存在犯意联络判断的现实困境。由于网络的虚拟性及跨时间、跨空间性,多数人参与某一犯罪相较于传统方式更加便捷、隐蔽。因而对于实务当中的网络共同犯罪,经常出现无法认定正犯、无法抓获正犯的情形,这就导致难以考证共同实施特定犯罪的主观犯意联络,这一点尤其对认定共同正犯存在极大的影响。这是因为采取了犯罪共同说而导致的问题。若采取行为共同说,则此类所谓网络共同犯罪中的难题,自可迎刃而解。"选择行为共同说以疏通犯意联络障碍,从而对所谓正犯化的共犯行为予以正本清源,实现共犯归责模式的理性回归。"①

(一)网络语境下行为共同说的重申

所谓犯罪共同说与行为共同说的争论,起初主要是对于共同正犯成立条件的争论,之后则演变为整个共同犯罪理论的立场之争。在犯罪共同说内部又分为完全犯罪共同说与部分犯罪共同说。完全犯罪共同说认为共犯(广义的共犯,包括共同正犯)是数人共同实施特定的犯罪(一个犯罪),因此各共犯人成立的罪名必须具有同一性(罪名的从属性);此外,各共犯人必须存在共同的犯罪意思。我国传统立场正是采取了完全犯罪共同说,坚持强调成立共同正犯的各犯罪人必须具有相同的犯罪意思、必须认定为同一罪名。在这一立场的指导下,当下网络共同犯罪的司法实务中才出现了诸多问题。例如,十四周岁的某甲对编程及黑客技术有着极强的爱好与天赋,某日其在一技术交流论坛闲逛时得某乙邀约比试一番,于是二人约定好以侵入某知名网络公司系统为目标,用时最短且不被发现者为胜。由于某乙学艺不精,在侵入防火墙之时即被该公司发现并报警抓获。而某甲则成功

① 王霖:《网络犯罪参与行为刑事责任模式的教义学塑造——共犯归责模式的回归》,载《政治与法律》2016年第9期。

侵入该公司系统并将产品源代码窃取后公开，给该公司造成了巨大损失。根据完全犯罪共同说，由于某甲不满 16 周岁，不具备刑事责任能力，于是某甲与某乙无法成立非法获取计算机信息系统数据罪的共同正犯，所以该公司所遭受的巨大损失无法归结至甲乙二人。再单独审查某乙的行为，由于其并未侵入成功，所以也只能认定为该罪的未遂犯。但是，仅仅是因为采取了完全犯罪共同说这一不合时宜的立场，导致无法实现对不法行为人的妥当处罚就转而声称是因为网络的复杂性而造成的难题，这种逻辑显然是荒谬的。

持犯罪共同说观点的论者也看到了完全犯罪共同说的诸多不合理之处，遂提出了一种有力学说——部分犯罪共同说。该学说认为，即使就不同犯罪而言，也可以在两罪构成要件重合的限度内成立共同正犯。例如，对于甲乙相约伤害丙，在暴力殴打丙的过程中甲突生杀意，在殴打结束后发现丙已死亡。根据部分犯罪共同说，尽管甲所持故意是杀人故意，而乙所持故意仅是伤害故意，但在故意伤害致死这一部分上可以重合，于是甲乙成立故意伤害（致死）罪的共同正犯，甲同时成立故意杀人罪的单独正犯。这样的处理结论看似妥当合理，但在方法上却存在疑问。无论是犯罪共同说还是行为共同说，所要解决的核心问题就是要将哪些犯罪事实归属于哪些人。在本案中，从某甲的角度而言，既然在无法查明是何者导致丙的死亡之时仅将甲乙二人认定为故意伤害（致死）罪的共同正犯，那对甲同样也可以认定为故意杀人罪的未遂。再者，部分犯罪共同说并未解决核心问题，即将哪些犯罪事实归属于哪些人的问题，其所提供的充其量只是表达上的完善，于认定复杂案件无益。

当下网络共同犯罪中的大多数难题，很大程度上是因为没有采取行为共同说所导致的规范误用问题。如果说共犯的处罚根据即因果共犯论是共同犯罪理论的起点，那么对行为共同说的立场选择可谓因果共犯论之归结。行为共同说，也被称为事实共同说。该学说认为，共犯仅是指犯罪实现的一种方法类型，犯罪参与人相互之间不必要求罪名的同一性，也不必有共同的犯罪意思。若认为共犯是为了实现自己的犯罪而利用了他人，从而扩张了自己行为的因果影响力，则行为共同说与坚持共犯的处罚根据在于共犯行为与结果之间的因果性的因果共犯论在逻辑上是一脉相承的关系，行为共同说可以说是坚持因果共犯论的必然逻辑推导结果。根据行为共同说，在网络语境下多数人参与犯罪的场合中，根本不需要考虑“谁与谁成立何种罪的共同犯罪”这一问题，而只需要考虑某种已发生的法益侵害结果与谁的行为之间具有因果性，只要具备因果性，则可以将该法益侵害结果归属于该行为人;至于是否已达刑事责任年龄、有无责任能力,则应对各行为人分别进行判断。例如,在电信诈骗案件中,正犯常常是藏在境外,通过网络指挥处于境内的团伙协助其完成诈骗与不法所得的转移。在实务中由于经常无法抓到正犯,因此对在境内的提供帮助的人(如提供银行卡、在所提供的平台上协助转账等)如何处罚就难以决断。事实上,只要采取行为共同说,先判断所发生的被诈骗人财产损失的结果与这些境内提供帮助的人有无物理上或心理上的因果性,若有,就可以将该结果归属于行为人,然后再判断其是否具有故意等有责性的内容,就可以妥善解决此类案件。实务中经常认为没有抓捕到正犯就不能对帮助犯以诈骗罪定罪,于是转而将此类行为认定为其他罪(如帮助信息网络犯罪活动罪)的正犯行为,反而造成了更大的问题。

(二)网络背景下意思联络的区分认定

采取犯罪共同说还是行为共同说决定了对"意思联络"是不是共犯成立的必需条件这一问题的回答不同。根据传统理论,意思联络是成立共同犯罪必不可少的要件。但在网络时代,由于搜索引擎所带来的信息获取的便捷性以及即时通信技术的发达,使得意思联络这一要件在当下呈现模糊化的外显形式,导致在实践中对意思联络的认定存在缓和化的趋势。"互联网出现以后,虽然一些具有严重社会危害性的后果是由若干主体通过网络行为共同加功而导致的,但是他们之间的意思联络却明显减弱,已经达不到传统共同犯罪中行为人之间意思联络的清晰程度。"①由于共犯具有不同形态,因而意思联络在各种形态中的作用与地位未必要保持同一认定,在网络语境下对共犯的不同形态作出不同的意思联络要求,应当是更具有合理性与可行性的。

不难发现,意思联络的重要性尤其在共同正犯的场合中得以彰显,因为共同正犯不同于单独正犯之处在于其特殊的归责原则:部分实行全部责任。但是,为何要将行为人没有实施的不法之构成要件部分归属于行为人?部分实行全部责任的合理性何在?于是,"意思联络"这一要件被创设出来以应对这一问题,从而使得"意思联络"这一要件似乎能够为部分实行全部责任提供一定的根据。然而,"意思联络"的真正含义是什么?又提供了怎样的判断标准?这样的判断标准又是否足以弥补结果归属上的缺口?如果认为,所谓"意思联络"仅是共犯(广义的共犯)之间相互认识,或者言语上的

---

① 米铁男:《共犯理论在计算机网络犯罪中的困境及其解决方案》,载《暨南学报(哲学社会科学版)》2013 年第 10 期。

某种表示，那么，这种不具有规范意义的事实为何能替代因果关系的判断，从而将共同正犯中某行为人的行为（单独来看）不符合客观不法而提升到符合客观不法？尤其在网络空间中，对意思联络的认定所采取的缓和趋势在一定程度上使用的就是这种含义的“意思联络”，但这样的“意思联络”势必会导致处罚范围的不当扩大。例如，某甲在论坛上发表消息相邀他人一起于未来某日从事某种不法活动，但某甲却并未真正地想要去从事该不法活动，仅是一种“戏谑”表示；而某乙、某丙却信以为真，果真于某日实施了不法活动，但是某乙与某丙二人之间也未曾有过联系，且分开来看二人各自的行为对法益的侵害性都未达到值得科处刑罚的地步。若认为意思联络的意思就是只要存在某种形式的言语表达或单向承诺甚至是主观状态即可，那么该案中也可将甲乙丙三人认定为共谋共同正犯，从而依据部分实行全部责任的归责原则将全部的法益侵害结果归属于三人。但如此一来，所造成的可处罚行为则过于宽泛，处罚范围被不当扩大。尽管常言“网络不是法外之地”，但必须承认，由于网络空间的虚拟性及跨空间、跨时间的特性，使每个人在网络空间上的行为规范意识相对于在现实生活中的规范意识更为薄弱。换句话说，大多数人都认为在网络上的发言交流相对于现实生活更为自由，或多或少都带有把网络空间看作某种私人空间的性质。既然如此，就不应该对国民提出如此苛刻的要求，否则就是损害国民的预测可能性，不利于对国民自由的保障。

那么，是否可以舍弃“意思联络”作为共犯成立的条件呢？如前所述，由于广义的共犯包括了单独正犯、共同正犯、教唆犯、帮助犯，且共同正犯的形态尤为特殊，因而应作区分要求。具体来说，就是对于共同正犯的成立条件仍然必须要求存在意思联络；但是对于狭义的共犯成立条件则可以不存在意思联络，因而肯定片面的帮助犯的成立。当然，尽管要求共同正犯的成立需要意思联络，但对意思联络不能认为是只要有某种形式的言语表达或交流甚至是主观上的认知就是存在意思联络。相反，对是否存在意思联络的判断必须要以是否存在某种正式的“协议”为标准。也就是说，必须要有足够的客观证据来证明各行为人确实就共同实行不法活动进行了审慎的安排与计划，虽然不至于对每个行为人列明了详细的分工及各自的行动步骤，但至少每个行为人在大体认识上是知晓“自己是做哪一部分的活”。“由于互联网的交互性和广泛性等特点，不对处罚范围进行限制既有可能伤及公民的宪法权利，例如处罚单纯转发政府官员留言帖的人；又有可能因打击面过大而招致刑事政策的失败,例如处罚所有 P2P 软件的使用者。”①对于单纯利用 P2P 下载器从互联网上下载淫秽视频的行为,即使该行为人知晓 P2P 技术在下载同时带有存储功能以方便他人下载的特性,也不能认定行为人与不特定人成立传播淫秽物品罪的共同正犯,因为他们相互之间并没有某种正式的“协议”。而若某甲、某乙、某丙、某丁四人协商,某甲负责在境外租赁服务器,某乙负责搭建网站,某丙负责编写爬虫程序以获取淫秽视频,某丁负责财务结算,共同打造一个会员制下载淫秽视频的网站以牟利,则此时才能认定为存在意思联络,四人构成传播淫秽物品牟利罪的共同正犯。

之所以对于狭义共犯不要求必须存在意思联络才成立,是因为从因果性这一点进行审查就足以满足结果归属的要求。而且,否认意思联络作为狭义共犯的成立条件,也有利于肯定片面的帮助犯的成立。片面的帮助犯基本上是指帮助者对于被帮助者之行为有明确的认识,但被帮助者对此并没有确切之认识的情况下为其提供帮助,从而促进被帮助者实现不法之构成要件。例如,某甲知道某乙欲实施电信诈骗活动,于是将搜集来的电话等个人信息在某乙不知情的情况下发给他。某乙利用该份电话信息实施了诈骗,获得了巨额利益。如果认为帮助犯的成立必须要求帮助犯与正犯之间有意思联络,则在该案中对某甲无法以诈骗罪的帮助犯论处,最多只能认定为侵犯公民个人信息罪。而从因果性出发进行判断,若没有某甲所提供的电话信息,则某乙不可能对该部分人实施诈骗,该部分人也不可能遭受财产损失。所以,某甲的行为与正犯结果之间具有物理上的因果性,可以成立诈骗罪的帮助犯。因此,在狭义共犯中应该否定意思联络作为必需的成立条件,从而肯定片面的帮助犯的成立,这样可以对案件事实作出更妥当的不法评价。在此必须要提示的是,若所谓帮助者实施的已并非帮助行为,而是正犯行为,则尽管被帮助者不知情,对该行为人仍应当以正犯论处,但不是与被帮助者成立共同正犯,而只是一种同时犯。

三、信息网络时代下共犯从属性之坚守

如前所述,在信息网络这一特殊因素的促进下,现实中的共同犯罪较多地呈现“一对多”的表现形式,这或许是我国当下刑事立法活动中存在将“帮助行为正犯化”的倾向的一种诱因。那么从字面意思理解,这一倾向是否突破了“共犯从属性说”,转而采取了“共犯独立性说”呢?所谓“帮助行为正犯化”是否又确切地与“共犯从属性说”水火不容呢?

---

① 吕翰岳:《互联网共同犯罪中的意思联络》,载《法学评论》2017 年第 2 期。

(一)共犯独立性不适应信息网络时代的土壤

"共犯独立性说"是主观主义刑法论的内容。共犯独立性说主张共犯的处罚依据来自共犯自身的行为,其行为本身具有可罚性,正犯、教唆犯、帮助犯都是完全独立的犯罪主体,不依赖于正犯的行为。"系主张共犯(教唆犯、帮助犯)之犯罪性及可罚性,乃共犯行为(教唆行为、帮助行为)本身所固有(自有),即与正犯之犯罪性及可罚性分离而独立之理论。"①该学说主要由德国法学家宾丁、布黎,日本法学家牧野英一、木村龟二所主张,其从主观主义角度出发,认为犯罪不是行为的表现,而是行为人人性恶的表现,行为人构成犯罪是因为其行为具有社会危害性以及对结果具有原因力。② 有学者认为,我国刑法理论应采取共犯独立性说。

首先,我国刑法并没有跟随德国刑法,在刑法总则中对正犯和共犯的概念作明确规定。德国刑法第二章第三节以"正犯与共犯"为章节名,对正犯、教唆犯、帮助犯的概念、性质以及量刑规则作出了明确规定。而根据我国刑法第25条的规定,共同犯罪指的是"二人以上共同故意犯罪",并未从标题和概念上对正犯和共犯进行细致规定。这一立法表明,我国刑法中仅需达到二人以上、共同故意实施了侵害法益的行为,就可成立共同犯罪,并无其他条件。这与德国采取的明文规定不同共犯的成立的条件完全不同。从我国刑法第26条、第27条、第28条对主犯、从犯、胁从犯的规定来看,我国并未从分工角度区分正犯、共犯。其次,我国刑法第29条第2款规定,"如果被教唆的人没有犯被教唆的罪,对于教唆犯,可以从轻或者减轻处罚"。也即,假若承认共犯独立性学说,那正犯未犯被教唆之罪,作为共犯的教唆者仍被定罪,这就完全突破了共犯从属性学说。此外,近年来我国刑事立法活动中对帮助行为、教唆行为规定了大量独立的罪名。如教唆他人吸毒罪(第353条)、帮助信息网络犯罪活动罪(第287条之二),这也表明我国有采取共犯独立性说的趋势。所以,从立法实践来看,共犯独立性学说能较好地解决网络共同犯罪可罚性依据的问题。

(二)"网络"之事物特殊性与共犯从属性的规范对抗

实际上,认为帮助犯正犯化的趋势表明了应当采取共犯独立性说的立场,仅是由于对共犯从属性的核心内涵存在误读。共犯从属性说最早由德国刑法学家费尔巴哈所创立,并由德国学者迈耶、贝林格、李斯特、罗克辛以及日本法学家小野清一郎、大塚仁所扩展并积极倡导。该学说的提出是基

---

① 陈子平:《论共犯之独立性与从属性》,载《刑事法评论》2007年第2期。

② 参见陈兴良:《共同犯罪论》,中国人民大学出版社2006年版,第40页。

于这样一个问题：共犯到何种程度从属于正犯的可罚性和罪名。[①] 最早期的可罚性借用说认为，共犯的可罚性需要“借用”正犯的犯罪性和可罚性，因为共犯自身难言独立的犯罪性和可罚性。因此，共犯的可罚性原则上只有在“正犯者着手实行而至少能以未遂论处，并且正犯行为同时具备了构成要件该当性、违法性、有责性”之后才能被肯定。事实上，共犯从属性起初主要是针对共犯（教唆犯和帮助犯）在何种情形下成立未遂，以及所成立的未遂是否可罚的问题。但共犯从属性说发展至今，已经具备了三个面向的问题：实行从属性、要素从属性、罪名从属性。对这三个面向的回答并非笼统地坚持共犯从属性说或共犯独立性说，例如不能因为在要素从属性这一面向认为应采取共犯独立性从而就认为这三个面向就都要采取共犯独立性，而应当对之分别进行讨论。关于罪名从属性基本上是采取犯罪共同说还是行为共同说的问题，前述亦有讨论，在此不再多言。在这里，笔者主要是想讨论实行从属性与要素从属性的问题。

1. 实行从属性

所谓实行从属性，基本上针对的是“若要以未遂犯的规定来处罚共犯，则是否要求正犯必须已经着手实行而至少达至未遂阶段”这一问题。对此，独立性说认为，只要共犯实行了共犯行为，则其反社会性、犯罪的危险性就已经显露于外部，因而无须有正犯的着手实行就可以具备可罚性。所以，对于正犯未着手实行的，共犯仍可以作为未遂犯进行处罚。例如，某甲在论坛上看到某乙发布招聘程序员的信息，在知晓某乙是打算编写一个爬虫程序以搜集淫秽视频后，某甲欣然接受并很快编写好了爬虫程序。某乙在接收该程序后，还未来得及使用就因车祸不幸离世。依照独立性说，某甲在编写好该用于获取淫秽视频的爬虫程序之时，其行为就已经具有了极大的危险性，因而尽管某乙并未使用该程序获取淫秽视频然后传播，但对某甲的这一行为则必须要以未遂犯进行处罚才能遏制他人的效仿。显然，独立性说是一种主观主义立场的产物，且其将人作为预防犯罪的工具，从而有践踏人的尊严之嫌。

此外，持独立性说的人总是宣称在网络时代下，共犯尤其是帮助犯的行为与正犯行为相比而言起更重要的作用。但是，就实行从属性这一面向而言，从属性说也并非认为共犯行为就应当轻于正犯行为而在事物发展过程中起次要作用，而是指共犯行为对正犯着手实行符合构成要件之行为的定

① 参见［日］西田典之：《共犯理论的展开》，江溯、李世阳译，中国法制出版社2017年版，第20～25页。

性依赖。其实,只要坚持因果共犯论,则将共犯作为未遂犯进行处罚必须至少存在发生法益侵害结果的具体危险就是逻辑的必然推导结论。因为,当仅有共犯行为之时侵害法益的危险并不具体,如果没有正犯行为,则发生法益侵害结果的具体危险并不存在。既然连具体危险都不存在,那么更无从谈起共犯行为与正犯结果之间的因果性问题,因而对共犯而言连未遂都不成立。从被保护法益的角度来看,共犯行为本身虽然在事实上潜在地存在侵犯某种法益的危险,但是,只要该行为未曾突变转化为正犯行为,而是一直都局限于共犯行为的界域,则该种危险并不能现实化,也就更不存在发生法益侵害结果的具体危险,所以不能认为其具有作为未遂犯处罚根据的现实危险。就上例而言,某甲所编写好的用于获取淫秽视频的程序虽然潜在地具有造成淫秽视频传播的危险,但是,只要没有人使用该程序,则该程序在事实上也只是永远地存储在某个存储器内,并没有什么侵害法益的危险性,也不可能认为其会侵犯某种法益。所以,在这一问题上应当坚持实行从属性说,对某甲不能以传播淫秽物品罪的未遂犯论处。

2. 要素从属性

至于要素从属性,则是在因果关系论这一底层立场上,为了解决“若要使共犯具备可罚性,则正犯在犯罪成立之要件上应当具备哪种程度的要素”这一问题所衍生的争论。独立性说认为,共犯有其自身独特的成立要件,其正犯即使并未具备任何犯罪成立要件,但共犯行为依然可以被认定为犯罪而被处罚。例如,某甲在一对抗竞技类手机游戏中,因对队友某乙的技术感到不满,遂开语音辱骂某乙,并以“敢杀人才是真男人”来激怒某乙,某乙遂答应之。但事实上,某乙并未采取任何行动,第二天即将此事抛之脑后。若按照独立性说,则尽管某乙并未实施任何符合构成要件的行为,但某甲的行为自身已具备违法性,所以可以作为教唆犯予以处罚。显然,该说无法从正犯行为的违法性来说明共犯行为的违法性,从而导致若认为共犯行为应受处罚,则只能从共犯本身予以思考,最终只能以共犯行为的主观恶意方面的表征具有违法性来说明共犯行为具备可罚性。但是,将主观恶意作为违法性的根据,无疑是一种主观违法性论的立场,而这种立场本身即有随意扩大处罚范围的危险,因而不予采取该种观点。

而从属性学说内部因从属程度的不同又可分为三种观点:(1)极端从属性说认为,共犯若要成立,则正犯必须具备构成要件该当性、违法性以及有责性。据此,某甲帮助未满十六周岁的某乙进行盗窃,由于某乙不具备有责性,因而某甲也不成立盗窃罪的帮助犯。(2)限制从属性说认为,共犯的成立仅以正犯具备构成要件该当性及违法性为必要。所以,对上例中的某甲仍可认定为盗窃罪的帮助犯。(3)最小从属性说则认为,共犯仅从属于正犯的构成要件该当性。根据这种观点,某甲帮助某乙杀人,但实际上某乙是在实施正当防卫,对某甲仍可认定为故意杀人罪的帮助犯。

对于这三种观点,极端从属性说极易产生处罚空隙,尤其在正犯不具备有责性时对共犯无法进行处罚,而且这种观点与责任主义原则相违背:是否具备有责性应视个人具体地判断,一个体不具备有责性不应是另一个体的犯罪阻却事由。所以这种观点现在基本上已销声匿迹。而最小从属性说则在方法上存在问题,因为仅根据正犯的构成要件该当性,尚无法说明共犯的违法性从何而来——正犯都不具备违法性,为何共犯要具备违法性?因此,尽管其结论通常可令人接受,但在方法上的缺陷也令人难以采取该观点。所以,只有限制从属性说从方法上和结论上都具备合理性,为本书所采取。但限制从属性说内部又有新的问题,即尽管根据限制从属性说,违法性是连带地产生作用,但是这种“连带”的范围有多大?是否无论何种情况都必须要肯定违法性是连带的?这就是违法的相对性问题——是否应该根据不同人的情况呈现不同的违法性?

关于违法的相对性问题,纯粹引起说全面承认违法的相对性,混合引起说部分肯定违法的相对性,而修正引起说则对违法的相对性持完全否定的态度。纯粹引起说认为帮助他人自杀的,也要成立帮助犯。其理论根基在于:共犯行为自身的违法性就是共犯的违法性之唯一且充分的存在基础。共犯是自己在侵犯法益,所以共犯的违法性理所应当地完全独立于正犯的违法性。而混合引起说则部分承认违法的连带性,部分肯定违法的相对性。其认识基础在于:共犯行为自身的违法性以及正犯行为的违法性两方面结合起来才是共犯的违法性之存在基础,因为共犯对法益的侵害是间接地通过正犯而进行的。该学说看似平衡,但在某一具体案件中既可承认违法的连带性而入罪,又可根据违法的相对性而出罪,从而导致模棱两可,缺乏可操作的标准。修正引起说则认为正犯的违法性是共犯的违法性之存在基础,因为正犯的不法结果即是共犯的不法结果,这一不法结果是由共犯通过参与正犯的侵犯法益行为而与正犯一同引起的。该学说由于对违法的连带性过度强调,从而导致将教唆他人伤害自己的行为也作为教唆犯予以处罚,因此不具有合理性。其实,所谓违法是连带的,指的应当是法益侵害事实的共通。也就是说,对于共犯与正犯而言,尽管法益侵害的事实是共通的,但是规范评价的不法是可以不同的。例如,某甲因实施正当防卫而杀了某乙,某丙尽管不知某甲在实施正当防卫,但因其与某乙素有仇怨,故而帮助某甲一起杀了某乙。对于某甲和某丙来说,在判定犯罪成立时某乙死亡这一事实是共通的。但由于某甲是在实施正当防卫,因而某甲是因为违法阻却事由的存在而不被评价为不法。对某丙的帮助行为仍然可以认定为是故意杀人罪的不法。所以,由于违法性是对事实的评价,因此在网络背景下多数人参与犯罪的场合,对每个人的违法评价可以不同。

四、网络服务提供者与中立的帮助行为

"中立的帮助行为"是指,一种看似无害的"中立"行为,或者说,日常生活行为。当中立帮助行为在客观上帮助了正犯时,是否应成立帮助犯?此外,我国《刑法》第286条之一规定了"网络服务提供者不履行法律、行政法规规定的信息网络安全管理义务……处三年以下有期徒刑、拘役或者管制……",尽管网络服务提供者所提供的服务行为是否是中立的与网络服务者是否履行信息网络安全管理义务在逻辑上不能等而言之,但不可否认,在实践中确实存在网络服务提供者以不履行信息网络安全管理义务的方式为正犯行为提供帮助的情形,因此有必要对此予以仔细审视。

(一)网络背景下中立的帮助行为之可罚性界限

网络中立帮助行为是中立帮助行为在网络犯罪领域的具体体现,网络的虚拟性特征使原本就难言清晰的"中立帮助行为"界定标准如今更显模糊与朦胧。当下学界对于所谓中立帮助行为是否具备可罚性,以及究竟如何以明确且具备可操作性的实质标准来划定其处罚界限,仍然存在较大的争议。一种途径是从正面角度来理解、构建中立帮助行为具备"中立性"之基础。例如,有学者主张即使帮助者与被帮助者之间存在意思联络,但只要帮助者所实施的行为仍然可以被日常生活行为或业务行为的范围所涵括,则其行为的性质当属"中立的";①有学者对此则有不同意见,认为中立帮助行为的"中立性"既指帮助行为之内容属性可包括在通常生活之常态惯括范围内,并且于总体动态系统之考察下当帮助者被置于此系统中时理应可归结为一种相对中立的状态;②倘若帮助者与被帮助者之间存在某种显而易见的意思联络,则动态系统即发生转化,帮助者在整体系统中不再处于中立的状态,而应当贴上与被帮助者处于同一立场的"标签",故其行为也就难言是一种中立的帮助行为。③

另一种途径则是从相反的面向对网络中立帮助行为的可罚性进行论

---

① 参见黎宏:《论中立的诈骗帮助行为之定性》,载《法律科学》2012年第6期。

② 参见邹兵建:《网络中立帮助行为的可罚性证成——一个法律经济学视角的尝试》,载《中国法律评论》2020年第1期。

③ 参见孙万怀、郑梦凌:《中立的帮助行为》,载《法学》2016年第1期。

证。对于中立的帮助行为是否应成立帮助犯的判断标准,存在三种观点:主观说、客观说与折中说。主观说认为应将行为人的主观状态作为判断标准。其主要依据是行为人的主观认知或主观意图,比如行为人知道正犯要实施犯罪而仍然提供帮助的或者意图通过自己的帮助行为积极推动犯罪结果的发生的,则帮助行为不再具有日常行为的性质,应认定为帮助犯。例如,某网络软件发行公司明知其发行的软件会被用来作为侵入系统的工具,但其仍然将该产品挂架出售。然而,所有下载该软件的人都是渗透测试工程师,没有一个人利用该软件非法侵入他人计算机系统或劫取信息。根据主观说,该公司意图通过自己的帮助行为积极推动犯罪结果的发生,其行为不再属于正常的商业行为,因而可成立帮助犯。但事实上,由于不存在犯罪结果,也就不存在帮助行为与结果之间的因果性,仍将其认定为帮助犯则违背了共犯的处罚根据。因此,主观说有可能将缺乏因果性的行为也作为帮助犯处罚,从而导致处罚范围不当扩大,所以不予采取。

客观说试图通过一种客观的标准来认定中立的帮助行为是否成立帮助犯,其客观的标准在于中立的或者职业范围内的行为不应当认定为帮助行为。但该观点的问题在于并未说明何者是"中立的"或者何者是"职业范围内的"。例如,对于高级软件工程师而言,编写软件程序本就是职业行为,但没有人会认为其搭建用于传播淫秽视频网站的行为仅是一种中立的帮助行为而不构成帮助犯。这观点从方法上就存在缺陷,因为其试图利用一种超脱犯罪成立条件的事由来阻却犯罪的成立,比如该"职业范围内"的行为到底是一种违法阻却事由还是一种责任阻却事由,抑或从构成要件上只要是某种职业行为就排斥该当性?犯罪是具有构成要件该当性、违法性、有责性的行为,因此要说明某行为不构成犯罪,也必须在这一体系内寻找不构成犯罪的理由,而不应在这一体系外再随意创设某种理由。此外,即使认为"职业行为"是一种超法规的违法阻却事由,这种认识的合理性何在也有待商榷。

折中说则认为,应当将客观要素与主观要素结合起来判断某行为是否为中立的帮助行为。行为人通过相应的援助行为有意识地直接促进犯罪,或者援助行为本身虽然是合法的,但行为人明知该行为的目的就是犯罪时,应当认定为帮助犯。笔者认为,折中说的判断路径具有方法上的合理性,因为对于犯罪成立与否本身是从客观与主观两个维度进行考察,所以在判断某一行为是否可罚时,也应该从相同的路径进行考察。至于某种细节上的判断标准,则是各犯罪成立条件内部所应进行的调整。例如,甲、乙、丙等人利用某社交平台 App 发布卖淫嫖娼信息,该社交平台的创建者是否应认定为组织卖淫罪的帮助犯？对此，应当从帮助犯的成立条件上对该行为进行评价。首先，该创建者所搭建的社交平台是否与甲、乙、丙等人组织卖淫所造成的法益侵害结果具有因果性？由于共犯行为与正犯结果之间的因果性并不像正犯行为与正犯结果之间那样具有“无A则无B”的相当条件关系，只要共犯行为在物理上使正犯结果更容易发生或者在心理上增强了正犯实施正犯行为的决意，就可以认定共犯行为与正犯结果之间具有因果性。因此，就这一条件的审查而言，能够肯定该创建者的行为与甲、乙、丙等人组织卖淫所造成的法益侵害结果之间具有因果性。其次，则要判断该创建者是否明知甲、乙、丙等人利用该平台进行组织卖淫的行为？若明知，则是否有试图利用该平台来促进甲、乙、丙等人的组织卖淫行为的意欲？就本案而言，该创建者搭建社交平台App的动因肯定不是想要利用该平台去帮助组织卖淫的行为，所以在搭建之时是不具备主观方面的认识的。那么在甲、乙、丙等人利用该平台发布卖淫嫖娼的信息后，若该平台仅是因为技术方面的原因未能及时审查、过滤、屏蔽该信息，则也无法认为创建者具有主观方面的认识；但若该平台并非因为技术上的原因，而是因为管理上的疏忽等人为原因导致未能及时处理卖淫嫖娼信息，比如即使在有用户向该平台举报存在卖淫嫖娼信息的情况下仍未理会，那么就应当认定创建者已经认识到了甲、乙、丙等人利用该平台实施组织卖淫行为。在此基础上，可以再根据该信息存在的时间、是否被置顶、是否被送上“热门推荐”等客观情况来认定搭建者是否具有试图利用该平台来促进甲、乙、丙等人的组织卖淫行为的意欲。若可以认定存在这种意欲，则该搭建者自然应被认定为组织卖淫罪的帮助犯。因此，所谓的“中立的帮助行为”应当仅是一种理想的现象，实际上在现实生活中很难依据某一确定的标准来划分某一行为应当是“中立的”还是非“中立的”。因为现代社会的发展趋向于分工的精细化，尤其在信息网络时代很多新兴职业应运而生，而行为人为了实现不法之构成要件，自然是要利用各种条件，难免就要涉及他人的所谓职业行为。例如，编写程序的行为当下也可以说是程序员、软件工程师等的职业行为，但在网络共同犯罪中若单纯以职业行为是中立的帮助行为为由而阻却帮助犯的成立，则几乎所有的网络共同犯罪都将不可罚，这显然是不符合现实的。

（二）网络服务提供者的刑事责任之争议

在如今互联网经济时代，在计算机系统底层、信息通信服务至上，网络服务提供者处于整个网络的核心位置。网络服务提供者作为连接网络用户与互联网监管机关之间的桥梁，是网络社会治理的关键。多部法律都对网络服务提供者的责任义务作出明确规定，如《中华人民共和国网络安全法》

《刑法修正案(九)》。纵观网络平台的立法演进,主要有以下几部法律规范:(1)《网络安全法》(2016年),对网络服务提供者的基本类型和基本义务予以规定。(2)《互联网信息搜索服务管理规定》(2016年国家互联网信息办公室)。(3)《互联网直播服务管理规定》(2016年,国家互联网信息办公室)。(4)《网络表演经营活动管理办法》(2016年,文化部)。(5)《移动互联网应用程序信息服务管理规定》(2022年,国家互联网信息办公室)。(6)《互联网广告管理办法》(2023年,国家市场监督管理总局)。但是,在网络服务提供者是否负有管理责任以及网络服务提供者的刑事责任边界等问题上,不少学者之间仍存在争议。孙道萃教授认为,网络平台是极为活跃的新型网络主体,关于网络平台的网络犯罪形势严峻,然而由于立法规范和理论的缺失,难以对网络平台违法行为予以刑事打击。因此要着力增加网络平台作为网络犯罪的主体,对网络平台进行类型化分析,厘定平台责任义务。传统刑法对于网络犯罪的迟缓应对使得在现行法律体制框架下存在一定的乱象,例如,对网络平台的犯罪主体认定不明、网络平台应当承担何种责任,各地判决不一致。对网络平台所应负有的法定义务含糊其词。因而应建立类型结构思维,对网络平台的主体类型"以技术为基本,以功能为导向"进行区分。① 而皮勇教授在《论网络服务提供者的管理义务及刑事责任》中则持相反意见。通过比较研究,外国网络服务提供者违反管理义务的法律责任主要是民事责任和行政责任。从这一角度而言,我国将拒不履行信息网络安全管理义务予以入罪存在一定的过度犯罪化之嫌。另外,外国网络服务提供者的管理义务主要包括协助执法义务、内容信息监管义务、用户数据保护义务。而我国关于网络服务提供者管理义务的立法则与国外差别较大,主要在于网络服务提供者类型化、义务差别化方面没有细化,以及管理义务立法适当性未考虑全面。因而我国应当对网络服务提供者科学细化,区分不同类型,进而作出区别化的管理义务立法规定,且该管理义务应当适度。此外,应对拒不履行信息网络安全管理义务罪作出限制性解释。②

与此同时,从网络内容管理义务的角度,网络服务提供者没有对网络内容进行主动审查、监控的义务,但是应当履行事后被动报告、删除义务。有学者认为,国内在《刑法修正案(九)》的草拟、审议过程中,对网络服务提供者的内容管理义务存在疑问,其主要理由是:对网络服务提供者的内容管理

① 参见孙道萃:《网络平台犯罪的刑事制裁思维与路径》,载《东方法学》2017年第3期。
② 参见皮勇:《论网络服务提供者的管理义务及刑事责任》,载《法商研究》2017年第5期。

义务很难量化;普通网络服务提供者没有足够的时间、精力将大量资源投入违法信息审查中,若强加给网络服务提供者以内容审查义务,可能会损害网络技术的发展。① 所以,设定网络服务提供者的预先审查和实时监控义务,并不具有可操作性与实践理性,并且会导致网络服务提供者的负担过重,阻碍经营者的经营自由,束缚了互联网公司的发展空间。因此,从法律上应当对网络服务提供者的管理义务的范围进行限定。

如何对网络服务提供者的管理义务的范围进行限定,就要回答一个问题:应当适用何种学说依据来解释网络服务提供者的责任。对此,不同学者提出各自的看法。典型的有保证人说、监督过失说等观点。有学者对这些观点进行评论,认为网络服务提供者经主管部门通知之后,仍拒不履行管理义务,其主观心态显然不属于过失,监督过失说的观点有失妥当。而保证人说则能很好地解释网络服务提供者承担刑事责任的依据。保证人说认为,行为人是否具有作为的义务,关键是要看行为人是否具有保证人之地位,只有具有保证人地位的人在能够尽义务的时候,拒不履行义务,从而发生危害结果,才能出现与作为等同的效果。因此,将保证人说作为认定网络服务提供者刑事责任的通说,可以明晰行为人是否具有保证人地位及能否履行特定的保证义务,可以与网络服务提供者在管理、控制网络信息中的地位和作用相匹配、衔接,从而达到在网络服务分类的基础上,合理界定不同网络服务提供者的刑事责任范围。换言之,是基于网络服务提供者接触控制信息的客观能力,界定其监控、移除违法信息义务的有无与大小,决定不作为犯罪的成立与否。② 因此,可以认为判断网络服务提供者对网络犯罪的管理义务和刑事责任的有无,标准在于该网络服务提供者对于该违法犯罪信息是否具有直接的控制地位和控制力。

五、小结

对于实务中网络共同犯罪所存在的问题,本书仅是论述了其中笔者所认为较为突出的几点。应当说,当下的网络共同犯罪并未对刑法教义学中共同犯罪理论产生太大的冲击,故无须将共同犯罪理论重新建构;相反,实务中的问题恰恰反映了相关人员并未从教义学的思考进路来解决问题。因此,妥当而又细致地以教义学方法的路径来应对网络共同犯罪,许多现存的问题也就不成为问题。

---

① 参见周光权:《网络服务商的刑事责任范围》,载《中国法律评论》2015 年第 2 期。

② 参见杨彩霞:《网络不作为犯罪新论》,载《求索》2007 年第 2 期。

第六章　网络时代经济刑法解释适用的独立性及其限度

以二元法益结构为基础的经济刑法教义学，在网络时代下需要坚守刑法解释适用的独立性，如此才能充分发挥解释规制功能和立法批判功能。刑法规范的内涵“并非如传统法学方法论所说的，仅隐藏在制定法中，隐藏在抽象而广泛的意义空洞的法律概念中”，所以，刑法解释“必须回溯到某些直观的事物，回溯到有关的具体生活事实”①。但是，网络时代的到来确实改变了传统犯罪的诸多要素，而在经济刑法领域，此种改变尤为突出，其直接影响到经济犯罪中某些要素的解释适用规则。经济刑法的解释适用规则究竟在多大程度上受网络时代的影响，其解释适用过程遵循的是独立性还是从属性（从属于传统刑法理论和非刑事法规范），均成为研究的重点。

另外，“虽然利用网络作为‘犯罪工具’的传统犯罪并未改变这些犯罪的实质，但是，其所造成的社会危害却远远大于在物理空间所实施的传统犯罪。”②网络技术在大规模选择潜在被害人方面的高效性，使通过网络途径实施的传统犯罪急剧增加。例如在英国，国家服务系统就曾遭受勒索软件的攻击，导致医疗人员无法获取病人的医疗记录，大量医疗服务被迫取消。如果没有处在网络时代，犯罪分析虽然可以通过武力阻止医疗人员查看存在档案室内的医疗记录，但是要对每一个医院都实施这种犯罪是不可能的。③ 因此，即便身处网络时代，对于经济刑法解释的研究仍然无法脱离传统的经济刑法理论。“在网络时代，网络空间的虚实结合性、犯罪行为的网络变异性、犯罪结果的严重危害性都容易诱发解释者用传统刑法处罚一切网络危害行为的内心冲突。在这种内心冲动的作用下，我国解释者往往在多方面突破罪刑法定原则的束缚。”④所以，在关注网络时代经济刑法解释适用独立性的同时，解释独立性的限度边界也值得关注，以避免独立性越过

① ［德］亚图·考夫曼：《类推与“事物本质”》，吴从周译，台北，学林文化事业有限公司1999年版，第89页。

② 江溯：《中国网络犯罪综合报告》，北京大学出版社2021年版，第4页。

③ 参见［英］丹尼斯·J.贝克：《网络犯罪——运用总则规制网络犯罪》，陈建苏译，载江溯主编：《刑事法评论：刑法的科技化》第43卷，北京大学出版社2020年版，第423页。

④ 欧阳本祺：《论网络时代刑法解释的限度》，载《中国法学》2017年第3期。

藩篱侵蚀了罪刑法定原则的铁则。① 所以,这就更需要对以往经济刑法中的解释规则予以关注,同时继续回顾一个经济刑法解释论中的核心命题:经济刑法的解释适用是否具有独立性,其独立性限度为何。针对这些方面及其延伸问题,本部分将展开论述。

一、判断依据:违法性判断一元论与相对论的争议

经济刑法作为行政刑法的重要组成部分,其解释和适用的独立性的争议究其实质是违法性判断一元论与相对论的分歧,而这种分歧究其根本是对于刑事违法性与一般违法性"质"与"量"的不同观点。违法的相对论认为刑法有其独特的立法目的和法益,经济刑法的解释适用具有独立性,其判决结果不必然与其他法律规范保持一致。而违法一元论以法秩序统一为依据,认为刑法具有最后性和补充性,其违法性判断以其他规范为前提。② 具体而言,可罚的违法性理论依据可分为"严格的一元论""缓和的一元论""违法的相对论"(见表6-1)。

表6-1　违法性理论依据类型

违法性理论依据	非刑事合法	刑事合法	非刑事违法	刑事违法性
严格的一元论	合法	合法	违法	违法
缓和的一元论	合法	不违法	违法	不必然违法
违法的相对论	合法	不必然合法	违法	不必然违法

二、经济刑法的内涵与外延:法条解释的独立性

犯罪的违法性可以分为"形式的违法性"和"实质的违法性",前者是指行为违反法秩序或法规范、符合构成要件;后者是指行为对法益造成实质的侵害或者威胁。③ 经济刑法的处罚应当以实质的违法性为前提,故其解释也应当坚持实质解释方法,而非以形式上的违法入罪。但是,在网络时代中经济刑法即便采取实质解释,也应该将其限定在出罪方面,入罪方面仍应该坚守形式解释论的立场。具体而言,经济刑法的解释包括以下几方面。

① 本书认为,此时对刑法谦抑性原则的违反也同样值得关注,但或许这主要与积极刑法观的讨论有关,故而不在此处展开论述。

② 参见[意]杜里奥·帕多瓦尼:《意大利刑法原理》,陈忠林译,中国人民大学出版社2004年版,第3~4页。

③ 参见[日]大谷实:《刑法总论》,黎宏译,法律出版社2003年版,第67页。

(一)构成要件用语的独立解释

经济刑法作为行政刑法,其条文的表达与其他非刑事规范存在大量重合,而对于这些语义的解释应当保持刑法的独立性,得到符合刑法保护目的的解释结论。本书认为,经济刑法的术语、概念含义虽然与其他非刑事规范具有形式上的一致性,但其实质内涵并不必然相同。同一概念用语在实质的内涵和外延上可能出现相等、小于或者大于的情况。在非刑事规范的外延小于或大于刑法时,刑法应作出独立判断,而在非刑事规范的含义发生变化时,刑法中的同一概念不必然随之变化。① 肖中华教授也认为,经济犯罪构成要件的用语应当进行独立评价,其解释结论未必要与非刑事规范用语的解释结论相一致。② 当然,也有观点认为,由于刑法参照了非刑事规范的概念且空白罪状中的前置规范对构成要件产生影响,故刑法在解释过程中存在对其他规范的依附性,在用语解释时应当与非刑事规范保持一致。③ 亦有观点认为,语义概念的解释原则上应保持一致,只有在例外情况下某一行为具有严重社会危害性、符合行政违法性前提,且扩张解释符合可预测性时,才可以不与非刑事规范保持一致。④ 笔者不同意后面两种观点,刑法本身具有独立的立法目的,不必然与非刑事法律规范的解释结论保持一致,对于非刑事规范中的概念外延进行扩大解释以回应法益保护的需要,或进行限缩解释以保障刑法的谦抑性均是必要的。尤其是在网络时代中,大量名词的解释难以通过非刑事法律规范予以明确,而且即便是有相关定义,刑法基于自身特殊的后置法特性,其完全可以基于合理理由限缩(并非扩张)这些用语的含义,以减少刑法规制的范围,否则,刑法圈的泛化不仅违背了人权保障的刑法目的,而且也将阻碍社会的发展,致使诸多今后可能造福社会的改革被扼杀在摇篮之中。

(二)以刑法法益为基础的实质解释提倡

在经济刑法的认定过程中,若要坚持刑法的独立性,就应当坚持刑法本身的该当性与可罚性判断。首先,从该当性层面,在对客观构成要件进行解释时,应对行为本身的法益侵害性进行衡量,对"情节严重"等定量构成要件的解释应综合考察其行为对特定秩序法益的实质侵害以认定其行为是否具

---

① 参见涂龙科:《论经济刑法解释的独立性》,载《政治与法律》2011 年第 5 期。

② 参见肖中华:《经济犯罪的规范解释》,载《法学研究》2006 年第 5 期。

③ 参见张绍谦:《论行政犯中行政法规与刑事法规的关系——从著作权犯罪的"复制发行"说起》,载《政治与法律》2011 年第 8 期。

④ 参见徐文文:《行政犯之司法解释与行政法规和行政解释关系论要》,载《法治研究》2014 年第 11 期。

有刑事不法性。[①] 换言之,如果行为本身不足以对法益造成侵害或并不存在不能容许的危险,就不应当被解释为符合构成要件。[②] 特别是一些金融类案件中行为人的行为如果仅仅是形式上具有违法的外观而实质上并未侵害刑法所保护的法益,尽管交易数额巨大、交易程序存在瑕疵,也不应当交由刑法规制。[③] 其次,在可罚性层面也应当考虑行为结果是否对法益有实质的侵害性,例如王昭武教授认为,我国的刑事违法性判断实际上是对行为的社会危害程度进行实质评价,我国《刑法》第13条的但书规定也为实质法益侵害理论和可罚违法性理论提供了依据,对于程度较轻不能达到侵害法益程度的规范违反行为,不作为犯罪进行处罚。[④] 但是,实质解释并不意味着放弃形式要件的符合,对构成要件的解释仍应当遵循"规范在前,价值在后"原则和罪刑法定原则,在规范要件的语义范围内进行实质的价值评价,在行为符合法定要件的情况下再讨论其实质上是否具有法益侵害性,进而进行扩大或限缩解释。所以,此处强调的实质解释是以出罪为导向的,并非以入罪为导向的。这一点在网络时代中对法律功能的维持具有重要意义,刑法作为法律系统的一个子系统,理应在这方面发挥社会功能,保护社会科技的发展,对某些前置法规范可以规制的行为,不应提前介入。

(三)体系解释的限度

肖中华教授指出,经济刑法解释中应当关注构成要件的体系解释,将刑法的规范要件或用语置于整个刑法规范内进行解释,以保证用语含义、意义的协调。[⑤] 换言之,将体系解释的范围限定在刑法规范体系,而不要求其与整个法律体系的协调。但其他学者对此有不同观点。高维俭教授认为,刑法体系解释不仅包括条文体系、章节体系和刑法典体系,还包括法秩序统一体系和社会共同体价值体系,即解释结论不但要在刑法内部达到统一,还要与整个法律体系相一致,与社会共同价值体系相融洽。[⑥] 王海东博士也支持这一观点,认为体系解释包括微观、中观、宏观和全局四个层面,而刑法典内的统一仅仅是中观层面,还需要整个法秩序体系的检验。[⑦] 笔者不认同

① 参见倪子岳:《行政犯的可罚性依据与认定模式》,载《安徽行政学院学报》2020年第2期。

② 参见车浩:《非法持有枪支罪的构成要件》,载《华东政法大学学报》2017年第6期。

③ 参见周光权:《经济犯罪侦查的方法论》,载《江西警察学院学报》2014年第1期。

④ 参见王昭武:《犯罪的本质特征与但书的机能及其适用》,载《法学家》2014年第4期。

⑤ 参见肖中华:《空白刑法规范的特性及其解释》,载《法学家》2010年第3期。

⑥ 参见高维俭:《刑法体系解释层次论——兼以赵春华案为实践检验样本》,载《现代法学》2019年第5期。

⑦ 参见王东海:《刑法体系解释四层次论的展开与检验》,载《重庆理工大学学报(社会科学版)》2019年第1期。

后两种观点,如果要求刑法解释结果与其他法解释结果一致才符合体系性,则会导致刑法的判断依附于其他法的判断,其调整范围也将和其他法一致,不符合刑法在整个法律体系中保障法的地位。在网络时代中,针对一些网络经济犯罪,很难仅通过刑法理论进行处理,此时必须要借助民法、经济法等其他部门法的知识,还要参照网络安全法、数据安全法等领域的法律法规,因此从客观上讲很难仅在刑法规范的体系内维持体系解释的限度。不过,这也并非指刑法评价将从属于前置法规范,而是说在刑法对某类新型行为进行出罪判断时,要充分考虑刑法与前置法规范的关系,如果前置法规范规定不明确或者足以发挥规制效果,则无须将该行为类型解释入罪。面对网络时代各类新型行为涌现的背景,刑法一定要保持克制,切勿在"通过法律的社会控制"过程中一跃而起,成为积极规制的工具,而应该时刻保持谦抑,冷眼看尽社会变迁后,再予以介入。

三、经济刑法规范适用的独立性及其限度

如前所述,刑事不法在入罪和出罪判断上都具有独立性,在适用的过程中也要避免对非刑事规范的从属,但这是基于出罪视角而言的。详言之,刑事不法与行政不法或其他规范违反行为的差异主要包括以下几点。

(一)正当化事由的独立判断

有学者指出,刑法上的正当化事由应当具有独立性,不因为其他领域的合法性或有效性,尤其是不因行政许可而具备出罪的条件。① 刘伟教授进一步指出,违法的行政许可分为两种,一种因违反法律规定自始无效,另一种以不正当手段取得,尽管行政形式上合法但具有实质的违法性。前者固然没有刑事正当化的依据,对于后者的判断则存在争议。在法秩序统一的理论下,这种许可的违法虽然具有实质的违法性但行政法上仍然属于有效的许可,刑法应尊重行政法的认定。但从缓和的一元论出发,行政法上的效力并不及于刑法的认定,因此不能成为刑法上的正当化事由。② 也有学者主张依据两种许可的类型分情况认定,如果不正当手段取得许可的行为不仅违反了管理秩序,还侵害了刑法保护的法益,则应按犯罪论处。③ 但是,本书认为此种观点有待商榷,尤其是在网络时代下的经济刑法领域,尤为值得重新思考正当化事由的范围是否可以扩大。因为网络时代中人们对很多

① 参见马春晓:《非法经营罪的"口袋化"困境和规范解释路径——基于司法实务的分析立场》,载《中国刑事法律杂志》2013 年第 6 期。

② 参见刘伟:《经济刑法规范适用的独立性判断问题》,载《刑法论丛》2013 年第 2 期。

③ 参见张明楷:《行政违反加重犯初探》,载《中国法学》2007 年第 6 期。

行为的出现一开始都会有莫名的恐慌感，这是一种正常现象，但随着时间的流逝，人们也会逐渐适应这些新型的行为方式，而这些恐慌感也会随之变为“被允许的恐慌”。因此，在刑法正当化事由贫瘠的背景下，适当地允许非刑事规范充当一种补充性质的正当化事由，既是刑法谦抑性的体现，也是社会治理包容性的反映。

（二）附属刑法的非必要性

非刑事规范中常有“构成犯罪的，依法追究刑事责任”的表述，而该表述能否成为认定刑事违法性的依据尚存争议。本书认为，附属刑事条款并非刑法定罪的必要前提，即使非刑事规范中没有设立刑事责任条款，刑法依然可以将某一行为认定为犯罪。而在附属条款与刑法规定不一致的情况下，仍不影响刑法的适用。因此，可以认为，附属刑事责任的规定对判断是否构成犯罪是没有意义的。① 肖中华教授认为，附属刑法不具有实质的刑法性质，虽然空白罪状下经济不法行为的刑事责任承担以违反非刑事规范为前提，但不以违反附属刑法为必要条件，而应当依据行为类型是否属于刑法明文规定的内容、是否具有刑事违法性决定是否构成犯罪。② 随着我国立法的活跃，新一波法律体系或许正在形成，尤其是国家对于网络安全、数据安全等方面的立法尤为突出，故而该问题需要等到新一波立法活动全部结束后，方能观察到当下中国是否对附属刑法的规制方式产生了一定的认同感。

（三）刑事不法类型的独立性

由于经济刑法中广泛采用空白罪状的立法模式导致其行为模式与前置规范存在一定程度的一致性，换言之，非刑事规范对刑法规范的客观要件产生间接的影响和一定的指引作用。在主观方面的认定上，非刑事规范也为特定主体提供了主观认识义务和认识可能性的依据。③ 但是，刑事不法的类型与其他法域的不法类型存在较大差别，因此在法律适用过程中，若刑法没有设定某一不法类型，不能以其他规范的不法类型作为认定犯罪的依据。首先，刑事不法类型的独立性体现在其保护目的与其他规范存在本质区别，即刑法强调对法益的侵害或危险性的惩罚。同时，其主观要件的规定较其他规范更强调对法益侵害的主观恶性或者过失的严重程度。④ 且刑法在犯

---

① 参见涂龙科、秦新承：《空白罪状补充规则的适用》，载《法学》2011 年第 10 期。

② 参见肖中华：《经济犯罪的规范解释》，载《法学研究》2006 年第 5 期。

③ 参见袁彬：《刑法与相关部门法的关系模式及其反思》，载《中南大学学报（社会科学版）》2015 年第 1 期。

④ 参见魏昌东：《行刑鸿沟：实然、根据与坚守——兼及我国行政犯理论争议问题及其解决路径》，载《中国刑事法杂志》2018 年第 5 期。

罪数额或情节的定量要求上往往高于其他规范。欧阳本祺教授认为，就刑事不法的范围，应当坚持对非法定目的犯进行目的性限缩，将不符合规范目的的行为排除在构成要件适用范围之外。① 孙国祥教授提出，刑事不法的类型通常窄于行政不法类型，且两者主观要素不同。刑事责任对于严重违法行为所确立的犯罪构成在主观性上更强调对法益侵害的主观意愿，对于一般违反秩序的不法行为若不符合刑法上的主观要件，同样不认为是犯罪。同时，当违法性的"量"没有达到可罚性的程度，刑法也不对其行为作否定性评价。② 李文吉博士也认为，刑法处罚的前提是前置法规定的秩序法益能够还原为刑法所保护的实体性法益。他指出刑法不应沦为保障行政执法的强制手段。实践中，仅有一部分管理秩序符合刑法规范的保护目的，其规范秩序背后具备刑法应当保护的实体性利益，进而可以由行政法益上升为刑事法益。因此，他认为，对于仅仅代表行政部门的利益和行政管理型利益，或者不具有实体性的集体法益，不应当作为刑法法益予以保护。③ 总的来说，经济刑法中刑事不法与其他法域的不法尽管存在行为模式上的重合，但刑法因其独立目的而需对犯罪构成的实质和形式方面给予更多的限制，仍应独立判断。

（四）经济犯罪形态与前置规范的违法性

经济刑法作为行政刑法的一部分，其在犯罪形态的认定上既与前置规范的违反相关，又需要兼顾刑法判断的独立性。违反前置规范的行为在刑法领域归属于犯罪的预备、未遂或既遂阶段，同样也对其行为的可罚性产生影响。谭兆强博士指出，对于行政犯的预备行为，因其具有"双重违法性、专业性、较弱反伦理性和较高隐蔽性"，对法益危害程度轻微，故应当以不处罚为原则。而未遂形态的犯罪，通常表现为部分违反秩序或造成严重危险的行为，在此情况下仍然以对法益的侵害为可罚依据，具有"选择的可罚性"。当法益侵害行为的抽象危险达到可以"具体化"的程度，则应认定行为人为未遂犯。同理，对于中止犯罪，仅构成非刑事规范的违法性而尚未造成法益侵害或侵害程度轻微的，不具有可罚性。④ 因此，经济刑法适用中对犯罪形态的认定并不以前置规范的违反为前提，而是以规范违反后对法益造成的侵害情形和侵害程度为依据而决定是否构成犯罪的未完成形态。而在网络

① 参见欧阳本祺：《论行政犯违法判断的独立性》，载《行政法学研究》2019年第4期。

② 参见孙国祥：《行政犯违法性判断的从属性和独立性研究》，载《法学家》2017年第1期。

③ 参见李文吉：《我国刑法中管理秩序法益还原为实体性法益之提倡》，载《河北法学》2020年第5期。

④ 参见谭兆强：《法定犯的理论与实践》，华东政法大学2012年博士学位论文。

时代的背景下,某些认定标准开始出现模糊不清的状况,尤其是在互联网空间中,虚拟化的客体逐渐增多,实在难以像传统刑法理论一般进行直观化的判断。故而该方面值得持续关注。

(五)经济刑法适用独立性的限度:以谦抑性原则为根据

在积极主义刑法观的影响下,应对网络时代的刑法理论逐渐开始接纳刑法前置化的观点,这种趋势较之以往尤为突出。但是,刑法作为后盾法、后置法,其在社会变迁过程中应该时刻保持冷静,切勿冲到"通过法律的社会控制"的最前方。在刑法理论近百年的发展过程中,除确立了罪刑法定原则这一"帝王条款"外,谦抑性原则的价值理应获得同样的重视,但现如今却逐渐被人们忽视。特别是在中国,刑罚本身的效果及其附随后果相较于其他国家来说都更为严厉,因此对于刑罚的适用更应该保持慎重之态度。尤其是在网络时代下,大量新型现象的出现,虽然对法学理论提出了新的挑战,但刑法学不应该率先以"入罪态度"去面对这些变化。例如,面对一些基于网络时代背景下出现的新型违法行为,即便是面对类推解释的质疑,有论者也坚持以扩大解释、实质违法性等理由为依据将此类行为在司法上入罪,而对一些实在无法通过解释予以刑罚规制的行为,则通过设置新罪的立法方式予以回应。

这种做法无疑是对谦抑性原则的违背,但是却契合了积极主义刑法观的价值。然而,通过回望我国刑法史可知,自古以来我国对于刑法始终持一种"重刑主义""积极主义",因此,在这种背景下积极主义刑法观是否有提出的必要性,值得讨论。而谦抑性原则的价值,正是考虑到刑法的特殊性,出于对人权保障的考虑,才会要求刑法在面对社会变化时要时刻保持冷静,切勿僭越前置法规范"一跃而起",冲到法律规制的最前沿。因为在刑法介入前置化的同时,极有可能存在违背前置法规范的规范目的之可能,更有甚者可能违反法秩序统一原则。故在网络时代下,经济刑法的适用虽然具有独立性,但是其也应该保持一种限度,而其背后的理论根基便是谦抑性原则。

四、小结

网络时代下经济刑法的解释规则,与传统刑法理论的联系非常强,其几乎难以跳出既有的框架而另行成立一套新的解释规则,且经济刑法的解释适用具有独立性,这一点在传统经济犯罪向网络经济犯罪的发展过程中,也从未被推翻。因此,在交易网络化的背景下,解释规则的展开仍然要秉持着刑法谦抑性的要求,不能为了扩大而扩大,否则便有类推之嫌。刑法解释要受到双重限度的限制，既要在内部限度中遵守基本的刑法解释规则，又要在外部限度中充分考虑刑事政策、经济活动等方面的因素，①以谦抑性原则指导解释的方向，从而避免刑法过度介入经济生活中。

① 参见欧阳本祺：《论网络时代刑法解释的限度》，载《中国法学》2017年第3期。